列国志 新版

GUIDE TO THE WORLD NATIONS

GUIDE TO
THE WORLD
NATIONS 新版

韩 晗 杨志敏 编著

HONDURAS

洪都拉斯

社会科学文献出版社
SOCIAL SCIENCES ACADEMIC PRESS (CHINA)

卡瓦约
蒂卡
滕伊
塔德
ertad
E 西
赫切
axche

拉 帕
/ER

马
AL
马
má 商
尔普罗
_Prog
马拉
阿塞
省
SA
潘A
尔瓦
特Son
拉Acaj

洪都拉斯国旗

洪都拉斯国徽

科潘玛雅遗址（一）

科潘玛雅遗址（二）
（Hector Arnulfo Cueva　摄）

科潘玛雅遗址（三）

科潘街

格拉西亚斯的拉梅赛德教堂

特古西加尔巴的洛斯多洛雷斯教堂

欧罗兰卡民族舞蹈（一）
（Hector Arnulfo Cueva 摄）

欧罗兰卡民族舞蹈（二）
（Hector Arnulfo Cueva 摄）

民族舞蹈表演中的玛雅王
（Hector Arnulfo Cueva 摄）

民俗日庆祝活动（Hector Arnulfo Cueva　摄）

科潘学校特色服饰（Hector Arnulfo Cueva　摄）

普哈潘扎克瀑布（Hector Arnulfo Cueva 摄）

皮钦伽尔（Hector Arnulfo Cueva 摄）

圣佩德罗苏拉鸟瞰

海滩风光

出版说明

　　《列国志》编撰出版工作自1999年正式启动，截至目前，已出版144卷，涵盖世界五大洲163个国家和国际组织，成为中国出版史上第一套百科全书式的大型国际知识参考书。该套丛书自出版以来，受到社会各界的广泛好评，被誉为"21世纪的《海国图志》"，中国人了解外部世界的全景式"窗口"。

　　这项凝聚着近千学人、出版人心血与期盼的工程，前后历时十多年，作为此项工作的组织实施者，我们为这皇皇144卷《列国志》的出版深感欣慰。与此同时，我们也深刻认识到当今国际形势风云变幻，国家发展日新月异，人们了解世界各国最新动态的需要也更为迫切。鉴于此，为使《列国志》丛书能够不断补充最新资料，更好地服务于社会各界，我们决定启动新版《列国志》编撰出版工作。

　　与已出版的144卷《列国志》相比，新版《列国志》无论是形式还是内容都有新的调整。国际组织卷次将单独作为一个系列编撰出版，原来合并出版的国家将独立成书，而之前尚未出版的国家都将增补齐全。新版《列国志》的封面设计、版面设计更加新颖，力求带给读者更好的阅读享受。内容上的调整主要体现在数据的更新、最新情况的增补以及章节设置的变化等方面，目的在于进一步加强该套丛书将基础研究和应用对策研究相结合，将基础研究成果应用于实践的特色。例如，增加了各国有关资源开发、环境治理的内容；特设"社会"一章，介绍各国的国民生活情况、社会管理经验以及存在的社会问题等等；增设"大事纪年"，方便读者在短时间内熟悉各国的发展线索；增设"索引"，便于读者根据人名、地名、关键词查找所需相关信息。

顺应时代发展的要求，新版《列国志》将以纸质书为基础，全面整合国别国际问题研究资源，构建列国志数据库。这是《列国志》在新时期发展的一个重大突破，由此形成的国别国际问题研究与知识服务平台，必将更好地服务于中央和地方政府部门应对日益繁杂的国际事务的决策需要，促进国别国际问题研究领域的学术交流，拓宽中国民众的国际视野。

新版《列国志》的编撰出版工作得到了各方的支持：国家主管部门高度重视，将其列入"'十二五'国家重点图书出版规划项目"；中国社会科学院将其列为创新工程学术出版资助项目，王伟光院长亲自担任编辑委员会主任，指导相关工作的开展；国内各高校和研究机构鼎力相助，国别国际问题研究领域的知名学者相继加入编辑委员会，提供优质的学术咨询与指导。相信在各方的通力合作之下，新版《列国志》必将更上一层楼，以崭新的面貌呈现给读者，在中国改革开放的新征程中更好地发挥其作为"知识向导"、"资政参考"和"文化桥梁"的作用！

新版《列国志》编辑委员会
2013 年 9 月

前　言

　　自 1840 年前后中国被迫开关、步入世界以来，对外国舆地政情的了解即应时而起。还在第一次鸦片战争期间，受林则徐之托，1842 年魏源编辑刊刻了近代中国首部介绍当时世界主要国家舆地政情的大型志书《海国图志》。林、魏之目的是为长期生活在闭关锁国之中、对外部世界知之甚少的国人"睁眼看世界"，提供一部基本的参考资料，尤其是让当时中国的各级统治者知道"天朝上国"之外的天地，学习西方的科学技术，"师夷之长技以制夷"。这部著作，在当时乃至其后相当长一段时间内，产生过巨大影响，对国人了解外部世界起到了积极的作用。

　　自那时起中国认识世界、融入世界的步伐就再也没有停止过。中华人民共和国成立以后，尤其是 1978 年改革开放以来，中国更以主动的自信自强的积极姿态，加速融入世界的步伐。与之相适应，不同时期先后出版过相当数量的不同层次的有关国际问题、列国政情、异域风俗等方面的著作，数量之多，可谓浩如烟海。它们对时人了解外部世界起到了积极的作用。

　　当今世界，资本与现代科技正以前所未有的速度与广度在国际上流动和传播，"全球化"浪潮席卷世界各地，极大地影响着世界历史进程，对中国的发展也产生极其深刻的影响。面临不同以往的"大变局"，中国已经并将继续以更开放的姿态、更快的步伐全面步入世界，迎接时代的挑战。不同的是，我们所面临的已不是林则徐、魏源时代要不要"睁眼看世界"、要不要"开放"的问题,而是在新的历史条件下,在新的世界发展大势下,如何更好地步入世界,如何在融入世界的进程中更好地维护民族国家的主权与独立,积极参与国际事务,为维护世界和平,促进世界与人类共同发展做出贡献。这就要求我们对外部世界有比以往更深切、全面的了解,我们只有更全面、更深入地了解世界,才能在更高的层次上融入世界,也才能在融入世界的进程中不迷失方向,保持自我。

与此时代要求相比,已有的种种有关介绍、论述各国史地政情的著述,无论就规模还是内容来看,已远远不能适应我们了解外部世界的要求。人们期盼有更新、更系统、更权威的著作问世。

中国社会科学院作为国家哲学社会科学的最高研究机构和国际问题综合研究中心,有11个专门研究国际问题和外国问题的研究所,学科门类齐全,研究力量雄厚,有能力也有责任担当这一重任。早在20世纪90年代初,中国社会科学院的领导和中国社会科学出版社就提出编撰"简明国际百科全书"的设想。1993年3月11日,时任中国社会科学院院长胡绳先生在科研局的一份报告上批示:"我想,国际片各所可考虑出一套列国志,体例类似几年前出的《简明中国百科全书》,以一国(美、日、英、法等)或几个国家(北欧各国、印支各国)为一册,请考虑可行否。"

中国社会科学院科研局根据胡绳院长的批示,在调查研究的基础上,于1994年2月28日发出《关于编纂〈简明国际百科全书〉和〈列国志〉立项的通报》。《列国志》和《简明国际百科全书》一起被列为中国社会科学院重点项目。按照当时的计划，首先编写《简明国际百科全书》，待这一项目完成后，再着手编写《列国志》。

1998 年，率先完成《简明国际百科全书》有关卷编写任务的研究所开始了《列国志》的编写工作。随后，其他研究所也陆续启动这一项目。为了保证《列国志》这套大型丛书的高质量，科研局和社会科学文献出版社于 1999 年 1 月 27 日召开国际学科片各研究所及世界历史研究所负责人会议，讨论了这套大型丛书的编写大纲及基本要求。根据会议精神，科研局随后印发了《关于〈列国志〉编写工作有关事项的通知》，陆续为启动项目拨付研究经费。

为了加强对《列国志》项目编撰出版工作的组织协调，根据时任中国社会科学院院长李铁映同志的提议，2002 年 8 月，成立了由分管国际学科片的陈佳贵副院长为主任的《列国志》编辑委员会。编委会成员包括国际片各研究所、科研局、研究生院及社会科学文献出版社等部门的主要领导及有关同志。科研局和社会科学文献出版社组成《列国志》项目工作组，社会科学文献出版社成立了《列国志》工作室。同年，《列国志》项目被批准为中国社会科学院重大课题，新闻出版总署将《列国志》项目列入国家重点图书出版计划。

在《列国志》编辑委员会的领导下，《列国志》各承担单位尤其是各位学者加快了编撰进度。作为一项大型研究项目和大型丛书，编委会对《列国志》提出的基本要求是：资料翔实、准确、最新，文笔流畅，学术性和可读性兼备。《列国志》之所以强调学术性，是因为这套丛书不是一般的"手册""概览"，而是在尽可能吸收前人成果的基础上，体现专家学者们的研究所得和个人见解。正因为如此，《列国志》在强调基本要求的同时，本着文责自负的原则，没有对各卷的具体内容及学术观点强行统一。应当指出，参加这一浩繁工程的，除了中国社会科学院的专业科研人员以外，还有院外的一些在该领域颇有研究的专家学者。

现在凝聚着数百位专家学者心血，共计141卷，涵盖了当今世界151个国家和地区以及数十个主要国际组织的《列国志》丛书，将陆续出版与广大读者见面。我们希望这样一套大型丛书，能为各级干部了解、认识当代世界各国及主要国际组织的情况，了解世界发展趋势，把握时代发展脉络，提供有益的帮助；希望它能成为我国外交外事工作者、国际经贸企业及日渐增多的广大出国公民和旅游者走向世界的忠实"向导"，引领其步入更广阔的世界；希望它在帮助中国人民认识世界的同时，也能够架起世界各国人民认识中国的一座"桥梁"，一座中国走向世界、世界走向中国的"桥梁"。

《列国志》编辑委员会

2003年6月

导　言

　　洪都拉斯北临加勒比海，东邻尼加拉瓜，南接萨尔瓦多和丰塞卡湾，西邻危地马拉，是中美洲地区最大的国家之一。洪都拉斯拥有独特的历史遗迹和自然风光，壮观的玛雅遗址、热带雨林、白色沙滩和礁石海岸等，吸引了各国游客的目光。

　　洪都拉斯是一个充满活力和潜力的国家。在过去几十年中，该国努力向区域贸易和旅游中心方向发展。近年来，洪都拉斯一直着力解决国内贫困、高失业率和高犯罪率等问题。通过加强国家的经济发展和社会稳定，吸引更多的外资和游客。同时，洪都拉斯也在推进社会和政治改革，加强法治和人权保障。未来，洪都拉斯将继续朝着成为一个更加繁荣和稳定的国家的方向迈进。

　　洪都拉斯因丰富多样的历史，具有独特而迷人的魅力。在欧洲人到来之前，这片土地孕育了辉煌的玛雅文明。玛雅文化遗址发掘是中国与洪都拉斯的重要合作项目之一。前哥伦布时期的楚特卡王国和伊鲁卡王国在洪都拉斯的历史发展中具有重要意义。哥伦布于1502年抵达洪都拉斯，成为第一位到达这个国度的欧洲人。之后，西班牙人开始了殖民统治。西班牙统治时期，洪都拉斯的经济主要依靠采矿业和农业，尤其是香蕉和咖啡种植。其间，洪都拉斯经历了黑暗的历史，大量的原住民被奴役和屠杀，从而导致人口迅速减少。

1838 年，洪都拉斯独立。但是在接下来的几十年中，洪都拉斯经历了政治动荡和内战。20 世纪初期，美国多次对洪都拉斯进行干预，试图保持对该地区的控制。20 世纪后期，洪都拉斯开启了民族发展新道路。随着政治和经济的稳定，洪都拉斯逐渐成为中美洲乃至拉美地区的重要旅游目的地和投资地。

2023 年 3 月 26 日，中国与洪都拉斯正式建交。本书是两国建交以来首部全面、充分介绍洪都拉斯的专业图书。希望本书能为中国读者认识这一中美洲国家有所裨益。适值中洪建交之际，谨以本书的付梓庆贺两国的建交。衷心祝愿中洪两国政府、两国人民的友谊地久天长。

承蒙社会科学文献出版社领导、编辑的信任，本书最终成功出版。在此，特向中国社会科学院拉丁美洲研究所及各位同行和好友，特别对柴瑜研究员、刘维广编审及李雪等对本书的关心和支持表示感谢。

鉴于时间紧迫和个人学术能力有限，本书难免有疏漏之处，恳请读者不吝赐教。

韩　晗　杨志敏

2023 年 5 月于中国社会科学院拉丁美洲研究所

CONTENTS

目　录

CONTENTS

目 录

CONTENTS

目 录

CONTENTS
目　录

CONTENTS
目 录

CONTENTS
目 录

第一章

概　览

洪都拉斯全称"洪都拉斯共和国"。1502 年，哥伦布第四次航行美洲时到达洪都拉斯。他发现这里的海洋深不可测，便称该地区为"洪都拉斯"，意思是"无底深渊"。

第一节　国土与人口

一　国土面积

洪都拉斯位于中美洲北部，北临加勒比海，西北隔洪都拉斯湾与伯利兹相望，南濒太平洋的丰塞卡湾，东边和南边分别同尼加拉瓜和萨尔瓦多交界，西与危地马拉接壤。海岸线长 1033 公里，领土面积为 112492 平方公里[①]。

二　地形与气候

洪都拉斯是个多山的国家，境内 75% 以上为山地。蜿蜒起伏的山脉由西向东穿过中部地区。山脉之间为盆地和河谷，较大的盆地有西利亚盆地和雷帕古阿莱盆地，主要河谷有科马亚瓜河谷和哈马斯特兰河谷。洪都拉斯陆地分为 3 个自然地理区：中部高地区、加勒比低地区和太平洋低地区。此外，在其近海还有一些岛屿，主要有巴伊亚群岛和底格雷群岛。

---

① 根据 1992 年 9 月 11 日海牙国际法庭对洪都拉斯和萨尔瓦多有争议领土所做的正式裁决，洪都拉斯领土面积增加了 404 平方公里。

1. 地形

中部高地区　中部高地区多山，山脉蜿蜒曲折，难以翻越。洪都拉斯西部的山体融入危地马拉的山脉，边境附近是该国排名前两位的两座山峰：拉斯米纳斯峰（Las Minas Peak，海拔 2870 米）与埃尔皮塔尔峰（El Pital Peak，海拔 2730 米）。

东部地区的山脉与尼加拉瓜相连，较高的山有皮科博尼托山（Pico Bonito Mountain，海拔 2435 米）。

中部高地区有一片洼地自加勒比海起直至丰塞卡湾。这片洼地将该国的科迪勒拉山脉分为东西两部分，并且形成了穿越该地区的相对便捷的交通运输线。北部最宽的地方在圣佩德罗苏拉附近，到了户姆雅河开始变窄。它在穿过科马亚瓜省之后穿越南部城市狭窄的通道，至萨尔瓦多边境再次变宽，并最终进入丰塞卡湾。

中部高地区散布着许多平底山谷，海拔从 300 米至 900 米不等。山谷中水草丰美，有利于畜牧业和商业性农业的发展。

中部高地区密布着多种多样的植物。山脉的西部、南部和中部地区是开阔的林地，主要有针叶林、橡树林、灌木丛。山脉的东部地区则是密集的常绿阔叶林。在最高的山岳之上，也常常能发现茂密的热带丛林。

加勒比低地区　加勒比低地区由河谷和沿海平原组成，大部分洪都拉斯人将其称为"北海岸"，或简称为"海岸"。该地区历来是洪都拉斯开发力度最大的地区。加勒比低地区的中部、拉塞瓦市以东，是一片长条状的仅有数公里宽的沿岸平原。

该地区的东部和西部十分宽阔。在乌鲁河的沿岸，是宽阔的河谷，它靠近危地马拉边境，是洪都拉斯最发达的地区。这里坐落着该国最大的海港科尔特斯港（Puerto Cortés）、工业中心圣佩德罗苏拉和第三大城市拉塞瓦市。

在靠近尼加拉瓜边境的东部地区，加勒比低地区十分广阔，这里被称为莫斯基提亚（Moskitia）地区。莫斯基提亚北部到达莫斯基托沿岸，东南与尼加拉瓜边境相接，深及内陆地区。和加勒比低地区的西部不同的是，莫斯基提亚是洪都拉斯最不发达的地区。

该地区的沿海地区分布着红树林，内陆是草原和沼泽，人口稀少，该地区的文化与洪都拉斯其他地区不同。在降水充沛的时期，草原上的大部分地区为浅水滩，这使得交通只能依赖小型船只。

太平洋低地区 太平洋低地区是洪都拉斯最小的地形区域，这片土地在丰塞卡湾以北的海岸上只有 25 公里宽。这里地势平坦，是一片冲积平原，使得海湾沿岸地区形成一片片沼泽地。丰塞卡湾水位较浅，水产丰富，多出产鱼类和软体动物。沿岸的红树林以其庞杂密布的水下根系网络，为鱼虾提供了安全和营养丰富的环境。

岛屿 洪都拉斯还有一些岛屿为其海外领地。在加勒比海沿岸有巴伊亚群岛，该群岛主要由罗阿坦岛、乌蒂拉岛和瓜纳哈岛三个大岛构成。罗阿坦岛是三个岛中最大的，长 50 公里，宽 5 公里。巴伊亚群岛还包括巴瓦雷塔岛、圣埃伦娜岛和莫拉特岛等一些小的岛屿。其他岛屿包括离海岸更远的天鹅群岛和近海的科奇诺斯群岛。这些岛屿共同构成了海湾群岛省，该省首府在罗阿坦岛上。

洪都拉斯在太平洋沿岸也有一些岛屿，其中最大的两个岛是大萨卡特岛和蒂格雷岛。这些岛屿属于太平洋沿岸中美洲火山弧的一部分，由火山侵蚀而成。大萨卡特岛和蒂格雷岛海拔 700 余米，成为船只进入洪都拉斯内海的标记物。[①]

河流湖泊 洪都拉斯河流众多。其中，乌鲁河是最重要的河流，它全长 400 多公里，流向加勒比海，流经洪都拉斯重要的经济区域——苏拉山谷；帕图卡河是其境内最长的河流，它全长 482 公里，是中美洲第二大河。此外，主要的河流还有流经洪都拉斯首都的乔卢特卡河、与尼加拉瓜交界的科科河和内格罗河以及与萨尔瓦多交界的河流等。

洪都拉斯的河流多发源于内陆山区，其中内格罗河、乔卢特卡河、纳卡奥梅河、戈阿斯克兰河最后注入丰塞卡湾，伦帕河经萨尔瓦多注入太平洋，扎梅莱孔河、乌鲁河、帕图卡河以及科科河注入大西洋。然而，大部

---

① 《洪都拉斯》，维基百科，https://en.wikipedia.org/wiki/Geography_of_Honduras。

分河流很浅，并且水流湍急，不利于航行。因此，一些河流的重要性不在于其航运功能，而在于在河流沿岸形成的肥沃谷地。

洪都拉斯最大的湖泊是约华湖，面积约400平方公里。

2. 自然气候

洪都拉斯气候多样，沿海属热带雨林气候，年平均气温27℃；中部山区凉爽干燥，属亚热带雨林气候，年平均气温为23℃，年降水量在1000毫米以上。洪都拉斯无四季之分，只有雨季和旱季之别，每年6~10月为雨季，其余时间为旱季。北部沿海和山地向风坡地区为热带雨林气候，年降水量可达3000毫米，每年9~10月常有飓风灾害。

三　行政区划

洪都拉斯全国划分为18个省，各省具体情况见表1-1。

表1-1　洪都拉斯行政区

省份	西班牙语名称	面积（平方公里）	人口（万人）	首府
阿特兰蒂达	Atlántida	4251	49.35	拉塞瓦
乔卢特卡	Choluteca	4211	48.07	乔卢特卡
科隆	Colón	8875	35.04	特鲁希略
科马亚瓜	Comayagua	5196	57.24	科马亚瓜
科潘	Copán	3203	41.89	圣罗莎
科尔特斯	Cortés	3954	181.90	圣佩德罗苏拉
埃尔帕拉伊索	El Paraíso	7218	50.29	尤斯卡兰
弗朗西斯科·莫拉桑	Francisco Morazán	7946	169.98	特古西加尔巴
格拉西亚斯·阿迪奥斯	Gracias a Dios	16630	10.63	伦皮拉港
因蒂布卡	Intibucá	3072	26.97	拉埃斯佩兰萨
海湾群岛	Islas de la Bahía	239	7.67	罗阿坦
拉巴斯	La Paz	2331	22.82	拉巴斯
伦皮拉	Lempira	4290	36.99	格拉西亚斯
奥科特佩克	Ocotepeque	1680	16.84	新奥科特佩克

省份	西班牙语名称	面积(平方公里)	人口(万人)	首府
奥兰乔	Olancho	23905	46.57	胡蒂卡尔帕
圣巴巴拉	Santa Bárbara	5115	47.64	圣巴巴拉
巴列	Valle	1565	19.19	纳考梅
约罗	Yoro	7939	63.88	约罗

注：人口数截至 2021 年。

资料来源：根据中国外交部网站、洪都拉斯政府网站及洪都拉斯央行等资料整理。省份名称以中国外交部网站为准。

阿特兰蒂达省位于北部，北濒加勒比海。面积 4251 平方公里，2021 年人口为 49.35 万人。首府拉塞瓦。1902 年建省，由科隆省、约罗省、科尔特斯省划出部分土地组成，下分 9 个自治市。

乔卢特卡省位于最南部，西濒丰塞卡湾，东、南与尼加拉瓜相邻。面积 4211 平方公里，2021 年人口为 48.07 万人。首府乔卢特卡。1825 年建省，是最早建立的 7 个省之一（1893 年巴列省自该省分出），下分 16 个自治市。

科隆省位于东部，加勒比海南岸。面积 8875 平方公里，2021 年人口为 35.04 万人。首府特鲁希略。1881 年建省，下分 10 个自治市。

科马亚瓜省位于中西部。面积 5196 平方公里，2021 年人口为 57.24 万人。首府科马亚瓜。1825 年建省，是最早建立的 7 个省之一，下分 21 个自治市。

科潘省位于西部。面积 3203 平方公里，2021 年人口为 41.89 万人。首府圣罗莎。下分 23 个自治市镇。

科尔特斯省位于西北部，北临加勒比海，西邻危地马拉。面积 3954 平方公里，是全国人口较多的省份之一，2021 年人口为 181.90 万人。首府圣佩德罗苏拉是全国第二大城市。1893 年建省，由圣巴巴拉省和约罗省分出部分土地组成，下分 12 个自治市。

埃尔帕拉伊索省（意即"天堂"），位于东部，东邻尼加拉瓜。面积 7218 平方公里，2021 年人口为 50.29 万人。首府尤斯卡兰。1878 年自特古西加尔巴省（今弗朗西斯科·莫拉桑省）分出部分土地建省，下分 19 个自治市。

弗朗西斯科·莫拉桑省（简称FMO），位于中部。面积7946平方公里，2021年人口为169.98万人。首府特古西加尔巴也是国家的首都。1825年建省，是最早建立的7个省之一。1943年前称特古西加尔巴省，后以民族英雄弗朗西斯科·莫拉桑命名。下分28个自治市。

格拉西亚斯·阿迪奥斯省成立于1957年，由科隆省和奥兰乔省划出的土地组成，直至1975年，该省首府设在布鲁斯拉古纳。现首府为伦皮拉港，属米斯基托海岸的一部分。该省和洪都拉斯其他地方的交通相对不便，省内城市也主要靠航空交通工具联系。辖地面积为16630平方公里，2021年人口为10.63万人。该省是全国面积第二大省，但人烟稀少。省内大部分为松林、草原、沼泽和热带雨林，农地的扩张不断地对这些自然资源构成威胁。

因蒂布卡省位于西部。面积3072平方公里，2021年人口为26.97万人。首府拉埃斯佩兰萨。1883年由拉巴斯省和伦皮拉省分出的部分地区组合建省，下分17个自治市。

海湾群岛省包括位于加勒比海沿岸的三个群岛：巴伊亚群岛、天鹅群岛和科奇诺斯群岛。面积239平方公里，2021年人口为7.67万人。首府罗阿坦。1872年建省，下分4个自治市。

拉巴斯省位于西南部。面积2331平方公里，2021年人口为22.82万人。首府拉巴斯。下分19个自治市。

伦皮拉省位于西部，与萨尔瓦多接壤。面积4290平方公里，2021年人口为36.99万人。首府格拉西亚斯。下分28个自治市。

奥科特佩克省位于西部，北邻危地马拉，南与萨尔瓦多交界。面积1680平方公里，2021年人口为16.84万人。首府为新奥科特佩克。1906年自科潘省分出部分土地建省。下分16个自治市镇。

奥兰乔省位于东南部，东南与尼加拉瓜接壤。面积23905平方公里，是全国面积最大的省份。2021年人口为46.57万人。首府胡蒂卡尔帕。1825年建省，下分23个自治市。

圣巴巴拉省位于西北部，西邻危地马拉。面积5115平方公里，2021年人口为47.64万人。首府圣巴巴拉。1825年建省，是最早建立的7个省之一。下分 28 个自治市。

巴列省位于南部，西邻萨尔瓦多，南临丰塞卡湾。面积 1565 平方公里，2021 年人口为 19.19 万人。首府纳考梅。1893 年由乔卢特卡省分出部分地区建省，下分 9 个自治市。

约罗省位于北部。面积 7939 平方公里，2021 年人口为 63.88 万人。首府约罗。1825 年建省，是最早建立的 7 个省之一，下分 12 个自治市。

每个省都有指定的首府，各设一位省长。按照有关规定，如果省长空缺时间超过 5 天，将由首府的市长代理省长。各省政府运作的费用列入洪都拉斯政府和司法部名下。

洪都拉斯的 18 个省被划分为约 300 个自治市，其中包括一个中央区，它由首都特古西加尔巴市和科马亚圭拉市组成。自治市级行政单位可能不仅包括一个城市，还包括一些村级行政单位。

自治市行政机构由选举产生的组织管理，设市长一名。自治市市政委员会的规模则根据人口数量的多寡确定。20 世纪 90 年代的规定是：人口不足 5000 人的设 4 名委员；人口在 5000~10000 人的设 6 名委员；人口在 1 万~8 万人的设 8 名委员；人口超过 8 万人的设 10 名委员。

洪都拉斯宪法对于自治市行政单位有明文条款规定：自治市的经济社会发展是国家发展计划的组成部分；每个自治市都拥有足够的共有土地以保证其生存和发展；自治市的公民有权组成市民协会、联合会和联盟；通常情况下，自治市的收入和投资税收应当归入地方财政。

1990 年，一部涵盖了省和自治市的新的地区发展法出台，取代了 1927 年制定的法律。新法律规定了地区的多项权利和义务，同时明确了城市自治的概念，其主要特点是形式自由的选举、自主的行政管理和决策等。在这部法律的指导下，每个自治市都由市政管理机构设立市政发展委员会，作为行政当局咨询机构，为其决策提供信息。

四　人口、民族、语言

1. 人口

2020 年洪都拉斯总人口超过 990 万人，2000 年（人口约 660 万人）

至 2020 年年均人口增长率为 2%，具体参见表 1-2。洪都拉斯 0~14 岁人口占比为 31%，15~64 岁占比为 64%，65 岁及以上占比为 5%。2020 年洪都拉斯年轻人占工作年龄人口的 47%，老年人占工作年龄人口的 8%。死亡率为 4‰，出生率为 21‰。[①] 在洪都拉斯的人口中，90% 左右的人为印欧混血的梅斯蒂索人（Mestizo），美洲印第安人占 7%，黑人占 2%，白人占 1%。根据联合国最新的人口数据，2021 年 7 月，洪都拉斯的人口数量为 1006.6 万人，占世界人口的 0.13%，列世界第 92 位。[②]

表 1-2　1955~2020 年部分年份洪都拉斯人口变化情况

年份	人口数（人）	生育率（%）	人口密度（人/平方公里）	城市人口比重（%）	城市人口数（人）	占世界人口比重（%）	世界排名
2020	9904607	2.49	89	57.3	5672054	0.13	92
2019	9746117	2.68	87	56.7	5523992	0.13	93
2018	9587522	2.68	86	56.1	5376802	0.13	94
2017	9429013	2.68	84	55.5	5230757	0.12	95
2016	9270795	2.68	83	54.9	5086183	0.12	95
2015	9112916	2.73	81	54.2	4943275	0.12	95
2010	8317470	3.24	74	51.1	4251823	0.12	96
2005	7458985	3.87	67	48.0	3582399	0.11	95
2000	6574509	4.56	59	45.1	2965811	0.11	96
1995	5709014	4.92	51	42.9	2451508	0.10	98
1990	4955303	5.37	44	40.5	2004930	0.09	104
1985	4281161	6.00	38	37.7	1615507	0.09	105
1980	3678279	6.60	33	34.9	1282631	0.08	109
1975	3153253	7.05	28	32.1	1012497	0.08	111
1970	2716654	7.42	24	28.9	785165	0.07	116

① "World Development Indicators: Population Dynamics," http://wdi.worldbank.org/table/2.1#.
② "Honduras Population," July 1, 2021, https://www.worldometers.info/world-population/honduras-population/.

续表

年份	人口数（人）	生育率（%）	人口密度（人/平方公里）	城市人口比重（%）	城市人口数（人）	占世界人口比重（%）	世界排名
1965	2346015	7.42	21	25.7	603016	0.07	118
1960	2038632	7.50	18	22.7	463736	0.07	119
1955	1771352	7.50	16	20.0	354938	0.06	118

资料来源：*World Population Prospects（Medium-fertility Variant）*, United Nations, Department of Economic and Social Affairs, Population Division, https：//www. Worldometers. info。

从 1955 年到 2005 年，洪都拉斯人口一直增长较快，从 170 多万人达到了近 750 万人，50 年达到了增长速度的峰顶，之后增长速度开始放缓。

根据联合国的预测，洪都拉斯的人口增长将仍在较快的发展轨道上前行。在现在的基础上，如果人口再增加近 40%，将对洪都拉斯的社会和经济带来挑战。现行的经济结构和经济格局需要有较大的调整，并保持可持续增长才可以适应人口如此大规模地连续增长。

2. 民族

洪都拉斯的居民，按民族可以分为三大类：印欧混血人、印第安人和外来移民。其中，印欧混血人占全国人口的 90% 左右，他们主要是西班牙移民和印第安人的混血后裔，洪都拉斯人常把他们称为"拉迪诺人"；印第安人包括加勒比人、奇卡克人、乔蒂斯人、纳瓦人、加里富纳人、米斯基托人和伦卡人等 15 个民族的人口，约占总人口的 7%；洪都拉斯的外来移民主要是萨尔瓦多人、来自牙买加和小安的列斯群岛及伯利兹的黑人（黑白混血种人）、尼加拉瓜人、美国人、墨西哥人、华人、印度人和阿拉伯人等。

3. 语言

西班牙语是洪都拉斯的官方语言，同时也是大部分居民的日常用语。洪都拉斯香蕉种植园中的黑人和混血种人一般讲英语，但英语中夹杂不少西班牙语和印第安语。此外，加里富纳人讲英语，但属于西印度群岛方言。印第安人除了讲西班牙语外，仍保留着自己的母语，其主要语言有琼塔尔语、皮皮尔语、基切语、波孔奇语、马姆语和波科曼语等。伦卡人会讲西班牙语，同时也使用自己的民族语言。

洪都拉斯的官方文字为西班牙文。印第安人的文字情况差异较大，有的民族古时已有自己的文字，其中有的保存了下来，有的已经消失。目前，不少土著民族只有语言，没有文字。

五 国旗、国徽、国歌、国树、国花、国家动物

国旗 洪都拉斯国旗平分为三横条，上下两条为蓝色，中间一条为白色；在白色的中央有5颗蓝星，代表中美洲的5个国家——危地马拉、洪都拉斯、萨尔瓦多、尼加拉瓜和哥斯达黎加。洪都拉斯于1821年宣布独立，1823年加入中美洲联邦，1838年中美洲联邦解体后建立独立共和国。国旗的颜色源于中美洲联邦国旗，蓝色象征太平洋和加勒比海，白色象征对和平的追求，中央5颗蓝色五角星呈长方形排列，它们是1866年增加的，中央1颗，其余分居四角，表达了曾经组成中美洲联邦的5个国家再次实现联合的美好愿望。

国徽 洪都拉斯国徽中间为椭圆形，其上的三角形象征平等和正义，两个塔状建筑物象征主权和独立，海洋图案代表该国位于加勒比海和太平洋之间，椭圆形上部两旁为饰有红花的羊角图案，象征该国丰富的自然资源，羊角上方有一束箭，表示纪念土著居民。椭圆形图案立于山坡上，山坡上有常青的松树和劳动工具，还有象征玛雅人文化的房屋，在椭圆形周边用西班牙文写着"洪都拉斯共和国，1821年9月15日"和"自由、主权、独立"。

国歌 洪都拉斯国歌歌名为《你的旗是天国之光》（*Tu bandera es un lampo de cielo*），是政府公开征求的获选之作，公布于1915年。国歌的曲作者哈林特是出生于德国的洪都拉斯人，他在洪都拉斯建立了中美洲第一支交响乐队和许多常驻各大城镇的军乐队。洪都拉斯国歌的副歌解释了国旗的含义。

国树 1926年5月14日，洪都拉斯政府通过第429号协议，将松树确定为国家的象征之一。该协议旨在保护国家的松树资源。松树是洪都拉

斯有代表性的植物群落，不仅资源丰富而且用途广泛，被认为是家喻户晓的宝贵资源。该协议于 1927 年 2 月 4 日由国会的第 48 号法令通过，其中正式将松树定为国树。与此同时，政府对松树的利用也做了规定，以避免乱砍滥伐或者发生森林火灾。政府力图通过学校教育和其他途径增强民众保护森林资源的意识。

国花 1946~1969 年，玫瑰为洪都拉斯的国花。考虑到玫瑰并非原产于洪都拉斯，1969 年 11 月 25 日，洪都拉斯国会取消了 1946 年的第 17 号法令。同时，鉴于兰花具有独特的美丽和活力且原产于本国，于是将兰花确定为洪都拉斯的国花。政府对兰花的保护、种植区域、商品化和种植等均采取了有力措施，并且要求当地学校教授关于兰花的科学知识等。

国家动物 1993 年 6 月 28 日洪都拉斯国会发布第 36-93 号法令，将白尾鹿确定为国家动物。这种美丽的动物生活在平原和草木丰饶的山区。在具有大片松林的地区常见白尾鹿，它们惯于生活在自己首次选择的居住地，往往在夜晚更容易被发现。这种动物喜欢独居。

白尾鹿属哺乳动物，体重平均为 35~40 公斤，身高可达 70 多厘米，身长（包括尾巴）可达 140 厘米。它们是草食性动物，主要以草、树叶、水果和其他的野生植物为食。雄性白尾鹿长角且每年脱落，它们的嗅觉极其灵敏且擅长游泳。在洪都拉斯发现的两种鹿中，白尾鹿是其中个头最大的，其最大天敌是美洲狮和美洲豹。

洪都拉斯的国鸟为黄颈亚马孙鹦鹉。

第二节 宗教与民俗

一 宗教

4~7 世纪，在洪都拉斯，古玛雅宗教流行，并伴有众多宗教仪式。欧洲殖民者统治洪都拉斯之后，带来了西方宗教。

现在洪都拉斯 87.6% 的居民信奉基督教，其中多数信奉罗马天主教，还有部分居民（其中主要是黑人和混血人）信奉新教。印第安人一些部落的宗教和传统表明，传统宗教的许多方面与基督教的历史有关，如相信有"最高创世主"等。有些部落实行忏悔制，法律严惩杀人犯、强奸犯、伪证人、滥用权力者和不尊敬宗教信仰者。在西班牙人到来前，洪都拉斯有这样的传说：有一名仙女精通占卜术（印第安人将她称为"科米萨瓦尔"，意思是"飞虎"），她从空中带来一块大三角石，每一个角都有一副怪相，她用这块石头打败了对手。这位仙女教他们信奉宗教，让他们尊敬"恩父"、"恩母"和其他较低级别的神。因为这些神赐给了他们孩子、丰收以及其他生活必需品。她把王国分封给三个儿子后，便在风雨之中变成小鸟飞向天空消失了。此后，人们便把这位仙女当作神来信奉。虽然洪都拉斯的印第安人大多数接受了天主教，但各部族民众在不同程度上还保留着自己的传统信仰。

罗马天主教　洪都拉斯原为玛雅帝国的重要组成部分之一。哥伦布1502年到达此地。1524年西班牙国王被黄金的传说吸引，派大批西班牙人从墨西哥来到这里。1538年洪都拉斯沦为西班牙危地马拉总督府控制下的殖民地。但直到1550年，西班牙教会才来到这里传教。1823年，此地区已经有145座教堂。1851年，洪都拉斯建立了第一个教区。1880年实行政教分离。

19世纪下半叶，由于统治阶层内部斗争激烈，国家发生了多次内战，英美势力开始渗入。同时，罗马天主教会势力也迅速壮大，到了1910年，天主教徒人数已经占到全国人口的60%。此时天主教会掌握着教育大权，天主教徒主持开办了大量小学、8所私立中学和1所培养师资的师范学院。第二次世界大战后，由于新教和其他宗教的传入，天主教施洗比例有所下降。20世纪60年代以后，天主教开展了在社会、平信徒（指普通信徒）和福音传播领域的关怀活动。其形式主要有：发起新的平信徒使徒布道会，关怀社会人文发展，将修女的服务范围纳入更广大的堂区结构中（主要在教育方面），等等。1970年，洪都拉斯召开了全国首届教区牧师会议。尽管在洪都拉斯的外籍神父放弃原国籍的人数从1955年的45人增加到1970年的188人，但全国神父总数不仅没有相应增加，反而有所下降。

历史上，洪都拉斯共有 85 位大主教。目前，洪都拉斯国内有 23 位大主教，主要分为三部分。第一部分是国内教区的大主教。第二部分是接收的外来的使者。洪都拉斯接收教皇等派驻洪都拉斯的大主教。第三部分是洪都拉斯籍大主教被罗马教廷外派，出任教廷使者和代表。随着罗马教廷对外派出使者数量的增加，洪都拉斯籍的外派大主教人数也随之增长。在被派往马耳他、白俄罗斯、乌干达、摩纳哥等国的使节以及驻新西兰使者洪都拉斯籍诺瓦图斯·儒甘瓦（Novatus Rugambwa）的努力下，罗马教廷将管辖权逐步扩大至整个南太平洋地区。儒甘瓦在 2019 年开始第二任期后，先后兼任了罗马教廷驻太平洋地区的代表（2019 年 3 月），太平洋岛国斐济和帕劳的使者（2019 年 5 月），马绍尔群岛、基里巴斯、瑙鲁和汤加等岛国的使者（2019 年 11 月），萨摩亚的使者（2020 年 4 月），库克群岛的使者（2021 年 2 月），密克罗尼西亚的使者（2021 年 3 月）。

2021 年，洪都拉斯天主教设有 1 个大主教区和 10 个主教区（见表 1-3），首都为大主教区，其他 10 个为主教区。全国主教会议是教会的最高权力机构，现由洪都拉斯特古西加尔巴大主教区的红衣主教罗德里格斯·马拉迪亚加领导。他于 1942 年出生在洪都拉斯首都特古西加尔巴，18 岁加入天主教，27 岁成为牧师，35 岁当上主教。1993 年被罗马教廷任命为洪都拉斯首都特古西加尔巴大主教区的大主教。他现为洪都拉斯唯一的大主教区的大主教，也是洪都拉斯天主教的领袖。

值得注意的是，在教区数量不断增多、国际影响也有所增强的同时，洪都拉斯的天主教徒人数有所下降。例如，首都大主教区信奉天主教的人口在 2017 年不足全国总人口的 70%。虽然有教区拆分的因素，但教徒数量仍在下降。近年来，超过百万人口的教区圣佩德罗苏拉和圣罗莎·德科潘教徒人数也呈下降趋势，天主教徒所占比例分别仅为 57.2% 和 87.6%。[①]

---

① Catholic Hierarchy, Current Dioceses, Honduras, http：//www. catholic - hierarchy. org/country/dhn2. html.

表 1-3　洪都拉斯天主教区概况

教区	设立时间	大主教
特古西加尔巴 （Tegucigalpa）	1916 年 2 月 2 日	罗德里格斯·马拉迪亚加 （Rodríguez Maradiaga）
乔卢特卡 （Choluteca）	1979 年 8 月 29 日	盖伊·沙博诺 （Guy Charbonneau）
科马亚瓜 （Comayagua）	1963 年 3 月 13 日	罗伯托·卡米莱里·阿左帕尔迪 （Roberto Camilleri Azzopardi）
丹利 （Danlí）	2017 年 1 月 2 日	何塞·安东尼奥·卡纳莱斯·莫蒂诺 （José Antonio Canales Motiño）
格拉夏斯 （Gracias）	2021 年 4 月 27 日	沃尔特·吉伦·索托 （Walter Guillén Soto）
胡蒂卡尔帕 （Juticalpa）	1987 年 10 月 31 日	荷西·博内洛 （José Bonello）
拉塞巴 （La Ceiba）	2011 年 12 月 30 日	迈克尔·雷尼汉 （Michael Lenihan）
圣佩德罗苏拉 （San Pedro Sula）	1963 年 7 月 6 日	安吉尔·加拉查纳·佩雷斯 （Angel Garachana Pérez）
圣罗莎·德科潘 （Santa Rosa de Copán）	1916 年 2 月 2 日	达尔文·鲁迪·安迪诺·拉米雷斯 （Darwin Rudy Andino Ramírez）
特鲁希略 （Trujillo）	1987 年 7 月 3 日	路易斯·费利佩·索莱·法 （Luis Felipe Solé Fa）
约罗 （Yoro）	2005 年 9 月 19 日	艾克托·大卫·加西亚·奥索里奥 （Héctor David García Osorio）

注：一些教区设立后，其范围有变化。总体上，洪都拉斯教区数量是增加的。

资料来源：Current Dioceses, Honduras, http：//www. catholic - hierarchy. org/country/dhn2. html。

基督教新教　第一个大型的、有组织的新教活动是于 1896 年随着中美传教会的到达而开始的，其他较早传入的新教组织包括公谊会（1902）、基督复临安息日会（1891）、福音归正宗（1920）以及摩拉维亚兄弟会（1930）。1937 年，神召会从邻近的萨尔瓦多传入，标志着洪都拉斯出现五旬节派。其他以美国为基地的五旬节派教会，如克利夫兰上帝会、国际四方福音会和先知上帝会也在第二次世界大战后传入。另外，还有其他一些小的传教机构在这个时期出现在洪都拉斯。目前，安息日会和神召会是该国最大的两个新教教派，但并不占压倒性优势。多年来，新教对教育和医疗工作表现出浓厚的兴趣。1960 年，中美传教会在锡瓜特佩克建立了一座重要的医院，并开办了一所护士学校。联合基督教会以其教育和医疗计划闻名，其他新教团体也在社会工作中投入了大量的资金。据统计，全国现有新教信徒 9.4 万余名。

　　其他宗教　小部分印第安人部落，包括米斯基托、苏莫、多鲁潘和伦卡等部落信奉传统宗教。有的印第安人在信奉原始宗教的同时声称自己也是基督教徒。近年来，招魂会发展较快，主要从名义上的天主教徒中吸收成员。此外，洪都拉斯还有巴哈伊教、伊斯兰教、佛教和中国民间宗教以及犹太教等。上述这些宗教的信徒从数百人到数千人不等。

　　政教关系　1965 年洪都拉斯宪法的总则中，采用了"上帝保佑"的字眼。在有关教育的规定中，该宪法第 150 条写道："教育的组织和技术指导是国家的特权。正式教育应是自由的；小学教育是义务教育，完全由国家负担费用。"1967 年 2 月，宪法修正案通过允许在家长和教师的请求下，在公立学校开设宗教课的条款。宪法第 187 条写道，"保证一切宗教的自由信奉，任何宗教都无优先权"，禁止所有宗教团体的神职人员担任公职，禁止他们进行"任何形式的出于宗教动机和利用公民的宗教信仰的政治宣传"。1969 年 9 月，在与萨尔瓦多进行了两个月的短暂战争之后，洪都拉斯公布了一项新的条款，将洪都拉斯的武装力量置于圣母的保佑下，并要求全国军队对其进行公开的崇拜。虽然天主教并未被承认为官方宗教，但它仍然在国家和政府的活动中占据了显著地位。洪都拉斯没有负责管理宗教事务的宗教部或宗教局，政府也不对教会本身进行注册登记。但按照法律规定，每一个希望获得或出售财产的世俗或宗教团体都必须首先具备法人资格。洪都拉斯国内所有的电台和电视台都可以播放宗教节目。1982 年通过的现行宪法继续肯定宗教的自由，但要遵守公共秩序，不得违反法律。

二 民俗

服饰 洪都拉斯城镇居民大多穿西式服装，在重要的场合尤其爱穿西服，他们平时穿西服比较随便，没有严格的讲究。印第安人在重大的节日和舞会上都会穿民族服装，有的还有羽毛等华丽的装饰。

饮食 洪都拉斯的饮食是西班牙风味和印第安风味结合的产物。城市居民的饮食主要是西餐，多为面包、大米、玉米和豆类，饮料主要有啤酒、可口可乐、咖啡和用玉米酿制的饮料。在洪都拉斯，水果品种较多，有香蕉等。

卷饼（baleada）是洪都拉斯最具代表性的美食之一，起源于约罗省的埃尔普罗格雷索。它的制作方法类似中国的卷饼，先用面粉或玉米粉制作成较厚的圆饼，然后加入油炸豆子等食物，最后折叠而成。除了豆子之外，还可以添加各种各样的其他食物，最常见的是碎奶酪和奶油。有一种混合型卷饼是在其中加入炒鸡蛋。其他常见的填充食物还有香肠、香蕉、辣椒酱、鳄梨、鸡肉、猪肉、马铃薯、洋葱和柿子椒。在洪都拉斯比较大的城镇中常常有多家餐馆售卖卷饼。

和其他拉美国家的居民一样，洪都拉斯人也爱吃烤肉，通常是烤猪排和鸡肉，配上玉米饼、红豆、大米和炸香蕉。

在大陆沿海和海岛地区，人们会用不同的方式做各种海鲜和其他菜肴，通常配有椰子。旅游区有餐厅，提供各种国际美食，尤其是美式菜肴。

洪都拉斯人喜爱的水果有杧果、木瓜、菠萝、李子和百香果。

居住 洪都拉斯的原住民印第安人古时修建了不少大型的、比较坚固的公共建筑。这些建筑有房舍、庙宇、宫殿和堡垒等，它们全部是用经过洗凿的石头和石灰砌成的，堡垒大多呈金字塔形、阶梯形和尖锥形。现代的城市建筑是欧式的，每个城市建有中心广场和供人们休息的公园以及花园等，大城市大都栽种了很多热带花草和树木。

礼仪 洪都拉斯人的礼节和墨西哥等拉美人相似，熟人见面都要行握手和亲吻礼，并互致问候。告别时同样要握手或亲吻，并说"再见""祝您幸福""祝您好运"之类的话。

称谓　在洪都拉斯社会里，最通用的称呼是"先生"和"夫人"，对成年男子称"先生"，对已婚女子称"夫人"。在学校里，学生对自己的老师要称"老师"、"博士"或"教授"等。在政府机关、企业、工厂，职员对自己的上司也常用学术职称，如某某博士、某某硕士等。

婚姻　洪都拉斯人的婚姻与西班牙和墨西哥等国家的情况类似。总的来说，人们都按照天主教的习俗进行婚配。印第安人除了接受天主教并按照天主教的习俗举办婚事外，有的也按照传统习惯恋爱、结婚。萨姆博人和加勒比人至今仍然实行一夫多妻制。加勒比人的妻子都有一处单独的房子和相应的一块菜园，妇女习惯把婴幼儿捆在一块从胸脯到脚那么长的木板上喂养，因此印第安人的头后部又扁又平。在洪都拉斯，婚姻被认为是民事，而非宗教活动，所以一般不在教堂举行婚礼。虽然各个地方缔结婚姻的方式有所不同，但惯例是：男方父亲通过名人或名人组成的使团向女方父亲赠送礼物，如果礼物被收下了，这就意味着女方接受了求婚。过些日子，使团须带礼物再次去求婚，有时要进行第三次，但这只限于男方比较富有的家庭。从接受礼品开始，男女双方就算确立了婚姻关系。

丧葬　洪都拉斯居民的丧葬是按照西班牙天主教的习俗进行的，许多印第安人也接受了天主教的丧葬礼俗，但至今仍有一部分印第安人还保留着本部族的丧葬习惯。

三　节日

洪都拉斯的主要节日有新年（1 月 1 日）、耶稣受难日、美洲纪念日（4 月 14 日）、劳动节（5 月 1 日）、独立日（9 月 15 日）、莫拉桑日（10 月 3 日）、哥伦布日（10 月 12 日）、圣诞节（12 月 25 日）、儿童节（9 月 10 日）和建军节（10 月 21 日）等。

洪都拉斯独立日的庆典活动从早上的乐队游行开始，各支乐队身着不同色彩的服装，并且有一位"拉拉队长"。在同一天还要举行"洪人节"（Fiesta Catracha）活动，游客可品尝洪都拉斯的特色食品，如豆子、玉米饼等。洪都拉斯人在新年除了准备食物外，还要举行焰火晚会等庆祝活动。

儿童节一般在家里、学校或者教堂举行庆祝活动，孩子们能得到礼物，而且还要举行类似圣诞节或者生日聚会那样的活动，邀请一些邻居在街头举办舞会。

此外，在洪都拉斯的拉塞瓦，每年5月底举行"伊西德拉庙会"（La Feria Isidra）。届时来自世界各地的人们将共同度过一个星期，每晚在各社区都有一个小型的狂欢活动，最后在星期六举行一个盛大的花车和巡游活动，表演团队来自巴西、日本、牙买加和巴巴多斯等国。庙会期间，还要举办"牛奶节""玉米节"等活动，以展示当地的农副产品。

四　其他

历法　洪都拉斯的原住民印第安人已发明了自己的历法，他们的历法与中美洲国家的类似，以地球围绕太阳公转为基础，把一年分成20个月，全年共分365天。洪都拉斯现在实行公历。

时间　洪都拉斯使用的是格林尼治时间，格林尼治时间12点即洪都拉斯时间5点、中国北京时间20点，洪都拉斯首都特古西加尔巴与中国北京的时差为15小时。

第三节　特色资源

洪都拉斯拥有独特的自然和文化遗产。该国拥有世界第二大的珊瑚礁、科潘玛雅遗址以及遍及全国的美丽海滩、殖民时代的城市等文化遗迹。

一　自然资源与景观

1. 国家公园

洪都拉斯是世界上主要的生态旅游目的地之一。该国大部分资源处于原生状态，极好地保持了生物多样性。洪都拉斯拥有美洲虎、美洲狮、虎猫、食蚁兽、貘、长毛吼猴等稀有的哺乳动物种群，以及中美洲面积最大的云雾林和原始森林。其中，莫斯基提亚是世界上仅有的几个没有开发的且保持原生态风貌的区域。正因为如此，洪都拉斯在中美洲毫无疑问地具有建立宏大国家公园的基础。目前，洪都拉斯8个主要生物带都处于公园或保护区的保护之下。洪都拉斯2.5万平方公里的自然资源区域，目前仅将其一半划定为保护区。

巴巴列塔国家海洋公园（Barbareta Marine National Park）是洪都拉斯著名的国家公园。巴巴列塔岛长约6公里，其中500公顷被划为私人拥有的鹦鹉保护区。这里到处是野生动物和奇异的植物，拥有沙滩以及沿着海岸线生长的椰树。这个茂盛的热带岛屿被天然的珊瑚礁环绕着，并由一些分隔的海滩和原始的热带雨林构成。由罗阿坦岛到巴巴列塔岛乘包机需要20分钟，乘船则需要两个小时。

此外，洪都拉斯还有卡皮罗-卡拉杜林（Capiro-Calentura）国家公园和瓜伊莫列托·拉孔（Guaimoreto Lagoon）野生动物保护区。卡皮罗-卡拉杜林拥有北部沿海地区面积较大的热带雨林。塞拉克国家公园（Celaque National Park）拥有在全国最高山峰上生长的云雾林、4座山峰、松树林以及众多温泉。这里有住宿、露营等服务设施。全国最高山峰就坐落于公园之中。库苏科国家公园（Cusuco National Park）以栖息了数量可观的华美绿咬鹃而闻名，绿咬鹃的最佳观赏季节是每年的4月和5月，这个时间段是这种鸟筑巢的时期。该公园距离圣佩德罗苏拉市约两个小时的车程。目前，该公园由办公室设在圣佩德罗苏拉市的一家基金会负责管理。

此外，位于圣巴巴拉、科尔特斯和科马亚瓜三省交界处的约华湖，又名塔乌拉贝湖（Taulabe），是洪都拉斯最大的淡水湖，面积约400平方公里。湖泊景色秀美，是世界著名的游览胜地。

洪都拉斯的生物物种丰富，其中包括700多种鸟类，有225种候鸟季节性地到此停留。1997年世界银行（WB）批准了一项无偿援助金额达70亿美元的"优先地段生物多样性计划"，目的是保护中美洲生物走廊洪都拉斯地段的生物多样性。

2. 普拉塔诺生物圈保护区

洪都拉斯北部的普拉塔诺生物圈保护区是中美洲唯一的联合国教科文组织确定的生态保护区，建有 18 个国家公园和 27 个野生动物保护区。

普拉塔诺生物圈保护区在洪都拉斯的加勒比海沿岸的莫斯基提亚地区，总面积约有 5250 平方公里。该保护区的大部分在普拉塔诺河沿岸。保护区里有相当数量的濒危物种和洪都拉斯最大面积的林区。1982 年，该保护区成为世界遗产和生物保护区。2011 年，联合国教科文组织将其列入濒危世界遗产名录。

保护区横贯山岳和低地的热带雨林，区内生存着种类繁多的野生动植物和 2000 多名居民。它是从墨西哥向南延伸至哥伦比亚的中美洲生物走廊的一部分。

尽管保护区覆盖了洪都拉斯相当大的面积，然而关于其生物多样性的记录却很少。尽管之前的管理规划被证明是成功的，但是为了保持该宝贵的保护区的安全性，有必要继续对管理和发展问题进行调查研究。目前，非法捕猎、乱砍滥伐和过度放牧等成为该保护区的主要威胁。

3. 罗阿坦岛

罗阿坦岛是巴伊亚群岛中最大的岛屿，形状像一个梭子，东西长 33 英里（1 英里 = 1609.344 米），南北宽 4 英里。在岛上观海有一个奇特的现象，海水平静得像池水，只有朝远处看，才可以看到线状的白色细浪。这是因为巴伊亚群岛周围生长着极其丰富的珊瑚，尤其是罗阿坦岛以北海底的珊瑚屏障挡住了海潮。

这片珊瑚向大海延伸数海里（1 海里 = 1852 米）后，突然下滑，形成了一道深深的沟壑，然后又隆起，形成又一片珊瑚屏障，一直延伸到 18 海里外的深海中。据说，这片珊瑚礁一直向北铺展到伯利兹沿海，其规模仅次于澳大利亚的大堡礁，居世界第二位。这里集中了加勒比海各种不同类型的珊瑚，珊瑚不仅是海岛的屏障，而且为鱼类的生存、繁衍提供了理想的场所。巴伊亚群岛附近有上百种鱼，有 20 多种是生活在珊瑚之间的，有的鱼类甚至完全靠这里密集的珊瑚繁殖后代。

在罗阿坦岛的西海滩，可以观看到奇妙的海底生态，那里是一片雪白的、细细的沙滩，海水清澈透底，站在齐肩深的水里，能看见自己脚趾的颜色和浮起的沙粒。在这里只要戴上简易的潜水镜，衔上一支透气管，往海里游 20 米或 30 米，就可以看到奇妙的海底世界：在扇状、球形、鹿角形、菊花形各式各样的珊瑚里，游动着形形色色的热带鱼，有长的，扁的，带彩色花边的，全身布满黑黄相间道道的，布满黑色、红色条纹或是斑斑点点的……

巴伊亚群岛还保持着原始的自然风貌，据说和 500 多年前哥伦布的船队来到时的景象差不多。晨雾在椰林间弥漫，渐渐地散去，此起彼落的鸡啼，"喳喳"的鸟鸣，"咕咕"的蛙声，"吱吱"的蝉叫，合成一支早晨的奏鸣曲。海水和晚上一样，依然平静得像一泓池水，轻吻着白色的细沙。岸上，紫色牵牛花从四处爬出来，争先恐后地向大海铺去。椰子树一直长到海边，裸露着粗大的根茎，海边有一地的熟透椰子。岛上居民住的房屋也别具特色，一座座木头吊脚屋，点缀在椰林深处或是港湾里，有点像中国南方少数民族的寨子。岛上最热门的旅游活动是潜水观看海底生态、运动钓鱼、登山到原始森林里探险。

罗阿坦岛上还有一些值得游览的地点，如公牛洞（Coxen Hole）。罗阿坦作为首府，是通往罗阿坦岛的门户，这里是行政中心，有海关、市政厅，以及医院、银行、商店、加油站、网吧等。法国港（French Harbour）是罗阿坦岛上的第二重镇。作为海港城市，主要的海产品包装企业聚集在此。这里有岛上最著名的餐馆、最好的仓储超市、汽车租赁机构，以及酒吧、舞厅等娱乐设施。西端（West End），因为坐落于岛屿的西端而得名，游客可以在此乘坐微型潜艇或参加深海潜水等活动。西湾（West Bay）拥有美丽的海滩和宁静的海水，拥有舒适的酒店，也是酒店业发展最快的区域。沙湾（Sandy Bay），设有海洋科学研究所，可以观看海豚表演，进行帆船冲浪等娱乐活动。

4. 洪都拉斯蓝洞

著名的洪都拉斯蓝洞被称为世界级的地质奇迹与潜水胜地。

洪都拉斯蓝洞在洪都拉斯和伯利兹的海岸之间，是一个巨型的海底深坑。它靠近灯塔礁的中心。蓝洞的洞口呈巨大的圆形，直径超过 300 米，深度超过 124 米。它于第四纪冰川时期形成，当时海平面非常低。对蓝洞的科考分析发现，它是在 1.5 万~6 万年前形成的。随着海平面的逐渐上升，洞口逐渐被海水淹没。大蓝洞属于更大的伯利兹大堡礁保护区系统的一部分，是联合国教科文组织认定的世界遗产。

洪都拉斯蓝洞对于潜水者而言是非常有吸引力的地方，在那里他们可以潜入清澈见底的海水，追寻各种珍奇鱼类。蓝洞里常见的鱼类包括午夜鹦嘴鱼和加勒比海珊瑚礁鲨，以及少数的牛鲨和锤头鲨。一般而言，从陆地出发去蓝洞完成一次潜水旅行大约需要一整天的时间。

2012 年，探索频道将洪都拉斯蓝洞列为"地球上十大惊奇胜地"之首。

二　名胜古迹

科潘玛雅古城的遗址，位于洪都拉斯首都特古西加尔巴市西北部约 225 公里处，靠近危地马拉边境。遗址坐落在 13 公里长、2.5 公里宽的峡谷地带，海拔 600 米，占地面积约 15 公顷。在该处遗址内发现了金字塔、祭坛、广场、6 座庙宇、石阶、36 块石碑和雕刻等。科潘玛雅遗址在 1980 年被列入世界遗产名录。

公元前 200 年前后，科潘是玛雅古王国首都，也是当时的科学文化和宗教活动的中心，同时是玛雅地区东南部及其周边的政治和文化中心。它是玛雅文明最重要的地区之一，有着宏大的建筑、丰富的象形文字，这些是科潘遗址起源于热带丛林文明的例证。这些建筑表明科潘的经济和文化水平较高。1576 年西班牙人迭戈·加西亚从危地马拉前往洪都拉斯的圣佩德罗苏拉城时，发现了这个湮没在草莽丛中的古城遗址。

1839 年，美国探险家约翰·劳埃德·史蒂芬斯（John Lloyd Stephens）和弗雷德里克·凯瑟·伍德（Frederik Cather Wood）受到一个古老传说的启示，披荆斩棘，深入浓荫蔽日的雨林之中，他们没有找到被巫师催眠的美丽公主，却发现了一座已荒废千年的古代城市遗址。在这座被称为科潘的旧城废墟上，高大的纪念碑被藤条缠绕，湮没在荆棘之中；雄伟的金字塔上长满了粗壮的树木，变成一座座荒丘。史蒂芬斯等人被眼前的这一切惊呆了，这些遗迹所代表的就是辉煌灿烂的玛雅文明。遗址中被毁坏的城堡和未完工的广场展示了其在 10 世纪早期被遗弃之前的三个发展阶段。

科潘山谷里第一次有人类居住的证据可以追溯到公元前 1500 年，然而首批从危地马拉高地到科潘的移民却只能追溯到公元 100 年。427 年，一个自称为蓝鸟（Yak K'uk Mo）的王子，从北方的众神之城特奥提华坎（Teotihuacan）辗转来到了科潘山谷。蓝鸟王子及其子孙在后来的约 400 年间，将科潘发展成玛雅南部最大的城邦。伟大的科潘城，与同时期的其他玛雅城邦于公元 300~900 年进入了快速发展时期。数学、天文和象形文字是当时主要的发展成就。与此同时，寺庙、广场和祭坛也开始逐渐兴起。

玛雅文明是世界著名的古代文明之一，也是唯一诞生在热带丛林而非大河流域的文明。玛雅人具有抽象的思维能力，他们创造了精确的天文历法系统和数学体系，以及至今仍需要我们去破译的象形文字系统。玛雅人最重视对太阳和月亮的观测，他们能算出日食和月食出现的时间，并已将七大行星都列入了研究范围。他们对金星运行周期的计算和现代科学实测的结果完全一致。玛雅历法体系由"神历"、"太阳历"和"长纪年历"组成。玛雅人有一个独特的数学体系，在这个体系中，最先进的部分便是对"0"这个符号的使用，它的发明和使用比欧洲人大约早了 800 年。玛雅人数学体系的适用性和科学性，使他们能在许多科学和技术活动中解决各种难题。在世界各古代文明中，除了起源于古印度的阿拉伯数字之外，玛雅数字要算最先进的了。但遗憾的是，有关玛雅数学的文献一本也没有流传下来。玛雅的象形文字对现代人来说简直是一部天书，直到今天我们仍未解开其谜团。玛雅象形文字以近似圆形或椭圆形为主，字符的线条更多地依随图形起伏变化，圆润流畅。

科潘的神殿、祭坛和石柱等遗迹闻名于世。科潘城主要由卫戍城堡和重要的广场组成。庆典广场坐落在五个广场中间，其间还有一个巨大的体育场，以及为数众多的石像和祭坛。东广场与谷底相比是较高的，在其西面有一座阶梯石雕，其中的美洲虎原本镶嵌着黑曜石。广场中的石柱高

3～5米、周长达2～3米，上面刻有极其复杂的浮雕，刻画了历史上这个城市历代统治者的形象。大多数石柱一端为圆形，另一端呈扁平状，在扁平状一端所刻的象形文字描述了当时权贵们的政治生活，记述了当时的思想等。这些石刻描述之详尽、规模之宏大令人震惊，使科潘成为玛雅遗迹中最为耀眼的遗址之一，为后人解开这个消失文明的谜团提供了一把宝贵的钥匙。

科潘的玛雅象形文字十分丰富，纪念碑和建筑物上的象形文字书写最美、刻制最精、字数最多。在科潘遗址中，有一条六七十级的梯道，用2500多块加工过的方石砌成，这是一座纪念性的建筑，梯道建在山坡上，直通山顶的祭坛。梯道宽10米，两侧各刻着一条花斑巨蟒，蟒尾在山丘顶部，梯道的每块方砖上都刻着象形文字，每个象形文字的四周均雕有花纹，梯道共刻了2000多个象形文字，它是玛雅象形文字最多的建筑，也是世界题铭学中少见的珍贵文物，由此被称为"象形文字梯道"。

现在看来，科潘的雕塑似乎已经非常完美。今已变成大量的碎石堆的宏伟建筑群，是由不断修建的金字塔、祭坛和寺庙组成的。世界上最大的考古坑贯穿了卫戍城堡。在考古坑的墙壁上，可以分辨出古代广场的地板和密布的排水管道。大广场和卫戍城堡的修建工程量巨大，它们需要大规模地平整土地，并铺砌地砖。

不仅如此，科潘的经济与政治实力仅次于蒂卡尔而远远超过其他城邦，在文化上则完全可以和蒂卡尔比肩，甚至还略有超越。有学者认为，科潘的重要意义绝不在蒂卡尔之下，它们如双峰并立，是玛雅文明最伟大的两座灯塔。据记载，公元805年以后，玛雅人突然弃科潘城北迁，科潘城随之变成一片废墟。玛雅文明消失之谜，至今仍困扰着国际考古界。

联合国教科文组织将其中重要的历史遗迹列入世界遗产名录，包括主遗迹群及其周边遗迹。这些历史遗迹赋予科潘玛雅遗址突出的价值。所有这些重要的古迹都位于面积约84.7公顷的科潘考古公园中。

三　著名城市

1. 特古西加尔巴

特古西加尔巴是洪都拉斯共和国的首都，和科马亚圭拉市一起作为该国的中央区，是该国的中央政府所在地，也是弗朗西斯科·莫拉桑省的首府。它位于中南部群山环抱的乔卢特卡河上游河谷，海拔975米，原为印第安人村落蒂辛加尔（Tisingal），1578年重建后改为现名。

"特古西加尔巴"在印第安纳瓦特语中是"银山"的意思，当地居民爱将其称为"特古斯"。1550~1560年，一些西班牙人奉皇家之命来到这里寻找矿藏，1578年在当地居民的帮助下发现了大银矿，建立了圣·米格尔·德·特古西加尔巴皇家矿山。当时的文件没有记载建矿的日期，但根据西班牙人的习惯，发现一个地方的日期就定为圣日，并用这一圣日的圣徒名字命名，9月29日就成为特古西加尔巴建立的日子。1579年，危地马拉都督府决定在这里建立政权机构，并设村长。1762年，随着经济的发展，村改为镇。到18世纪中叶，特古西加尔巴成为中美洲最富有的三大城市之一。1821年9月15日，洪都拉斯独立，1849年特古西加尔巴被定为首都，1880年被定为永久性首都，1938年根据第53号法令，其与科马亚圭拉合并成洪都拉斯中央区至今。首都人口中50%以上为梅斯蒂索人，其他有印第安人、穆拉托人、桑波人、黑人和白人，绝大多数人信奉天主教，居民讲西班牙语。

从市区流过的乔卢特卡河是特古西加尔巴市和科马亚圭拉市的界河，右岸是坐落在山麓丘陵上的老城区，为商业、行政中心，周围是居民区。老城区的街道比较狭窄，建筑色彩柔和，居民楼的阳台多为悬挂式。河的左岸是新城区，地势平坦，多为现代化高楼大厦，议会大厦、中央银行、总统府均在这里。中央区是弗朗西斯科·莫拉桑省28个自治市中最大的城市。中央区市长办公室是该城市的主管部门，成员为市长和组成市政团体的10位参议员。

特古西加尔巴不仅是洪都拉斯的政治和行政中心，同时是该国面积最大、人口最多的城市。特古西加尔巴市内有25个外交使馆和16个领事馆。它同时是国家电力能源公司（ENEE）和洪都拉斯电信公司等几家国企的所在地。它还拥有该国最重要的大学洪都拉斯国立自治大学以及国家足球队。特古西加尔巴的特岗汀机场坐落在高耸的马德雷山脉中，该机场因为周边地形十分复杂和跑道过短，一直被人诟病为相当危险的机场。

市中心是一个大广场。广场中央是莫拉桑公园，公园里矗立着洪都拉斯民族英雄、中美洲独立运动时期的杰出活动家弗朗西斯科·莫拉桑的塑像。公园后面是中央政府大厦；左面是圣·米格尔大教堂，该教堂建于殖民统治时期，塔顶有一座古老的西班牙钟；右面是国家博物馆，里面保存着各种历史文物和动植物标本。

著名的苏亚巴圣母院是洪都拉斯的艺术圣地，坐落于市郊的苏亚巴镇，这里保存着一座大约 80 厘米高、雕工细腻的圣母像，人们将其称为苏亚巴圣母保护神。此外，这里还汇集了雕塑、印第安人的手工艺品等洪都拉斯的民族艺术精华。

联邦公园坐落在海拔约 1300 米的皮卡乔山上，里面有一个热带植物园，公园内景色优美，树木繁多。

特古西加尔巴有纺织、制糖、食品加工、制鞋、木材加工、化工、电器、农机等工业部门。但特古西加尔巴的基础设施十分落后，缺少城市规划，城市人口过密，并且持续的贫困问题也困扰着这座城市。该市现有的道路设施甚至不能承载多于 40 万辆车。由于城市四周群山环抱，地形十分险要，几次修筑铁路的尝试都未成功，因此，其成为世界上少数不通铁路的首都之一，主要由城南的国际机场与国外沟通，也有公路与国内其他城市及邻国相通。

2. 圣佩德罗苏拉

圣佩德罗苏拉市是洪都拉斯的第二大城市，位于洪都拉斯的北部，距离海滨很近，在洪都拉斯历史上具有重要地位。西班牙征服者德·阿尔瓦拉多于 1536 年 6 月 27 日建立圣佩德罗镇。殖民者当初发现它的时候，该地名为"卡欧修斯港"（Puerto Caballos），5 年后改为现名，其中"苏拉"源自当地方言，意思为"鸟的山谷"。1902 年 10 月 8 日，洪都拉斯国会正式认可其为城市。

根据早期记载，这片陆地拥有富饶的沼泽和茂密的热带雨林，以及一些作物。此外，位于纳科村西部的苏拉山谷中的矿藏非常丰富。受益于19世纪七八十年代的香蕉出口的增长，该市人口大量增长。这里建有连接该城和科尔特斯港的两洋铁路。

圣佩德罗苏拉是科尔特斯省的首府，它还是洪都拉斯的金融中心和工业中心。在这个现代化的大都市里，可以找到顶级的旅馆和饭馆。由于拥有洪都拉斯几条最好的高速公路，圣佩德罗苏拉产生了巨大的聚集效应。

相对于特古西加尔巴的机场，该城市的拉蒙·比列达·莫拉莱斯国际机场拥有更多的国际航班。它同时作为民用和军用机场，并且离圣佩德罗苏拉只有19公里。拉蒙·比列达·莫拉莱斯国际机场是进出该市的重要门户，与美国的迈阿密、休斯敦、纽约、洛杉矶和旧金山等城市的空港相接。从该市到中美洲国家哥斯达黎加的圣何塞、萨尔瓦多的圣萨尔瓦多、危地马拉的危地马拉城等地有便捷的航班，并且每天有往来首都和国内其他城市的航班。圣佩德罗苏拉与首都之间的公路是中美洲地区最好的公路之一，车程不到4个小时。

圣佩德罗苏拉具有便捷的旅游服务设施，设有多家银行和货币兑换所。银行的营业时间，周一到周五为早上9点至下午3点，周六只在上午营业。国际信用卡，尤其是维萨卡、万事达卡等在此广为使用。市区里有大型商场，还设有自动取款机。圣佩德罗苏拉的自来水与洪都拉斯其他地方一样通常不符合饮用水卫生标准，而大多数旅馆和饭店的自来水则可安全饮用。

圣佩德罗苏拉沿袭西班牙风格，是一个安逸的城市，城市被划分为4个扇形区域：东北部、东南部、西北部和西南部。所有的街道都被编号，其中南北向的称为大街，东西向的称为街。中心区被编为1号街。市区主要的旅游景点有瓜米丽多市场（Guamilito Market），这里有洪都拉斯的各种手工艺品，市场里还出售蔬菜和鲜花。附近有人类和历史博物馆、新自然博物馆、儿童博物馆以及图书馆和剧场等。

第二章

历　史

第一节　从西班牙殖民征服至独立时期

一　西班牙殖民统治时期

公元前 6~前 4 世纪，洪都拉斯西北部属著名的玛雅帝国的一部分，印第安人是这块土地上最早的居民。大约在 11 世纪，玛雅人的后裔托尔卡特人移居到洪都拉斯。当时的印第安人主要以狩猎、采集、捕鱼和耕地为生，基本上处于原始公社阶段。

1502 年 7 月 30 日，哥伦布第四次航行时，他所率领的船队抵达巴伊亚群岛的瓜纳哈岛。8 月 14 日在特鲁希略附近登陆。1524 年 3 月，希尔·冈萨雷斯·达维拉（他曾是当地的殖民官员）在发现尼加拉瓜湖返回后，率兵从圣多明各出发，向洪都拉斯海岸进发，在奥兰乔地区与征服尼加拉瓜的科尔多瓦远征军交战。与此同时，在卡瓦约港，另外两支西班牙远征军，即奥利德的军队与 F. 德拉斯·卡萨斯的部队也在交战。后来，两边的胜利者达维拉一方和卡萨斯一方留下的 110 名殖民军官兵于 1525 年 5 月 18 日建立了特鲁希略城。9 月，来自墨西哥的科尔特斯的军队在科尔特斯港附近建立了纳迪维达特城，并任命费尔南多·萨维德拉为总督。次年，迭戈·洛佩斯·德·萨尔塞多取而代之。此后，直到 1536 年，政权更迭都较为频繁。1536 年，塞莱塞达传位于佩德罗·德·阿尔瓦拉多，后者于当年建圣佩德罗苏拉城，其继任者阿隆索·德·卡塞莱斯于

1537年建圣玛丽亚·德·科马亚瓜城。

在西班牙殖民者征服过程中，当地的土著印第安人遭到掠夺和屠杀，印第安人或者逃到深山老林或者被殖民者强行拉去开矿。1537～1539年，印第安酋长伦皮拉领导中部高地的3万名印第安人举行起义，以反抗西班牙殖民者的残暴统治，但遭到了殖民者的镇压，起义以失败而告终，伦皮拉本人也被杀害。后来洪都拉斯独立后，伦皮拉成为民族英雄。1926年4月3日，洪都拉斯宪法规定以伦皮拉的名字命名本国货币。

1543年，西班牙殖民者设立边界审议所。最初设在格拉西亚斯和危地马拉城，之后于1565年迁至巴拿马。1570年，在危地马拉城重设审议所。洪都拉斯政治上属于危地马拉所管辖的自治区。审议所管辖范围包括恰帕斯和萨尔瓦多大区、危地马拉、尼加拉瓜和洪都拉斯省，各省又自设总督，哥斯达黎加设执政府。1579年建立的特古西加尔巴大市政辖区与科马亚瓜政权并立，国家被分为两个省。此后，这种状况贯穿整个殖民时期。1523～1560年，危地马拉总督对领土的征服并未延伸到大西洋沿岸。从特鲁希略到圣胡安河的地方被称为"米斯基托海岸"，在那里土著印第安人自治的状况在整个殖民时期从未改变过。1737年，英国人闯入米斯基托海岸，进入新塞戈维亚·琼塔斯，并占领了罗阿坦岛。1783年，英国承诺归还米斯基托海岸（洪都拉斯政府直到1859年也没有收回罗阿坦岛）。1739年，洪都拉斯被西班牙王室划归危地马拉总督府管辖。

16世纪40年代，西班牙殖民者在中美洲建立的三座城市中，有两座在洪都拉斯，一座是"金矿城"圣豪尔赫德奥兰乔，另外一座是"农业城"乔卢特卡。由此可见，洪都拉斯已经成为当时中美洲地区最重要的区域之一。在西班牙殖民统治期间，西班牙殖民者残酷地奴役印第安人和黑人，恣意掠夺当地的金银矿藏。

洪都拉斯在独立之前政治上为危地马拉所辖的4个自治区之一。1821年9月15日，危地马拉区独立，洪都拉斯对此表示拥护。次年1月5日，洪都拉斯与危地马拉、萨尔瓦多和尼加拉瓜一同并入墨西哥，依附伊图尔维德王朝。伊图尔维德王朝覆灭后，1824年11月，危地马拉、萨尔瓦多、洪都拉斯、尼加拉瓜、哥斯达黎加宣布成立中美洲联邦，各联邦省均设自己的宪法和总统。但中美洲联邦发展不佳，各联邦省不听从联邦总统阿尔塞的指挥。洪都拉斯总统埃雷拉甚至公开与之抗衡，并于 1827 年 5 月 10 日逮捕阿尔塞。之后，莫拉桑接任洪都拉斯、萨尔瓦多总统，又连任两届联邦总统。由于中美洲联邦的统一武装力量在与各成员国特殊利益集团的冲突中受挫，1838 年 5 月 30 日，中美洲联邦解体。

二 独立及"香蕉共和国"时期

洪都拉斯于 1821 年 9 月 15 日宣布独立，并于 1838 年退出中美洲联邦，成为独立的共和国。1840 年在危地马拉独裁者拉斐尔·卡雷拉的支持下，洪都拉斯保守派弗朗西斯科·费雷拉建立了独裁政府。在随后的 30 年里，保守派一直独掌政权。在此期间，在危地马拉、萨尔瓦多和尼加拉瓜等邻国的干涉和支持下，洪都拉斯自由派和保守派为争夺政权而发生冲突甚至内部战争，政局动荡不安，国内金银矿开采遭到破坏，农业生产落后。从 19 世纪 40 年代起，美国侵占了洪都拉斯的东部地区和位于加勒比海的巴伊亚群岛，并攫取了丰塞卡湾蒂格雷岛煤矿开采权。外部势力的介入使洪都拉斯原本动荡的政局更为恶化。1856 年后，洪都拉斯与尼加拉瓜共同抗击美国海盗沃克的入侵，并于 1860 年将其处决于特鲁希略的海滩。19 世纪 60 年代，洪都拉斯梅迪纳政府向英国大举借债，修建了一条由科尔特斯港到圣佩德罗苏拉的窄轨铁路，但此举并未改变洪都拉斯大部分地区的落后面貌，反而背负了沉重的债务包袱，以致洪都拉斯在近一个世纪的时间里裹足不前。

1872~1903 年可谓洪都拉斯追求"秩序与进步"的时期。19 世纪 70 年代早期，在危地马拉和萨尔瓦多，以追求"秩序与进步"的新自由主义取代了保守党的统治。新上台的危地马拉强人胡斯托·鲁菲诺·巴里奥斯策划了一场颠覆洪都拉斯梅迪纳政权的政变，最初新自由主义者塞莱奥·阿里亚斯成为洪都拉斯临时总统，但因其未能维持秩序，巴里奥斯又挑选了另一位自由主义者庞西亚诺·莱瓦，而莱瓦总统还是因为没能有效镇压异己力量而被自由派的马尔科·奥雷利奥·索托取代。索托总统很快恢复了秩序，制定了一部新宪法，起草了许多法律法规，同时建立了一个全国性的电报网，并修建了连接首都特古西加尔巴和重要港口圣洛伦索之间的"南方公路"。在索托总统及其继任者路易斯·博格兰执政期间（1883～1891），洪都拉斯实行自由主义改革政策，试图重建中美洲联邦，并于1885年与哥斯达黎加、尼加拉瓜和萨尔瓦多签署和平条约，国内政治稳定、经济发展。但是这一局面随着博格兰总统下台后爆发的内战而结束。1894年，自由派的波利卡诺·博尼利亚（Policarpo Bonilla）当选总统。在其执政期间（1894～1899），他采取了将权力集中于行政部门以及修订宪法的措施，弥补内战造成的破坏，试图建立坚实的经济基础，但未获成功。其间，洪都拉斯与萨尔瓦多和尼加拉瓜签署了《阿马帕拉条约》，成立"中美洲大共和国"。通过选举上台的特伦西奥·谢拉总统（1899～1903年在位），强化行政管理，以巩固自己的统治地位。在其任内，通过西班牙国王的仲裁，洪都拉斯与尼加拉瓜确定了双方的边界，并通过签署《科林托条约》解决洪都拉斯、萨尔瓦多、尼加拉瓜之间的纠纷。

1903～1950年是洪都拉斯的"香蕉共和国"时期。1900年以前，香蕉成为洪都拉斯最为重要的出口商品。尽管香蕉出口增加，但是香蕉的生产还非常落后。20世纪初，美国联合果品公司、标准果品公司和库亚梅尔果品公司霸占了洪都拉斯北部沿海平原的大部分土地，大规模地发展香蕉种植园，并垄断了大部分铁路、航运、电力和香蕉出口。这些部门不受当地政府的管辖，并设有自己的警察部队，成为洪都拉斯的"国中之国"。到1913年，洪都拉斯90%以上的对外贸易被美国控制。第一次世界大战后，美国加紧对洪都拉斯的政治控制和经济掠夺，多次出兵干涉洪都拉斯内政，极力扶持傀儡政权。美国跨国公司的长期经济垄断，导致洪都拉斯成为一个以生产香蕉为主的单一经济国家，粮食、棉花等生活必需品长期依赖进口。20世纪20年代，洪都拉斯的香蕉出口居世界首位，被称为"香蕉共和国"。

这种单纯依赖香蕉生产的状况使洪都拉斯国民经济十分脆弱。1929年资本主义经济危机爆发后，洪都拉斯经济深受影响，香蕉出口锐减，国内商品匮乏，人民生活水平显著下降，起义不断。国民党（Partido Nacional）独裁者蒂武西奥·卡里亚斯·安迪诺将军在美国的支持和策动下，于1933

年攫取了政权，建立了长达16年的统治。作为回报，安迪诺将军将大片土地赠送给美国联合果品公司，使洪都拉斯被"公司统治"。第二次世界大战期间，美国进一步控制了洪都拉斯的经济，并成为其进出口的重要贸易对象国。

第二节　从军人统治到还政于民时期

一　1957～1982年军人统治时期

20世纪50年代以后，洪都拉斯基本上由自由党（Partido Liberal）和国民党轮流执政，开始了缓慢而激烈的政治经济现代化进程。1954年美国联合果品公司和标准果品公司的7.5万名工人为提高工资、改善劳动条件和争取参加工会的权利举行大罢工，此举迫使美国垄断资本做出某些让步。

在1957年大选中，自由党获胜，拉蒙·比列达·莫拉莱斯当选为总统，他致力于实行"争取进步联盟"计划，采取一些积极措施，改善人民的生活。1959年政府成功掐断起义苗头，并在大西洋沿岸发生的洪都拉斯与尼加拉瓜的争议中获得有利结果。1963年，武装部队总司令奥斯瓦尔多·洛佩斯·阿雷利亚诺在美国的策动下发动政变，推翻比列达·莫拉莱斯政权，并于1963年当选总统。其间，民众对1969年洪都拉斯与萨尔瓦多之间爆发的"足球战争"的不满情绪持续高涨，阿雷利亚诺总统执政到1971年6月7日。之后，国民党人拉蒙·埃内斯托·克鲁斯竞选获胜，但其执政后不久，阿雷利亚诺又一次发动政变上台，并进行了土地改革。1975年武装部队司令梅尔加·卡斯特罗发动政变，取代阿雷利亚诺并执政到1978年，其在任内接管了美国资本控制的香蕉公司经营的港口和铁路，并将其占有的荒地收归国有。1978～1982年，帕斯·加西亚执政。

在阿雷利亚诺和卡斯特罗两位总统执政时期，由于国际市场需求旺盛并且可以获得国外商业贷款，洪都拉斯处于有史以来经济发展最快的时期。

二 1982 年以来"民主选举"时期

洪都拉斯于 1980 年选举产生议会,随之于 1981 年举行了大选并于 1982 年通过新宪法,自由党人总统罗伯托·苏亚索·科尔多瓦(Roberto Suazo Córdoba)就职,洪都拉斯结束了连续多年的军人统治。在其当政的经济严重萧条时期,美国给予了洪都拉斯政府支持,其中包括由美国国际开发署资助的大量经济和社会发展项目。洪都拉斯成为在全世界范围内美国和平队(Peace Corps)履行维和使命最为繁重的国家,非政府组织和国际志愿机构的数量也在激增。

1985 年大选中,允许一个党内出现多名总统候选人。当自由党候选人集体获得了 42% 的选票后,该党宣称获得了胜利并将国民党候选人拉斐尔·莱昂纳多·卡列哈斯(Rafael Leonardo Callejas)击败。自由党候选人中得票最高的何塞·西蒙·阿斯科纳·德尔·奥约(José Simón Azcona del Hoyo)于 1986 年就任总统。在军方的支持下,阿斯科纳成为洪都拉斯 30 年当中第一位实现政权和平交接的民选总统。此后,由于中美洲和平进程的展开,美国减少了对洪都拉斯的援助。

1990 年,上届落选的国民党候选人拉斐尔·莱昂纳多·卡列哈斯赢得大选后宣誓就任新总统(1990~1994 年执政)。在其任期的最后几年中,民众对于日益上涨的生活成本以及政府的腐败加重不满,在 1993 年举行的选举中,自由党候选人卡洛斯·罗伯托·雷纳(Carlos Roberto Reina)以 56% 的选票赢得总统选举。他上任后积极打击腐败并追究那些在 80 年代侵犯人权的人的责任,创立了现代的总检察长办公室和警察队伍,加强了文职人员对军队等的控制,将警察队伍由军人系统转为文人系统管理,并恢复了国家财政。

1998 年,卡洛斯·罗伯托·弗洛雷斯(Carlos Roberto Flores)宣誓就任新总统。他强调在保持国家财政的健康和国际竞争力的情况下帮助洪都拉斯的贫民,以开启洪都拉斯政治和经济的改革和现代化。1998 年 10 月,由于遭受飓风米奇的袭击,洪都拉斯有 5000 人死亡,150 万人受到影响,经济损失近 30 亿美元。

2001 年，国民党人里卡多·马杜罗（Ricardo Maduro）赢得大选，并于 2002 年就任总统。马杜罗上任后开展的第一个行动就是在街道上部署警察与军队的联合力量，扩大巡逻范围，以打击犯罪行为。在马杜罗总统的领导下，洪都拉斯完成和批准了《中美洲自由贸易协定》（CAFTA），并获得了债务减免，成为第一个与美国签署《千年挑战账户协定》（Millennium Challenge Account Compact）的拉美国家，还积极推进中美洲的地区一体化进程。

2005 年 11 月 27 日，自由党候选人何塞·曼努埃尔·塞拉亚·罗萨莱斯（José Manuel Zelaya Rosales）以微弱多数赢得总统选举（2006～2009 年执政）。塞拉亚竞选的主旨是维护"公民权利"，他宣誓要加大执政透明度、打击贩毒以及保持宏观经济形势的稳定。自由党赢得了国会 128 个席位中的 62 个席位，但未能掌握议会多数。

第三节　2009 年军事政变至今

2009 年 6 月 28 日，总统塞拉亚因军事政变而遭罢免。同日，洪都拉斯议会宣布由议长罗伯托·米切莱蒂（Roberto Micheletti）任临时总统直到选举产生的新总统上任。

2009 年 11 月 29 日，在历经近半年的政局动荡后，洪都拉斯举行了总统大选。选举结果是：反对党国民党总统候选人波尔菲里奥·洛沃·索萨（Porfirio Lobo Sosa）的得票率为 57%，当选总统；自由党总统候选人埃尔文·桑托斯（Elvin Santos）的得票率为 39%，竞选失败。对于在米切莱蒂临时政府任内进行的选举的结果，美国、巴拿马、哥斯达黎加、哥伦比亚、秘鲁等国政府予以承认，而巴西、阿根廷和美洲玻利瓦尔联盟成员国则拒绝承认，认为结果是无效的。2010 年 1 月 27 日，洛沃政府正式宣誓就职。不久后，其政府外长宣布：洪都拉斯已经与 29 个邦交国恢复了正常关系，但仍与其余 10 个国家的关系未得到恢复，这些国家包括巴西、乌拉圭、墨西哥、委内瑞拉、古巴、尼加拉瓜、玻利维亚、厄瓜多尔、巴拉圭和智利。

2010 年 1 月 26 日，经国会批准，洪都拉斯特赦了参与政变的 6 名军方成员和前总统塞拉亚。塞拉亚早前已返回洪都拉斯并在巴西驻洪都拉斯大使馆内避难，但是由于他并未被特赦贪腐罪行，于是在特赦令发出的第 2 天流亡多米尼加。

2010 年 1 月 27 日，波尔菲里奥·洛沃·索萨正式宣誓就职。由于 2009 年 "6·28" 政变以来洪都拉斯出现了严重的政治和外交危机，洛沃首先面对的问题就是缓和国内社会矛盾和修复外交关系。洛沃在《特古西加尔巴-圣何塞协议》的框架下任命了统一内阁，吸纳了自由党成员。任命 2001 年以来一直担任立法委员的胡安·奥兰多·埃尔南德斯担任国会议长。任命前立法委员马龙·帕斯夸为国防部部长，以缓和同塞拉亚的支持者成立的 "人民抵抗全国阵线"（Frente Nacional de Resistencia Popular，FNRP）的关系。4 月 13 日，洪都拉斯政府组织成立 "真相与和解委员会"，5 月 4 日正式开展对 "6·28" 政变的调查，迈出了恢复国际地位关键的一步。该委员会在数月的调查后公布了 2000 多页的报告，明确表示军事政变和之后的总统继承是非法的，并且声称宪法未能保持三大权力的有效分工，这会在将来导致机构和政治问题。

支持流亡总统塞拉亚的 "人民抵抗全国阵线" 在国内不断呼吁罢工，以抵制新政府。与此同时，拉美地区的左翼政府拒绝认可洪都拉斯新政府，并且反对洪都拉斯重返美洲国家组织（OAS）。对于新上任总统洛沃而言，解决这些国内和国际危机的关键在于流亡总统能否重返洪都拉斯而且免于被起诉。然而，放弃指控塞拉亚贪腐的建议并未获得司法部门的同意，洛沃因此在国会的支持下辞退了几名法官，并将最高法院法官的任期从 7 年减至 4 年。这也加剧了立法部门和司法部门的对立态势。

最终在行政部门的压力之下，最高法院放弃了对前总统塞拉亚贪腐的指控。在流亡将近两年之后，塞拉亚于 2011 年 5 月 28 日高调返回洪都拉斯。随着流亡总统的回归，除了厄瓜多尔，几乎所有美洲国家组织成员国（包括阿根廷、巴西和委内瑞拉）都表示支持洪都拉斯重返美洲国家组织。至此，洪都拉斯获得了政变之前几乎所有的外交认可。摆在洛沃总统面前的任务变成了继续加强和美国的经济和安保关系,因为美国是洪都拉斯的主要贸易和投资伙伴以及移民对象国。

由于政变以来社会分裂愈演愈烈,在洛沃总统任内,不断出现记者、律师和学生被杀的惨案,黑帮横行,贩毒活动猖獗。虽然洛沃采取了一系列措施以缓和矛盾,打击犯罪,如进行教育改革、清洗警队、与街头黑帮签署停战协定和与美国联手打击毒品运输网络等,但是积重难返,收效甚微。

2013 年 11 月 24 日,四年一届的总统大选如期举行。此届大选候选人除来自传统的国民党和自由党之外,还有新成立的反腐败党的候选人萨尔瓦多·纳斯拉亚(Salvador Nasralla),以及在"人民抵抗全国阵线"基础上成立的自由与重建党(Partido Libertad y Refundación)的候选人,即前总统塞拉亚的妻子伊里斯·希奥玛拉·卡斯特罗·萨缅托。希奥玛拉尽管在之前的民调中一路领先,但最终败给了国民党候选人胡安·奥兰多·埃尔南德斯(Juan Orlando Hernández)。然而,由于选票数量差距并不大,这给新总统上任后的政治稳定性带来了一定的威胁。

虽然自由与重建党对选举结果表示质疑,但是选举法院在复查之后,最终确认了结果。国民党在国会获得的席位大幅减少,从之前的 71 席减少到 48 席;自由与重建党收获颇丰,获得 37 席;自由党获得 27 席,较之前的 45 席也大幅减少;其他三个小党派革新团结社会民主党、基督教民主党和民主统一党各获得 1 席。国会议长由国民党人毛利西奥·奥利瓦担任。

在大选结束后新的立法委员上任之前,国会通过了几项选举改革。第一,如果没有任何一位总统候选人得到的选票数量超过投票数量的 50%,将会举行第二轮投票,以减少争议;第二,将党内初选日期改到和总统大选同一年,以减轻竞选活动带来的财政压力;第三,将国会的立法委员的选区改成基于人口数量的区一级,而不是之前的基于省份,以保证选举公平。

随着洪都拉斯此前几年成为西半球社会犯罪和政治分化最严重的国家之一,新总统埃尔南德斯的首要任务将是改革公共安保,促进政治和解和经济增长。

由于埃尔南德斯和前任总统洛沃属于国民党的同一派系，在一定程度上保持了政策连贯性，在清洗警队和增设武警等方面收到了持续效果，不仅辞退了多名与贩毒集团勾结的警官，而且使街头犯罪减少。然而，在城市地区增派武警和任命现役军人为安全部部长的举动引来诸多争议。安全部自1998年在卡洛斯·弗洛雷斯总统（1998~2002年执政）任上建立以来，一直由市民担任部长，这也是几十年军政府之后民主化运动的一部分。对于该项任命，左派人士和人权团体提出了对军人干政的担忧和抗议。

2015年4月下旬，作为对前总统拉斐尔·卡列哈斯请愿的回应，五位来自最高法院宪法室的法官做出裁决，认为基于人权的考虑，1982年宪法第239条禁止总统再选的规定是不合适的。这一空前的决定，表明该国政治系统发生了历史性的改变。这意味着1982年以来，数位民选总统都可以再次参加总统选举。虽然卡列哈斯坚称自己提出这一请愿的目的是要再度参选，然而有评论者认为，这是在为埃尔南德斯的连选连任铺平道路。

2014年，洪都拉斯新任总统、中右翼民族党领导人胡安·奥兰多·埃尔南德斯开始执政，其首届任期于2018年1月底结束。2017年，埃尔南德斯依据宪法法院2015年的解释性说明，连选连任，随后引发反对派抗议，政治分裂局势加剧，国内社会危机加重。2019年，总统连选合宪性争议风波趋于平缓，联合国等国际机构就洪都拉斯局势提供了部分建议，得到政府和反对派的同意。2020年，新冠疫情进一步加剧了洪都拉斯政局分裂局面。2022年1月27日，希奥玛拉·卡斯特罗当选总统。

2022年组成的洪都拉斯新一届政府，除了总统，还有3位副总统，即第一副总统萨尔瓦多·纳斯拉亚、第二副总统多丽丝·古铁雷斯（Doris Gutiérrez）、第三副总统雷纳托·弗洛伦蒂诺（Renato Florentino）。

政府下设17个部：

内政、司法和去中央化部，部长托马斯·瓦克罗（Tomás Vaquero）；

外交部，部长爱德华多·恩里克·雷纳（Eduardo Enrique Reina）；

经济发展部，部长佩德罗·巴尔克罗（Pedro Barquero）；

财政部，部长里克西·蒙卡达（Rixi Moncada）；

国防部，部长何塞·曼努埃尔·塞拉亚·罗萨莱斯（José Manuel Zelaya Rosales）；

安全部，部长拉蒙·萨维利昂（Ramón Sabillón）；

自然资源和环境部，部长拉齐·梅迪纳（Lucky Medina）；

能源部，部长埃里克·特哈达·卡瓦哈尔（Erick Tejada Carbajal）；

劳工部，部长萨拉伊·赛尔纳（Sarahí Cerna）；

卫生部，部长何塞·马努埃尔·马修（José Manuel Matheu）；

科技部，部长路德·卡斯蒂略·哈利（Luther Castillo Harry）；

教育部，部长丹尼尔·埃斯庞达（Daniel Esponda）；

旅游部，部长亚迪拉·戈麦斯（Yadira Gómez）；

基础设施和公共服务部，部长毛里西奥·拉莫斯（Mauricio Ramos）；

农牧部，部长罗伊·拉索（Roy Lazo）；

社会发展和包容部，部长何塞·卡洛斯·卡尔多纳（José Carlos Cardona）；

新闻部，部长伊维斯·阿尔瓦拉多（Ivis Alvarado）。[1]

第四节　著名历史人物

一　何塞·弗朗西斯科·莫拉桑

莫拉桑是中美洲的政治家、律师、演说家和将军，1792 年出生于洪都拉斯的特古西加尔巴，1842 年 9 月 15 日在哥斯达黎加的圣何塞去世。他是自由党的领导人，先后于 1830~1834 年和 1835~1839 年两次担任中

---

[1] 《洪都拉斯国家概况》（2023 年 2 月），中国外交部网站，https：//www. mfa. gov. cn/web/gjhdq_ 676201/gj_ 676203/bmz_ 679954/1206_ 680402/1206x0_ 680404/。

美洲联邦的总统以及洪都拉斯总统（1827~1830 年执政）、危地马拉总统（1829 年执政）、萨尔瓦多总统（1839~1840 年执政）和哥斯达黎加总统（1840 年执政）。

莫拉桑将军是中美洲历史上最重要的军事领导人之一。无论是 1827 年与阿尔塞的军队作战，还是 1842 年解放哥斯达黎加，他所取得的巨大胜利，都显示出他是伟大的军事战略家。1829 年，他率领洪都拉斯军队为萨尔瓦多城自由派解围，在查尔科挫败保守军，以解放者身份进入该城。4 月又攻入危地马拉城，使自由派在中美洲大获全胜。在十余年的时间里，莫拉桑一直在中美洲的政治和军事舞台上发挥重要作用。作为一位眼光长远的思想家和政治家，他一直努力通过自由改革措施使中美洲成为一个进步的联邦国家。但是当时的那些大胆的改革，导致了 1837 年危地马拉爆发革命，最终使中美洲联邦解散并分裂成 5 个小国家。莫拉桑所信仰的自由主义思想最终没能成为现实。

二 弗洛伦西奥·萨斯特鲁切

弗洛伦西奥·萨斯特鲁切于 1811 年 10 月 21 日出生于洪都拉斯的东圣安东尼奥德（San Antonio de Oriente），他的父亲拉蒙·萨斯特鲁切具有加泰罗尼亚背景，母亲欧亨尼娅·比亚格拉出身上层社会，家里拥有矿山。

1824 年，弗洛伦西奥·萨斯特鲁切被送到尼加拉瓜的莱昂继续学习，他于 1826 年返回洪都拉斯，1828 年加入由多明戈·萨米恩托和桑托斯·桑切斯领导的、反对迭戈·比希尔（Diego Vigil）政府的军队。1832 年 3 月 14 日，在萨尔瓦多的战斗中，他与何塞·桑托斯·瓜迪奥拉（José Santos Guardiola）加入弗朗西斯科·莫拉桑领导的军队。他先被莫拉桑提升为军士，之后于 1841 年被提升为上尉并在弗朗西斯科·费雷拉领导下工作。当胡安·林多（Juan Lindo）当选总统后，萨斯特鲁切被选为国会议员并于 1848 年参与了洪都拉斯第三部宪法的修订工作。1850 年，他参与了支持何塞·桑托斯·瓜迪奥拉的军事活动，并与其兄弟来到尼加拉瓜。他于 1855 年被提升为旅长。瓜迪奥拉总统派遣萨斯特鲁切兄弟俩率领军队与美国海盗威廉·沃克作战。1857 年 6 月 12 日，他领导军队胜利地进入了科马亚瓜城。1858 年 5 月 22 日，他被瓜迪奥拉总统任命为作战和商业部部长并担任该职务至 1860 年。1864 年 2 月 15 日，洪都拉斯议会选举他为洪都拉斯副总统。他于 1871 年 3 月 26 日至 5 月 17 日短暂地担任过总统职务。

1856 年洪都拉斯内战之后，萨斯特鲁切居住在尼加拉瓜。他先后被任命为主管东部公路建设事务的官员等，并于 1878 年先后担任两个地方的地方长官，同年 9 月被任命为尼加拉瓜军队的部门首长。萨斯特鲁切于 1893 年 2 月 15 日在尼加拉瓜的马那瓜逝世，终年 82 岁。他逝世后被安葬在尼加拉瓜的圣佩德罗公墓，尼加拉瓜国会于 1893 年 2 月 24 日通过法案，授予对他高度评价的墓志铭，感谢他对尼加拉瓜所做出的贡献。2003 年 8 月，洪都拉斯总统马杜罗向伊拉克派遣的部队被命名为"萨斯特鲁切使命"（Tarea Xatruch）营，以表示对他的纪念。

三 拉蒙·阿马亚·阿马多尔

拉蒙·阿马亚·阿马多尔是洪都拉斯最著名的作家之一。他于 1916 年 4 月 29 日出生于奥兰乔省，1966 年于捷克斯洛伐克在一次飞机失事中遇难。1939 年，他以自己在洪都拉斯北部沿海的香蕉种植场的工作经历为基础，出版了第一部小说《绿色的监狱》（*Prision Verde*）。该小说被译成包括中文在内的几十种文字，影响深远。1941 年，他成为拉塞瓦《大西洋报》（*El Atlántico*）的记者。1943 年 10 月，他在奥兰乔省创办了《警戒》（*Alerta*）杂志。由于受到政治迫害，1944 年，拉蒙·阿马亚·阿马多尔移居到危地马拉，成为《我们的日报》（*Nuestro Diario*）的记者，并积极支持左翼的哈科沃·阿本斯（Jacobo Arbenz）政府。

在危地马拉的 10 年时间里，他分别为《中美洲日报》（*Diario de Centro América*）、《流行进步人士》（*El Popular Progresista*）和《正午》（*Mediodía*）等媒体工作。1954 年 6 月，当危地马拉阿本斯政府倒台后，阿马多尔到阿根廷驻危地马拉大使馆寻求庇护，获得了前往阿根廷避难的准许。到达阿根廷后，他在一家教育报社工作，并与一名阿根廷人结婚。

1957 年 5 月，阿马多尔重返洪都拉斯，在一家名为"编年史"（El Cronista）的媒介机构工作，并在首都特古西加尔巴创建了《视野》（Vistazo）杂志。之后，他与家人离开洪都拉斯前往捷克斯洛伐克，为一家杂志社工作，直到 50 岁时因空难去世。1977 年 9 月，他的遗骸被运回洪都拉斯，但直到 1991 年他的书才被允许在洪都拉斯出版。

阿马多尔还著有《黎明》（Amanecer）、《建设者》（Constructores）等十余部描写洪都拉斯社会底层劳动者的文学著作。

第三章

政　治

洪都拉斯的现行国家体制和政治制度都是依据宪法规定实施的。洪都拉斯是民主共和制国家，实行代议制；国家权力由议会、政府和司法三部门分别行使，实行相互制约的"三权分立"。

第一节　宪法

洪都拉斯现行宪法，是该国摆脱西班牙殖民统治独立以来的第 16 部宪法，于 1982 年 1 月 20 日开始实施。在这部宪法实施的一周前，随着民选总统罗伯托·苏亚索的就职，洪都拉斯结束了十余年的军人统治。这部宪法是 1982 年 1 月 11 日由制宪大会制定完成的。制宪大会是 1980 年 4 月 20 日在波利卡波·帕斯·加西亚军政府时期选举产生的，71 个席位主要由两个党派控制，自由党占 35 席，国民党占 33 席，另外 3 席被一个小党占有。

在 1982 年前洪都拉斯颁布的 15 部宪法中，有几部为该国的政治发展奠定了基础。其中，1825 年第一部宪法受到西班牙的强烈影响，建立了"三权分立"制度。1839 年宪法，强调了对个人权利的保护，是独立后在"中美洲联合省"框架之外该国制定的第一部宪法。在 1865 年宪法中，人身保护权第一次受到保障。1880 年宪法使洪都拉斯的政治制度具有了许多新特征，如城市自治制度在促进经济发展中的作用，同时一改以往把罗马天主教作为国教的做法，实现政教分离。

在波利卡诺·博尼利亚当政时期，洪都拉斯于 1894 年颁布的该国第

9 部宪法被认为是那个时代最为先进的。该宪法取消了死刑，提升了涵盖新闻、选举以及诉讼保护等内容的法律地位。虽然该宪法的许多条款被忽视了，但它为之后的宪法树立了样板。1924 年宪法引入了新的社会、劳工条款，力图使立法机构比行政机构更强大。1936 年宪法颁布时洪都拉斯处于独裁者统治时期，因此行政部门的权力重新得到了加强，并将总统和立法机构的任期从 4 年延长到 6 年，这部宪法的多次修订主要是为独裁政权服务的。

1957 年，莫拉莱斯总统在任内颁布的宪法具有一些新的特点，其中关于劳工方面的条款，主要受到了 1954 年"香蕉罢工"之后工会势力增强的影响。此外，该宪法还规定设立管理选举过程的机构。1965 年宪法是洪都拉斯的第 15 部宪法，在洛佩斯军人当政期间颁布。1963～1982 年，该军政府仅在 1971～1972 年短暂被文人政府取代，执政长达十余年。

1982 年宪法继承了以往各部宪法中的国家制度和程序等内容，但在整部宪法中，新的或者修改过的条款使之又与以往宪法有明显不同。这部宪法被认为是洪都拉斯有史以来最为进步的一部宪法。宪法的导言表达了重建中美洲联邦的信心以及强调将依法治国作为建立一个公正社会的手段。该宪法包括导言和 379 项条款，这些条款涵盖在宪法 8 个部分下的 43 个章节中。宪法的前 7 个部分为永久性的条款，描述了个人权利以及洪都拉斯政权的组织结构和职责等，第八部分涉及对宪法的补充和修订。1993 年年中，洪都拉斯议会又对 1982 年宪法做了 7 处修订并对 4 处做了详细的说明。下面介绍洪都拉斯的现行宪法前 7 个部分的主要内容。

宪法第一部分规定了政权的组织形式、国家版图和国际条约等。第 4 章规定：洪都拉斯是共和、民主、代议制的国家，政府由立法、行政和司法三个部分构成，三者间互相补充、各自独立且互不从属。然而，实际上洪都拉斯的行政部门控制着另外两个部门。第 2 章规定国家的主权来自人民，这是在 1982 年宪法基础上增加的新条款，该章还规定"篡夺权力为背叛祖国的犯罪行为"。

　　宪法第二部分规定了国籍、公民、选举权和政党，以及设立独立、自主的国家选举委员会来处理与选举有关的法律和程序。该条款对于国籍和公民的规定与 1965 年颁布的宪法相比除了有一处不同外，其余是一致的。1965 年宪法规定"出生于中美洲并在洪都拉斯居住满一年，且办理完必要的法律手续的人则可被视为洪都拉斯公民"。但 1982 年宪法第 24 章规定"出生于中美洲并且在洪都拉斯居住满一年就自然成为洪都拉斯公民"。对于选举制度，第 46 条规定选举通过比例制或多数代表制进行。

　　宪法第三部分主要规定了公民的个人权利和保障，其中包括社会问题、儿童、劳工权利、社会保障、卫生、教育、文化和住房等方面。有别于 1965 年宪法之处是特别强调了儿童的权利。

　　宪法第四部分规定了公民的人身权利等，同时也强调了最高法院所具有的宪法赋予的检查权，并规定了宪法保障可能被限制或终止的情况。

　　宪法第五部分描述了政府的架构以及职责，规定了法律实施、批准和颁布的程序。此部分内容涵盖：立法、司法和行政部门，总审计长办公室和行政廉洁局（它们是两个附属立法机构但又相对独立的部门），总检察长办公室，内阁部长办公室，公务员，地方政府以及关于洪都拉斯分权制度的规定等。不同于 1965 年宪法之处为：一个是议员和总统的任期由一届 6 年变为 4 年；另一个是开始关注地方政府的发展。其中第 229 条规定"城市经济和社会发展是国家发展的组成部分"，而第 302 条强调，为了发展城市，鼓励居民组成市民协会、联合会和联盟。

　　司法方面的规定与 1965 年宪法相比也发生了变化。其中第 303 条强调，司法的权力来自人民并由法官代表政府来实施。宪法规定最高法院由 9 名大法官和 7 名候补法官组成（但实际上目前洪都拉斯最高法院有 15 名法官），而 1965 年宪法规定的大法官和候补法官分别为 7 名和 5 名。

　　宪法第五部分还涉及武装力量，规定其组成"统帅部、陆军、空军、海军和公共安全部队"。此部分条款大部分与 1965 年宪法相同。其中规定："军队应当具有职业精神，政治中立，服从命令，不具争议。"总统为武装部队最高统帅。总统通过总司令给军队下达的命令，军队必须服从和遵守。然而实际上，军队是直接由总司令来指挥的，而总统是通过总司令来履行与军队相关的宪法责任的。军队最高理事会是军队的顾问机构，该机构由总司令主持工作，而总司令由议会选举产生，任期3年，通常该人选从军队最高理事会推荐的3名军官中产生。

宪法第六部分强调国家的经济制度应当建立在生产富有效率、社会财富公平分配以及各种生产要素和谐共处的原则的基础上。其中第329条规定，洪都拉斯政府应当通过适当的计划致力于促进经济和社会的发展。此部分还包括货币和银行、农业改革、税收、公共财富和国家预算等内容。

宪法第七部分的两章中明确规定了修宪程序：宪法必须"在连续两次的议会年度会议上，经过全体议员的2/3以上表决通过"才能修改。同时，宪法明确规定了不能修改的条款，其中包括修宪程序本身、政府的组成、国家版图以及总统的任期等。

第二节　围绕"修宪"引发的政局动荡

洪都拉斯军方于2009年6月28日早晨发动军事政变，扣押了民选总统塞拉亚，将他紧急转移到哥斯达黎加。最高法院随后宣布罢免总统的决定。洪都拉斯议会当天召开紧急会议，宣布由议长罗伯托·米切莱蒂出任临时总统。这标志着围绕洪都拉斯宪法修订引发的政治危机升级，洪都拉斯局势骤然紧张。

一　"修宪"引发军事政变

洪都拉斯发生的此次政治危机起源于是否就修宪举行全民公投。洪都拉斯宪法规定，总统由直接选举产生，任期4年，不得连任。属于自由党的总统塞拉亚在2005年的选举中以微弱优势击败国民党候选人上台。总统塞拉亚提议于2009年6月28日举行一次全民公投，内容是征询民众是否同意该年11月总统选举期间就成立制宪大会修改宪法举行正式公投。然而这一提议一提出，就遭到了国民议会、最高法院和军方的强烈反对。尽管塞拉亚表示提议修宪是因为这部施行了27年的宪法代表富裕阶层而不是广大民众的利益，阻碍了洪都拉斯的民主进程，因此必须予以革新。但反对派称，塞拉亚在 2010 年 1 月总统任期届满之前提出修宪，是希望通过修宪实现连任，进而继续总揽国家大权。

对于公投计划，总统塞拉亚与立法机构、司法机构以及军方陷入对立之中。洪都拉斯议会宣布公投"非法"。塞拉亚随之以在公投问题上持不合作态度为由，宣布撤销军队总参谋长巴斯克斯的职务，之后国防部部长奥雷利亚纳和海陆空三军总司令相继辞职，抗议塞拉亚的这一决定。对此，最高法院裁定塞拉亚必须为巴斯克斯复职。塞拉亚随后表示拒绝，双方的对立不断升级。

6 月 28 日发生了军事政变。政变当天，洪都拉斯军方表示完全控制了首都特古西加尔巴，同时切断了首都和外界的交通往来。大量士兵在总统府、议会大厦和最高法院等重要地点集结。同时，塞拉亚的支持者继续在总统府外与军方对峙，要求军方释放塞拉亚。洪都拉斯最高法院随后宣布罢免总统塞拉亚，并称洪都拉斯军方拘押及驱逐总统的行为合法。洪都拉斯议长罗伯托·米切莱蒂召集所有议员举行紧急会议。会议最终决定，根据洪都拉斯宪法，在总统无法继续履行职务的情况下，由议长代行总统职务。议长米切莱蒂将出任临时总统直至 2010 年 1 月 27 日，届时权力将被移交给新一任洪都拉斯民选总统。洪都拉斯最高选举法院当天宣布，将按照宪法规定，如期在 2009 年 11 月 29 日举行总统大选。

二　军事政变引发国内政局动荡

政变发生后，洪都拉斯国内政局动荡不安，发展形势跌宕起伏，调解过程扑朔迷离。国际舆论和塞拉亚的支持者强烈谴责和反对这场政变，不承认由米切莱蒂领导的临时政府。与此同时，被罢免的塞拉亚总统大力寻求国际社会对其的支持。在内外交困的情况下，经有关方面斡旋，临时政府与塞拉亚之间展开了漫长的"博弈"。

第一，从政变发生后至美洲国家组织发出限令期间的"隔空博弈"。一方面，塞拉亚坚称自己仍是洪都拉斯的合法总统，并决意重返国内；另一方面，他向中美洲一体化体系、美洲玻利瓦尔联盟、里约集团、美洲国家组织和联合国发出了希望获得这些组织支持的呼吁。上述组织一致声援塞拉亚，美洲国家组织还向政变当局发出了"72 小时交权限令"。但临时政府态度强硬，不仅声称只要塞拉亚回国就将其逮捕，而且在与前来斡旋的美洲国家组织秘书长因苏尔萨谈判破裂并受到即将被驱逐出该组织的威胁后，宣布退出该组织。其间，政变当局还不让塞拉亚回国的专机降落。

第二，由美国出面、让哥斯达黎加总统调停期间的"当面博弈"。在采取"强攻"策略并未奏效后，塞拉亚转而寻求美国的支持。经美国出面，由哥斯达黎加总统阿里亚斯担任洪都拉斯政治危机的国际调解人。但三轮谈判都无果而终。临时政府不仅拒绝了调解人提出的包括让塞拉亚于 7 月 24 日回国并恢复总统职务、提前举行大选、组建联合"调解政府"、实行大赦等在内的 7 点建议，也未接受《圣何塞宣言》中提出的新思路。2009 年 7 月 24 日，塞拉亚越过尼加拉瓜与洪都拉斯的边境口岸，在遭驱逐后，首次"象征性"地重返洪都拉斯，此举导致洪都拉斯国内局势骤紧。之后，临时政府于 8 月向调解人提出了解决洪都拉斯政治危机的建议：在塞拉亚放弃回国复职的前提下，米切莱蒂愿意为了"国家和社会的稳定"而考虑辞职，并选择第三人出任洪都拉斯总统。但这一建议遭到塞拉亚的拒绝。

第三，塞拉亚秘密回国后的"直接博弈"。2009 年 9 月 21 日，塞拉亚秘密回国，栖身于巴西驻洪都拉斯大使馆，国内局势陡然恶化，街头骚乱不断，临时政府宣布在全国范围内实施宵禁。在美国的调停下，双方几经周折，于 10 月 29 日签署和解协议。根据协议，议会将就塞拉亚是否复职进行投票，双方同意于 11 月 29 日举行大选。由于协议没有限定议会表决最后期限，议会采取拖延策略试图使塞拉亚在大选前复职的希望变得渺茫。继 11 月 27 日最高法院做出不赞成塞拉亚复职的决定后，12 月 2 日议会在表决后也做出了同样的决定，塞拉亚复职的希望由此彻底破灭。

在历经近半年的政局动荡后，2009 年 11 月 29 日洪都拉斯举行了总统大选。此次大选的投票率为 61.3%。选举结果是，反对党国民党总统候选人波尔菲里奥·洛沃的得票率为 57%，当选总统；自由党总统候选人埃尔文·桑托斯的得票率为 39%，竞选失败。在大选前，尽管塞拉亚呼吁选民和其他国家抵制这次选举，但选举结果出炉后，美国、巴拿马、哥斯达黎加、哥伦比亚、秘鲁等国政府即予以承认，而巴西、阿根廷和美洲玻利瓦尔联盟成员国则拒绝承认选举结果，认为选举是在米切莱蒂临时政府任内进行的，因此是非法的，结果也是无效的。

三 军事政变背后的深层次原因

作为中美洲的一个经济社会欠发达的小国，洪都拉斯的政变对于拉美地区的政治格局影响甚微，但它之所以牵动了全世界的神经，是因为自20 世纪 80 年代以来，逐渐恢复民主进程的中美洲国家重新发生军事政变，不仅勾起了人们对此前动荡不安的中美洲地区历史的记忆，也让人怀疑中美洲地区是否会出现历史车轮的倒退。

洪都拉斯政局剧变反映出其民主制度根基的脆弱性。洪都拉斯的政治制度是典型的"三权分立"制度，但只具备了成熟政治制度之形而不具备其实。长期以来，洪都拉斯总统往往凌驾于议会和最高法院之上，而且实际控制着后两者，"三权"之间缺乏有效的协作与制约机制。此次政变，就是在公投提议明确遭到后两者的反对后，塞拉亚试图绕过它们而引发的；与此同时，以捍卫宪法名义的议会和最高法院对抗塞拉亚时，并没有采用诸如弹劾总统等法制手段，而是动用军队驱逐塞拉亚。同时，反对派认为塞拉亚公投和谋求连任违宪的依据是宪法明文规定了修宪程序以及禁止修改总统任期和连任。另外，政变不仅是塞拉亚与反对党矛盾的爆发，还是他与本党内部保守势力政见不和的结果，因为与塞拉亚直接交锋的恰恰是与他同属自由党的米切莱蒂。

洪都拉斯政局剧变体现出美洲"左和右"的尖锐矛盾。洪都拉斯政变发生后，查韦斯立即指责一些国家的右翼势力支持了这场政变。与之针锋相对，美国不仅立即做出澄清，而且国会的一些议员认为"查韦斯是背后支持塞拉亚公投修宪的主要力量"。另外，在政变爆发后，洪都拉斯反对派扣押的委内瑞拉、尼加拉瓜和古巴三国的大使恰恰都来自拉美"左派"阵营的国家，反对派的选择应该不是一个巧合。尽管奥巴马总统执政以来，美国与拉美一些"左派"国家，如委内瑞拉、古巴之间的关系开始缓和，但双边关系依然比较紧张。

2010 年 1 月，洛沃领导的新政府上台执政。新政府着力重建洪都拉斯的对外关系，设法解除自政变以来受到的经济制裁。政治危机发生后，洪都拉斯与美国的关系得到改善，不过，洪都拉斯新政府受到了国际社会和地区组织的抵制。经过各方调解，2011 年 4 月，哥伦比亚、委内瑞拉和洪都拉斯三国总统就塞拉亚回国和洪都拉斯重返美洲国家组织事宜进行磋商并达成一致。

5 月 22 日，洛沃与塞拉亚在哥伦比亚西北部城市卡塔赫纳签署和解协议，同意撤销针对塞拉亚的多项司法指控，允许他和其他前政府官员"安全和自由地"返回洪都拉斯。同时，洪都拉斯重返美洲国家组织。

四　宪法法院"解释"宪法引发的政治和社会动荡

总统埃尔南德斯领导的政府，几乎重复了谋求"连选连任"导致国家动荡的历史。埃尔南德斯政府在第一个任期内的社会、经济领域的政策获得选民认可。经济实现了连年中高速增长，部分社会就业与贫困问题得到了解决，凶杀率显著降低。凭借美国经济的增长、国际油价的低位徘徊以及财政政策的巩固，洪都拉斯实现了经济领域的持续好转，国家经济增长为总统赢得了支持。根据 2017 年 9 月的民调，埃尔南德斯可获稳定投票比例约为 37%，支持率达 61%。[①]

根据洪都拉斯宪法，总统任期为 4 年。但是最高法院 2015 年就这一宪法规定进行了解释：宪法不再阻止总统再次参选。因此，埃尔南德斯总统再次参选。2017 年 11 月 26 日，选举法院公布埃尔南德斯获胜。12 月 4 日，全国选举委员会主席大卫·马塔莫罗（David Matamoros）宣布，根据 99.96% 选票统计，埃尔南德斯得票率为 42.98%，领先反对派联盟竞选人萨尔瓦多·纳斯拉亚（41.39%），但他未指明大选获胜者。反对派竞选人萨尔瓦多及联盟主席、前总统塞拉亚均指责此次大选存在舞弊问题，拒

---

① 参见 CID 网站，https：//www.cidgallup.com/。

绝承认结果。反对党普遍认为，总统谋求连选连任的行为，破坏了国家基本法权威，存在独裁问题。选举后，洪都拉斯政局分裂加剧，议会党派间政治嫌隙逐步演变为社会冲突与暴力事件。反对派支持者上街游行，政府镇压示威者，致 14 人死亡，多人受伤。

为了弥合政治裂痕，2019 年 1 月，洪都拉斯国会批准了由联合国提出的改革建议，建立国家选举委员会和选举法院，重组国家选举注册办公室。联合国还提出了包括增加第二轮总统选举和明确连任规定等更深层次的结构改革在内的建议，但由于争议较大而未获国会批准。

虽然当选总统合宪性争议及连任风波趋于缓和，但总统近亲涉毒问题，加剧了洪都拉斯政府治理困境。2019 年 10 月 18 日，美国法院判定总统的兄弟胡安·安东尼奥·埃尔南德斯（Juan Antonio Hernández）犯毒品运输罪。有关人士认为贩毒款项被用于 2013~2017 年总统竞选基金。总统公共形象因此受损。在执政党内部，埃尔南德斯政府的执政能力和个人威信也遭到一定质疑。政府的政治决定获得的认可度降低，反对派联盟甚至希望通过总统不信任案来弹劾总统。尽管国民党议员仍效忠总统，但部分党员对埃尔南德斯总统颇有微词。社会经济环境恶化导致社会冲突升级。议会中，埃尔南德斯政府执政实力仍不容小觑。国民党拥有 128 个席位中的 61 席。[①] 此外，执政党还有来自少数派——祖国联盟的关键 4 席的支持。这让执政党获得了议会勉强多数席位，有助于其避免政府提案陷入立法僵局，客观上有助于埃尔南德斯政府完成政策议程。

2020 年，新冠疫情进一步加剧了洪都拉斯政局分裂局面。由于政府多次采取了限制社会生活的行政命令，国家社会经济生活深受影响。为维持社会稳定，总统通过军队发放食品和生活必需品。

第三节　国家机构

总统是洪都拉斯行政部门的首脑，由获得简单多数票的候选人担任。

---

① "Country Report：Honduras 4th Quarter of 2019," EIU, http：//www.eiu.com.

1982 年宪法对总统的职责和权力做出了规定。总统资格的限定非常严格，以防洪都拉斯出现独裁政治，避免军方或商界领袖成为总统。在洪都拉斯，满足以下条件的公民方可成为总统候选人：在洪都拉斯出生的洪都拉斯人；参选时必须年满 30 周岁；拥有充分公民权利的洪都拉斯公民；不属于任何教会，也不是任何宗教派别的人士；在参选前 6 个月内未在洪都拉斯军方服役；在参选前 6 个月内，没有被总统任命担任以下职务，包括国家部门的部长、副部长、秘书长、副秘书长，选举法院法官、选举法院成员、国家总检察长、国家副总检察长，国家总审计长、国家副总审计长；在参选前 6 个月内没有担任过私人控股企业的总裁；在参选前 12 个月内没有担任过武装部队或者国家执法机构的官员；配偶或亲属不担任任何部门负责人或军事领导人。洪都拉斯总统每届任期为 4 年，而且不能连选连任，但是 2015 年最高法院对后者进行了解释，不再阻止总统再次参选。

根据宪法，总统担负着规划国家发展计划并与内阁讨论后提交议会以及通过后修改和实施的责任；负责领导国家的经济和金融政策的制定，其中包括通过国家银行和保险委员会（CNBS）监督和控制银行机构、保险公司和投资公司等；肩负着采取适当的措施来促进农业改革、农村生产以及农村地区生产力发展的责任；在教育方面，总体上负有组织、领导、发展教育以扫除文盲和促进技术教育发展的重任。此外，对医疗卫生、经济和社会发展、国内国外的一体化进程等负有总责，还要领导洪都拉斯的外交政策的制定和对外关系的发展、任命驻外使团长官等。

对于立法机构而言，总统通过内阁部长向议会提交议案来参与法律的实施，有权批准、否决或者颁布和公布议会通过的任何法律；总统可以通过议会的常设委员会召集议会特别会议，或建议议会的定期年度会议延长；可随时向议会发表讲话，而在每年的定期会议开始时必须亲自发表讲话。尽管宪法赋予议会具有任命一些政府官员的权力，如最高法院院长、总审计长、总检察长等，但实际上这些任命是由总统做出的，议会只起象征性的表决作用。

洪都拉斯宪法赋予议会 45 项权力，其中最重要的是制定、实施、解释和废止法律的权力。法案可以由任何议员或者总统（通过内阁部长）向议会提出，最高法院等也可以就自身司法领域内的问题向议会提交法案，但实际上大多数法案和政策是由行政机构提交的。除了在紧急的情况下法案可由议会简单多数通过外，其他法案必须在表决前经过三天的辩论，如获通过则需送交行政机构批准和颁布。通常情况下，法案一经颁布并在官方公告上公示20天之后就具有强制力。若总统在10日内没有提出否决，法案则被认定为已批准并将由总统颁布实施；若遭到总统否决，则总统必须在10日内将法案退回议会并指出反对的原因，而为了再次通过该法案，议会必须再次就此辩论并须经过2/3以上议员表决通过，然后送交行政机构立即公布。如果总统否决法案的原因是其违反宪法，那么该法案在最高法院表明态度之前将不能在议会辩论。如果行政否决没有获得议会的通过，那么该法案在议会的此次会议上须再次进行辩论。

如果议会在此次会议末期通过了一项议案而总统予以否决，总统必须立即通知议会，以便其在收到未获通过的议案后将此次会议延长10天；如果总统没有完成这些程序，那么他必须在议会下次会议开始的前8天内将议案提交给议会。但是对于议会的某些法令和决定，总统没有否决权。其中最主要的包括预算法、有关宪法的修改、对于政府高级官员弹劾原因的宣布以及与行政部门管理相关的法令等。

总统担负着维护国家和平、安全并击退任何攻击和外部侵略的重任。在议会休会期间，总统可以宣布进入战争状态和恢复和平，但议会必须立即复会；经内阁一致同意后，总统可以在45天之内限制或者终止特定人的人身权利和保障，这个期限还可以延长；经议会授权后，总统可以拒绝或允许外国军队过境洪都拉斯领土；出于安全原因和维护洪都拉斯政府的声誉，总统有监督政府官员行为的权力；理论上，1982年宪法规定，总统作为最高统帅指挥着武装部队并采取必要的行动维护国防利益，宪法经修改后总统已经不再担任最高统帅。总统担负使军队保持中立、专业和服从的重任。

根据宪法，总统领导下的内阁至少要由12个部门组成，包括政府和司法部门、总统办公室、外交部、经济和商业部、财政和公共存款部、国防和公共安全部门、劳工和社会福利部门、公共卫生和社会救助部门、文化和旅游部门以及自然资源部门等。除了这些内阁部门外，在20世纪90年代初期，还有一个内阁级部门——计划、协调和预算部。议会可以传唤部长来回答其职责之内的问题。在议会复会后的第一天里，部长需要向议会提交年度报告阐述各自部门所做工作。根据宪法，总统通过部长委员会召集内阁和主持内阁会议来讨论议题并做出决定。除了这些内阁部门外，总统可以建立或永久或临时的委员会，其成员由政府官员或者其他部门的代表组成，以执行政府部门委托的某个项目或者计划。总统还可以任命专人负责政府有关机构的发展项目的活动等。

除此以外，随着洪都拉斯政府参与经济发展活动和提供基本服务的增加，政府内设立了许多独立和半独立的国有单位。这些单位的组成、结构和作用虽有不同，但基本为三种类型：公共机构、公有企业和混合企业。典型的机构包括洪都拉斯国立自治大学、洪都拉斯中央银行（BCH）、洪都拉斯香蕉公司、洪都拉斯林业发展公司、洪都拉斯咖啡研究所、洪都拉斯社会保障研究所、国家社会福利理事会以及国家电力能源企业等。

总之，洪都拉斯总统是国家元首，也是政府首脑，肩负着维护国家安全与和平的重任。

洪都拉斯现任总统是在2021年11月大选中获胜的伊里斯·希奥玛拉·卡斯特罗·萨缅托，于2022年1月27日就职，任期4年。

第四节　立法与司法

一　立法机构

洪都拉斯的立法机构是一院制的议会，为全国最高立法机构，由128名议员组成，议员任期与总统一样同为4年。1982年，洪都拉斯恢复民主制度后，国会设82名议员，之后在1985年议员人数一度增加至134名，直到1989年大选后议员人数下降到128名。1988年经过修改后的宪法将议员人数固定为128名，同时规定候补议员的人数也为128名，一旦出现正式议员无法完成其任期的情况，将由候补议员完成其余下任期。

议会的法定人数应达到全体议员的简单多数。在特定的情况下，议会的会期可以延长。另外，在征得简单多数议员同意的情况下，行政部门提出请求，由议会常设委员会召开议会特别会议讨论、批准。议会常设委员会由多数议员选举产生，并由议长领导，包括至少两位副议长和两位部长级领导。

洪都拉斯议会由众多委员会组成，除了有关立法、条约和预算等委员会外，还包括与政府的各部相平行的委员会，如政府和司法委员会、外交委员会、经济和商业委员会以及国防和公共安全委员会等。

议会的权力包括赦免政治犯、批准或撤销国际条约、解除或任命政府高级官员，如军队总司令、最高法院法官和总审计长等，但行政部门掌握着实际权力，议会只是个橡皮图章。议会有权在总统的请求下宣战或媾和，可以通过或反对政府签订的国际条约；议会负责每年通过政府提交的总收支预算，议会控制公共收入，有权征收税收等，可以批准或反对由总审计长提交的关于公共支出的正式账户以及由行政部门订立的贷款和有关公共信贷的协议等。

议会有两个辅助性的机构——总审计长办公室和行政廉洁局，二者职能和行政独立。其中，总审计长办公室专门负责对公款的事后审计，管理公共资金和财产、审计相关官员和雇员；对政府的机构、实体以及下属机构的财务进行审计；负责对政府存放的账簿和政府提交给议会的账目中公共资金使用情况进行检查，并向议会提交议案。行政廉洁局负责对国家公职人员和雇员的账户进行审计，以防止其中饱私囊。

最新一届议会于2022年1月组成，其中执政党自由与重建党49席，国民党43席，自由党22席，拯救洪都拉斯党10席，其他党派2席，独立议员2席。现任议长为路易斯·雷东多（Luis Redondo），2022年1月当选，任期4年。①

---

① 《洪都拉斯国家概况》（2023年2月），中国外交部网站，https：//www.fmprc.gov.cn/web/gjhdq_676201/gj_676203/bmz_679954/1206_680402/1206x0_680404/。

二 司法机构

洪都拉斯实行美国式的司法制度。司法机构由最高法院、上诉法院、一审法院构成，其中最高法院处于该制度的最高层级。

最高法院由 15 名大法官组成，任期 7 年。他们由一个专门的小组选举产生，该小组由律师、议员以及由市民和独立市民组织推举产生的代表等组成。尽管有这些选举程序，但洪都拉斯的司法被普遍认为既没有效率也缺乏公平。实际上，该国的司法制度明显受到政治因素的影响，许多高层人士，包括最高法院院长，要么来自国民党要么来自自由党，许多法官可能没有完成任期就被解职了。这种状况损害了司法的独立性，并成为调查官员腐败的明显障碍。洪都拉斯司法制度严重缺乏效率（如 90% 的谋杀案无法解决）并且缺乏足够的资源，大部分市民得不到或者仅能得到有限的司法帮助。

宪法赋予最高法院的权力和职责包括：任命下级法院的法官和检察官；宣布法律违宪；当议会宣布有理由弹劾时，可以审理政府高官；发布法院官方记录；等等。最高法院设有民事、刑事和劳动等审判庭。

在最高法院之下的是上诉法院。上诉法院主要接受来自下一级法院的民事、商业、刑事和人身权利等案件。洪都拉斯对于上诉法院法官的资格有明确的规定，如法官必须是律师而且年龄至少要满 25 周岁等。20 世纪 90 年代初期，洪都拉斯有 9 个上诉法院，其中 4 个设在首都特古西加尔巴、2 个设在圣佩德罗苏拉，另外 3 个分别设在拉塞瓦、科马亚瓜和圣巴巴拉，其中分别设在首都和圣佩德罗苏拉市的 2 个上诉法院专门处理劳工案件。此外，设在首都的行政争议法院也负责全国的类似案件。

一审法院主要负责严重的民事和刑事案件的审理工作。20 世纪 90 年代初期，洪都拉斯共有 64 家一审法院，大部分设于首都特古西加尔巴和圣佩德罗苏拉市，每个省的首府至少有一家一审法院。一审法院有的专门审理民事案件，有的专门审理刑事案件，此外还有家庭法院、少年法院、行政争议法院等。

处于洪都拉斯司法体系最基层的是治安法官，他们遍布全国各地。洪都拉斯对于不同人口规模的城市需要设立多少治安法官都有明确的规定。治安法官主要做轻微刑事案件的调查工作，而大多数严重的刑事案件必须由一审法院审理。洪都拉斯对各级法院的法官任职条件都有明确的规定。

2022 年，最高法院院长为罗兰多·阿格塔·佩雷斯（Rolando Argueta Pérez），总检察长为奥斯卡·费尔南多·钦奇利亚（Óscar Fernando Chinchilla）。根据宪法，最高法院院长和总检察长均通过国民议会选举产生，任期均为 4 年，可连选连任。

第五节　政党和社会组织

一　主要党派

在将近一个世纪的时间里，洪都拉斯政坛主要由自由党和国民党两大党派主导。其中，自由党又名"红党"。前身为 19 世纪的自由派。1873 年自由派领袖塞莱奥·阿里亚斯担任临时总统时，创立了政党组织的雏形。1890 年波利卡诺·博尼利亚对其进行改组，并于次年建立了自由党。1894~1899 年博尼利亚任总统期间该党成为全国性政党。19 世纪末期，党内派系斗争激烈，几乎陷于解体，直到 20 世纪 20 年代才重新统一，1929~1933 年再度执政。1949 年比列达·莫拉莱斯任党主席后恢复活动，1957 年起自由党执政。1963 年该党政府被阿雷利亚诺发动的军事政变推翻。同年达斯任党主席后，又有所发展。1971 年与国民党联合执政，次年联合政府又被阿雷利亚诺发动的政变推翻。1981 年和 1985 年，该党在大选中获胜，连续执政。该党主张政教分离、废除教会特权、实行资产阶级民主制，限制外国资本、发展本国经济。自由党在 20 世纪 50 年代后期执政时，实行土地改革和某些社会改革。自由党拥有强大的农村基础，支持者主要是保守的土地主和农民。同时，自由党在具有左翼传统的首都特古西加尔巴和作为工商业重镇的圣佩德罗苏拉市都有坚实的城市支持基础。2009 年遭罢免的塞拉亚总统与该党内部保守派的关系不融洽，从他在任时内阁成员频繁更迭就可反映出自由党内部的分裂倾向。政变发生后，塞拉亚带领一部分属于自己派系的自由党成员组建了自由与重建党，原中左翼的自由党逐渐转向中间派。现任党主席为雅尼·罗森塔尔（Yani Rosenthal）。

自由与重建党是洪都拉斯的一个左翼政党，于2011年建立，前身是"人民抵抗全国阵线"，当时是一个反对政变的左翼联盟。该党的支持者包括工会、农民群体和人权组织，特别和教师工会联系紧密。该阵线更早的名字是"抵抗洪都拉斯政变全国阵线"（Frente de Resistencia Nacional Contra el Golpe de Honduras）。2009年上半年，洪都拉斯总统曼努埃尔·塞拉亚在国会和法院均表示反对的情况下，决定于6月28日召开公民协商会议，想要让洪都拉斯公民决定是否在11月大选当天召开制宪会议。6月28日凌晨，军方发动政变，将塞拉亚总统驱逐出境。政变发生后，总统的支持者立即成立阵线组织，连续多日上街游行，甚至与美洲国家组织秘书长因苏尔萨举行会谈，不久后美洲国家组织终止了洪都拉斯成员国资格。自由与重建党从成立阵线组织到改组成正式党组织，再到后来参加总统大选并在国会获得37个席位，塞拉亚的妻子希奥玛拉·卡斯特罗起到了重要作用。卡斯特罗在政变前是自由党内女性成员的领导者，政变发生后留在国内组织塞拉亚的支持者成立阵线组织，为丈夫平安回国做出努力。"人民抵抗全国阵线"改组成自由与重建党后，卡斯特罗作为该党候选人参加了2013年洪都拉斯的总统选举。在大选前，民调显示卡斯特罗的支持率一路领先，但在大选时败给了国民党候选人埃尔南德斯。在2021年11月大选中，自由与重建党击败执政的国民党，2022年1月组成新政府，成为执政党。现任党主席为曼努埃尔·塞拉亚。

国民党又名"蓝党"。前身为19世纪70年代后形成的保守派集团。1891年已具政党雏形。1916年在贝特兰德领导下，正式成为全国性政党，但党内仍不统一。同年，在卡里亚斯·安迪诺领导下，实现全党统一。1919年制定党纲，并一度用"民主国民党"作为党的名称。1923年修改党章，定名国民党，同年起执政。1933年卡里亚斯·安迪诺任总统，实行独裁统治。1949年继任的两任总统也为该党成员，执政至1956年被军事政变推翻。20世纪50年代，该党发生分裂，反对卡里亚斯·安迪诺的一派另立他党。60 年代初，苏尼继任党主席后，支持 1963 年政变上台的阿雷利亚诺政府。1971 年在大选中获胜，与自由党联合执政。次年底被阿雷利亚诺发动的军事政变推翻。1981 年苏尼被提名为该党的总统候选人，竞选失败。该党执政期间，禁止其他党派活动，镇压工农运动，甚至规定妇女没有选举权。20 世纪 70 年代起，开始表示赞同实行某些温和的改良主义政策，主张在民族主义旗帜下，推动本国的经济发展。该党的支持基础来自农村地区，尤其是欠发达的西部和南部省份。传统上，国民党比自由党更为保守。自 1982 年洪都拉斯恢复民主进程以来，国民党先后赢得了 1989 年、2001年、2009 年、2013 年和 2017 年大选。在 2021 年大选中失败后，该党成为最大的在野党。现任党主席为戴维·查韦斯（David Chávez）。

二 小党

在议会中占有席位的其他四个小党派都属于中左党派。它们分别是成立于 1970 年的革新团结社会民主党（PINU-SD）、成立于 1968 年的基督教民主党（PDC）、成立于 1994 年的民主统一党（PUD）和成立于 2012年的反腐败党（PAC）。在 2013 年大选中，由于新加入了自由与重建党和反腐败党，前述三个传统小党都仅在国会中获得 1 席，较 2005 年和 2009年大选时获得的席位数都有所下降。由著名电视主持人、体育记者领导的反腐败党则收获颇丰，在其成立以后第一次大选中就在国会获得了 13 个席位。选举结束后，反腐败党起草协议和自由与重建党结成反对派联盟，之后革新团结社会民主党也加入了该联盟。为了参加 2017 年的大选，反对派联盟除了动员党的力量，还联合了与之关系密切的群众组织，如工会、青年组织等。反对派联盟受到了社会主义派、社会民主派、温和派等一些不想让国民党专权的政治势力的支持，聚集了至少有 22% 选民的政治力量。他们希望按危地马拉的模式，对公民在"国民制宪会议"中的投票权进行公投，并成立"反腐与政治透明委员会"。为此，提出了 10 点计划：①重建民主国家，废除腐败和国民制宪会议；②建立产业升级的新经济模式；③在社区治理模式下，强化国家的安全；④社会发展要注重教育、医疗、文化、艺术和体育领域；⑤保障妇女、青少年和需要帮助群体的人权；⑥可持续的能源和环境规范；⑦维持以互相尊重为基础的国际关系；⑧基础设施、卫生和清洁饮用水；⑨渔业和农业改革；⑩造林和植树。①

三　工会组织

自 1954 年"香蕉罢工"以后，工会成为洪都拉斯政治中的重要力量。1954 年罢工是洪都拉斯历史上第一次工人大罢工。1954 年 4 月，美国联合果品公司雇用的洪都拉斯工人举行罢工，要求提高工资。5 月，罢工扩及其他部门，采矿、铁路运输、纺织、烟草等行业工人也举行罢工。罢工的主要目的是提高工资、改善劳动条件和拥有加入工会的权利，参加罢工的总人数很快达到 7.5 万人。附近乡村的农民运送粮食支援罢工工人，学生罢课表示支持。拉美各国的劳动者也给予罢工者支持。6 月，罢工领导层出现矛盾。罢工主要领导人因同美国联合果品公司谈判失败而遭到其他领导人的谴责。同时，罢工领导成员遭到政府逮捕，罢工逐渐趋于结束。后美国联合果品公司阴谋分裂罢工领导层以致引发流血事件，罢工遂又恢复。7 月中旬，劳资双方最终达成协议，工人所提的大部分要求得到满足，工人取得胜利。

洪都拉斯《劳动法》规定，企业可以设立工会组织，工会由企业员工自发组织成立，各基层工会可形成工会联合会，并选举工会主席，代表工人与政府、企业进行劳动安全、健康、薪酬、福利等方面谈判。洪都拉斯工会及其联合会和相关组织，逐渐拥有较强的政治实力，不仅可以与企业雇主对抗，也对政府有较大影响。

在洪都拉斯正规部门就业的工人中约有 20% 隶属工会组织。洪都拉斯是中美洲地区工会组织化程度最高的国家之一。工会势力最强大的领域是公共部门、香蕉公司、教育和医疗。自 2001 年以来，工会活动和罢工尤其是教师和医生的罢工不断增加，给洪都拉斯政府造成了很大困扰。塞拉亚执政时期，不断高涨的油价导致运输行业工人罢工。当时塞拉亚考虑

---

① "Global Security, Honduras—Political Parties," https：//www. globalsecurity. org/military/world/centam/ho-political-parties. htm.

到自己在议会中的劣势地位以及需要民众支持等情况，通过给教师提高工资、给运输业提供补贴等方式来满足罢工者的一些要求，以平抑不满情绪。

洪都拉斯最早的工会是"洪都拉斯工人联合会"（Confederación de Trabajadores de Honduras，CTH），1964年成立，由洪都拉斯政府管理，下辖三个工会组织："洪都拉斯自由工会联盟"（Federation of Free Unions of Honduras）、"洪都拉斯北方工人联合会"（Federation of Workers of North of Honduras）以及"洪都拉斯国家工人和农民联合会"（National Federation of Workers and Peasants of Honduras）。自由党、国民党以及其他党派对其均有影响。

目前，洪都拉斯的工会和相关政治力量包括洪都拉斯保卫人权委员会（CODEH）、洪都拉斯工人联合会（CTH）、民众组织协调委员会（CCOP）、工人总工会（CGT）、洪都拉斯私人企业理事会（COHEP）、洪都拉斯全国农民协会（ANACH）、全国农民工会（UNC）以及洪都拉斯工人团结工会（CUTH）等。其中，工人总工会成立于1969年，受基督教民主党控制。成员有南方工人联合会、真正工会联合会及全国农民联盟等。

第六节　重要政治人物

一　里卡多·鲁道夫·马杜罗

马杜罗是洪都拉斯的前总统和洪都拉斯银行的前董事长，1946年4月20日出生于巴拿马。他先后毕业于美国劳伦斯威尔学校（The Lawrenceville School）和斯坦福大学。他以国民党候选人的身份赢得大选，并于2002年1月至2006年1月担任洪都拉斯总统。

马杜罗在第一次婚姻中育有3个女儿和2个儿子。他的儿子里卡多·埃内斯托（Ricardo Ernesto）于1997年4月23日被绑架之后遭杀害，时年25岁。儿子的去世激发马杜罗竞选总统，他受到广泛欢迎。之后，尽管洪都拉斯宪法规定禁止出生地为非洪都拉斯的人成为总统，但马杜罗还是第一个登记参选并当选为总统的人。在 2001 年之前，关于宪法中禁止出生地为非洪都拉斯的人当选总统的规定引发了巨大的争议。在成功获得国民党总统候选人资格后，马杜罗最终排除了争议。在竞选中，他承诺要解决暴力犯罪问题，并立即将军队派进大城市与警察一道巡逻。

2005 年 5 月 1 日，马杜罗所乘坐的飞机在加勒比海附近的海岸坠落，他本人以及他的女儿和飞行员受伤不重并被当地的居民救起，马杜罗被送往科马亚瓜的医院疗伤。

2005 年 11 月 27 日，马杜罗总统主持了总统选举，并见证了执政党败给自由党，次年 1 月 27 日，自由党候选人塞拉亚成为其继任者。目前，马杜罗任首都和平基金会主席一职，积极从事于他所创立的以纪念其儿子的教育组织活动。

二　波尔菲里奥·洛沃·索萨

洛沃是洪都拉斯的政治家和农业庄园主，于 2009 年 11 月 29 日举行的总统选举中获胜，成为洪都拉斯的总统。他于 1947 年 12 月 22 日出生于特鲁希略，成长于奥兰乔省首府胡蒂卡尔帕附近的农场。他的父亲在 1957 年任洪都拉斯国会议员，是奥兰乔省知名的政治领导人。洛沃的兄弟是科隆省的议会议员。

洛沃在读完天主教学校后，进入首都特古西加尔巴的"圣弗朗西斯科"学院继续学习，后在美国迈阿密大学求学并获得工商管理专业学士学位。他返回洪都拉斯后，从事家族的农业经营，并在胡蒂卡尔帕的"博爱"学院（Institute of "La Fraternidad" in Juticalpa）教授了 11 年的经济学和英语课程。

洛沃 19 岁时成为奥兰乔省的青年政治领导人。在此后长达 31 年的岁月里，他主管过奥兰乔省国民党的青年工作以及胡蒂卡尔帕和奥兰乔省委员会的工作。1990～1994 年，他主管洪都拉斯林业发展公司，并于 2002～2006 年担任公司的总裁。2005 年 11 月 27 日举行洪都拉斯总统大选时，他是国民党总统候选人。他的竞选纲领以保证工作、严惩犯罪活动以及主张恢复死刑等为基础。在大选中，他赢得了 46.17% 的选票，低于对手的 49.90% 的得票率。2008 年 12 月，洛沃再次成为国民党 2009 年大选的总统候选人，并在 11 月举行的选举中战胜自由党候选人埃尔文·桑托斯，成为洪都拉斯新一任总统。

三　胡安·奥兰多·埃尔南德斯

胡安·奥兰多·埃尔南德斯，洪都拉斯前总统。1968 年 10 月 28 日出生。毕业于洪都拉斯国立自治大学。曾担任联邦议员，2010～2014 年任议长。2013 年 11 月，埃尔南德斯作为国民党候选人赢得大选，2014 年 1 月就职，2018 年 1 月连任。

胡安·奥兰多·埃尔南德斯首次就任洪都拉斯总统时，年仅 45 岁，为该国历史上最年轻的总统。2018 年，他获得了宪法授权，再次参加总统选举并获胜，成为洪都拉斯第一位连任总统。

他出生在伦皮拉格拉西亚斯市奥格兰德村一个勤劳的乡村家庭。父亲为胡安·埃尔南德斯·维拉纽瓦（Juan Hernández Villanueva），母亲为埃尔维拉·阿尔瓦拉多·卡斯蒂略（Elvira Alvarado Castillo）。他的父母信奉天主教，从小对其灌输爱上帝胜过一切，并传递了其他价值观，如责任、纪律、诚实和与最伟大的人团结一致。

埃尔南德斯毕业于洪都拉斯国立自治大学，获得法律和社会科学学士学位。后在纽约州立大学奥尔巴尼分校获得立法管理方向公共管理硕士学位。

埃尔南德斯以"工作、工作和工作"为座右铭。在执政期间他实行安全和经济领域的改革，并取得了成效，带来了切实的进步和变革。

在任期间，他为恢复洪都拉斯的和平与安宁迈出了一大步，使洪都拉斯成为中美洲地区的社会治理范本，将国家凶杀率降低了 60% 以上，堪称国际奇迹。埃尔南德斯在任内实施的全面安全政策主要包括正面打击有组织犯罪和贩毒、加强司法队伍建设、建造最安全的监狱、实施预防政策和创造安全空间以及使洪都拉斯提高其在全球和平指数中的地位等。

根据联合国拉丁美洲和加勒比经济委员会（CEPAL）发布的年度经

济状况报告，埃尔南德斯及其推行的政策为其国家的经济增长奠定了基础，使洪都拉斯成为该地区创造财富较多和较繁荣的国家之一。

埃尔南德斯在社会领域的成就还包括促进社会进步与发展。他在任内推动了该国历史上最大的社会发展计划"改善生活计划"，通过该计划已使超过 300 万名洪都拉斯人受益，包括改善社会住房、生态取暖、修建家庭花园、卫生间改造、饮用水改善、提供小微贷款等。

第四章

经　济

第一节　概述

一　经济简史

在西班牙殖民者到来之前，洪都拉斯这块土地上居住着处于原始社会发展阶段的原住民印第安人。他们主要以狩猎、采集、捕鱼和耕种为生；发展了农业，种植了玉米、番茄、南瓜、菜豆、甘蔗、辣椒、可可和烟草等农作物；学会了饲养火鸡、狗和蜜蜂等动物；能够用棉花织造布匹，用金银等合金制造器皿和装饰品。在自给自足的经济制度下，部落之间以及地区之间建立了贸易联系。

1525年，西班牙殖民者征服了洪都拉斯使之成为其殖民地。他们发现洪都拉斯金、银矿藏丰富，这里很快便成为中美洲地峡重要的殖民区域之一。在金矿资源枯竭后，农业成为经济的支柱。其间，印第安人的传统作物，如靛蓝、棉花、可可、烟草和玉米等获得了相当规模的发展。这些农作物主要分布在土地肥沃的北部沿海地区，产品主要销往墨西哥、西班牙以及其他欧洲、美洲国家。与此同时，西班牙殖民者还从宗主国引进了蔬菜、果树等，从西印度群岛引进了牛和猪等牲畜。殖民者的到来破坏了当地居民传统的生活方式和经济结构，导致土地被瓜分、印第安人被迫接受"委托劳役制"和"监护征赋制"等殖民剥削制度。

1838年成立共和国后，洪都拉斯是中美洲最混乱、最贫穷和最落后的国家之一：农业生产力落后，谷类、糖和肉的生产仅供国内而无剩余可供出口；交通运输不便，全国仅有一条公路；工业机构几乎没有，就连城市中的手工作坊也极为罕见。19世纪后期至20世纪初期，英美资本主义势力相继进入洪都拉斯，经多次武装干涉和煽动政变，美国逐渐确立了在该国的霸主地位。美国资本日益控制了洪都拉斯的主要经济部门，其中美国联合果品公司开始在洪都拉斯北部地区试种香蕉，随着香蕉面积的扩大，美国联合果品公司不仅控制了大面积的土地，迫使失地农民在种植园工作，而且还控制了洪都拉斯的铁路、港口、航运、电力、制造业和出口等经济命脉。这些部门不受当地政府管辖，设有自己的警察部队，成为洪都拉斯的"国中之国"。由于经济长期受美国跨国公司的垄断，洪都拉斯形成了以生产香蕉为主的单一的经济结构，香蕉的出口曾居世界首位，被称为"香蕉共和国"，而粮食、棉布等生活必需品则主要依靠进口解决。这种单一的经济结构使洪都拉斯的经济非常脆弱，1929年资本主义世界经济危机爆发后，香蕉出口锐减，洪都拉斯经济受到严重影响。

二战后，因主要资本主义国家减少进口，1946~1949年洪都拉斯经济逐年下滑。进入20世纪50年代，资本主义生产方式在传统大庄园被广泛采用，农业生产开始多样化，棉花、烟草和咖啡等经济作物种植面积不断扩大。制糖、水泥、纺织、卷烟、火柴、皮革、啤酒、食油和农产品加工等民族工业开始发展；60年代中美洲共同市场（CACM）的建立使洪都拉斯对外贸易规模不断扩大，推动了国民经济的发展。

1974年和1975年资本主义世界经济危机、国际石油价格上涨和自然灾害使洪都拉斯的经济增长率分别降至0.3%和0.6%。为此洪都拉斯政府制订全国发展计划，决定改变生产结构，推进民族工业发展，使经济迅速恢复发展。1977年，国内生产总值年增长率为11.4%，为二战以后增长最快的一年。然而好景不长，1980年和1982年又遭遇资本主义世界经济危机，经济增长率不断下降，经历了战后最严重的一次经济衰退。1984~1989年，借助美国的援助，洪都拉斯成为中美洲少数经济稳定增长的国家之一。1990年，政府采取严厉的新自由主义结构调整措施，造成土地集中、失业增加，经济增长率降至 0.1%。1991 年为 2.2%，1992 年升至 4% 以上。

雷纳政府上台后采取了一系列经济调整措施，包括削减中央政府和自治政府的预算；调整外汇比价；放开燃料价格，减少补贴；出售部分国营电话公司和电力公司；削减投资计划；改革税制；调整公共服务收费；刺激国内储蓄；建立新的社会保障体系。经过调整和改革，政府财政赤字得到控制，国际储备有所增加，但仍面临诸多困难：债台高筑，通货膨胀严重，人民生活仍未得到改善。2011～2020 年洪都拉斯主要经济指标见表 4-1。

表 4-1 2011～2020 年洪都拉斯主要经济指标

	2011年a	2012年a	2013年a	2014年a	2015年a	2016年a	2017年a	2018年b	2019年c	2020年
GDP										
名义 GDP（百万美元）	17586	18401	18373	19379	20834	21567	22940	24696	25862	27076
名义 GDP（百万伦皮拉）	335028	361348	376540	409612	460405	495922	542570	594422	644394	693483
实际 GDP 增长率（%）	3.8	4.1	2.8	3.1	3.8	3.9	4.8	3.5	3.4	2.4
支出占 GDP 比重变化（%，实际）										
私人消费	3.6	4.3	3.8	2.7	3.9	4.0	4.7	3.8	3.3	2.9
政府消费	-1.0	2.3	3.2	-1.1	2.1	4.4	2.2	2.7	3.0	2.5
固定资产投资	16.9	3.7	-1.9	-1.4	12.3	-7.4	9.2	5.0	5.0	4.2
商品和服务的进口	12.7	6.3	-4.1	1.5	8.5	-1.6	5.6	2.7	3.2	2.6
GDP 构成变化（%，实际）										
农业	6.5	9.9	4.0	2.9	2.6	4.6	10.7	4.0	3.3	3.0
工业	4.2	2.2	0.8	1.0	4.2	3.4	4.5	4.0		2.7
服务业	3.1	3.3	3.0	4.8	4.0	3.7	3.6	2.9	3.4	2.1

续表

	2011年a	2012年a	2013年a	2014年a	2015年a	2016年a	2017年a	2018年b	2019年c	2020年
财政指标(%,占 GDP 比重)										
中央政府收入	17.0	16.7	17.0	18.7	19.2	20.0	20.3	20.2	20.1	19.2
中央政府支出	21.6	22.7	24.9	23.1	22.1	22.8	23.0	22.5	22.7	22.4
中央政府收支平衡	-4.6	-6.0	-7.9	-4.4	-3.0	-2.7	-2.7	-2.3	-2.6	-3.2
净公共债务	33.7	36.0	44.6	43.4	45.5	47.0	47.5	47.4	46.7	46.2
物价与金融指标										
汇率(伦皮拉∶美元,平均)	19.05	19.64	20.49	21.14	22.10	22.99	23.65	24.07	24.92	25.61
汇率(伦皮拉∶美元,期末)	19.14	20.07	20.74	21.63	22.45	23.62	23.72	24.50	25.39	25.79
消费者价格指数(%,期末)	5.6	5.4	4.9	5.8	2.4	3.3	4.7	4.2	4.4	3.7
狭义货币 M1 存量变化(%)	10.3	-6.9	4.5	13.5	14.7	11.0	14.9	10.0	9.0	11.0
广义货币 M2 存量变化(%)	13.0	4.4	8.0	10.6	10.7	12.5	15.7	9.2	9.0	9.6
贷款利率变化(%,平均)	18.6	18.5	20.1	20.6	20.7	19.3	19.3	17.9	20.2	19.9
经常项目账户(百万美元)										
贸易平衡	-3149	-3012	-3147	-2998	-2949	-2599	-2649	-3408	-3516	-3442
货物出口(离岸价)	7977	8359	7806	8072	8226	7960	8675	8836	9144	9560
货物进口(离岸价)	-11126	-11371	-10953	-11070	-11175	-10559	-11324	-12244	-12659	-13003
服务平衡	-423	-591	-668	-698	-445	-463	-589	-741	-802	-866
经常项目转移平衡	3138	3288	3405	3572	3842	4003	4493	4888	5069	5171
经常项目平衡	-1409	-1581	-1763	-1444	-978	-567	-380	-940	-1033	-1006

续表

	2011 年 a	2012 年 a	2013 年 a	2014 年 a	2015 年 a	2016 年 a	2017 年 a	2018 年 b	2019 年 c	2020 年
外债(百万美元)										
总额	4388	5055	6831	7041c	7585	7579	8671b	9067	9397	9720
到期债务	1007	923	925	1153c	1284	1034	1815b	1042	1053	1500
本金支付	926	831	789	904c	1064	792	1574b	803	803	1243
利息支付	81	93	136	249c	220	242	241b	239	251	257
国际储备(百万美元)										
全部储备额	2793	2533	3009	3458	3755	3814	4708	4898	5024	5155

注:a 为实际值;b 为估计值;c 为预测值。
资料来源:EIU。

二 飓风米奇造成的巨大损失

1998 年 10 月下旬,一场罕见的自然灾害袭击了中美洲和加勒比地区。这场由厄尔尼诺现象导致的飓风米奇,及其之后带来的倾盆暴雨和泥石流,使该地区的数百万人口沦为灾民。飓风带来的巨大破坏和经济损失影响深远,以至于受灾的农业部门和基础设施在数十年后也未能完全恢复。在此期间受灾最严重的是洪都拉斯。

飓风米奇在洪都拉斯的土地上肆虐了两天之久,造成洪水泛滥、山体滑坡,交通、通信和电力等生产和生活设施遭到严重破坏,大量粮食和经济作物被毁。洪都拉斯北部的道路、桥梁尽数被毁,贯穿南北美的泛美公路遭到破坏,最重要的制造中心苏拉山谷沦为泽国。乔卢特卡市和特古西加尔巴市因为地处乔卢特卡河沿岸,成为受灾最为严重的两座城市。

据统计,飓风共造成 5657 人死亡,12275 人受伤,受灾居民达到总人口的 24.2%。米奇飓风是该国有史以来导致伤亡人数最多的自然灾害。灾害导致 40 多亿美元的直接经济损失,占国内生产总值的 80.5%,受灾最为严重的是农业生产和交通运输部门。将飓风对该国各部门造成的损失转换成经济价值的话,环境、生产、基础设施和服务以及社会部门分别占到损失的 1.23%、69%、18.19%、11.58%。

虽然灾害发生的主要原因是拉美地区频发的厄尔尼诺现象，但是自然环境遭到破坏客观上也起到了推波助澜的作用。中美洲各国普遍经济发展程度不高，作为该地区最贫困国家之一的洪都拉斯的贫困率达到 48%（2019）。农民们为了摆脱贫困便去开山种粮，并在山谷低洼处搭棚建屋。乱砍滥伐造成大面积的植被流失，降低了山区土地的蓄水防洪能力，一旦疾风暴雨来袭，就会引发破坏力极强的泥石流，造成巨大的破坏和难以挽回的损失。

米奇飓风造成的巨大灾难和损失引起了国际社会的高度关注。没有受灾的其他美洲国家纷纷慷慨解囊，时任美国总统克林顿承诺给予中美洲地区 9.56 亿美元的经济援助，古巴向受灾国派出 880 名医护人员义务工作（其中向洪都拉斯派出医务工作者 123 名）。欧盟及其成员国向受灾国提供 2.2 亿美元援助。美洲开发银行（IADB）和世界银行等国际多边机构帮助其进行灾后重建工作，国际货币基金组织在"重债穷国"（HIPC）框架内减免了尼加拉瓜和洪都拉斯的外债。

在国际社会空前规模的援助下，中美洲各国的灾后恢复相对顺利。然而，由于灾害被损坏的基础设施却难以在短期内重建，遭受重创的农业生产（特别是香蕉种植业）更需要漫长的恢复休养过程。此外，灾后大量难民移民至美国、加拿大或其他周边国家，成为同周边国家关系紧张的隐患。

三 经济在内外交困中艰难前行

2008 年爆发的全球金融危机使洪都拉斯的出口遭受重创。2009 年年中洪都拉斯爆发制宪危机，总统塞拉亚被驱逐出境，国际社会纷纷孤立洪都拉斯，尤其是原来为其提供贷款的国际金融机构也撤销了相关贷款计划。这使得本已财匮力绌的洪都拉斯经济雪上加霜。2009 年洪都拉斯的 GDP 增速降到了此前历史上从未有过的 -2.4%，固定投资更是出现了大幅滑坡，国际储备也降到了 21 亿美元的历史低点。

内外交困的洪都拉斯政府为稳住国际国内的政治局势，一面同美洲国家组织交涉，一面向国际货币基金组织和美洲开发银行求援。如果能够得到国际货币基金组织的认可，一方面可以得到直接的贷款援助；另一方面可以重塑外部信心，进而得到其他国际多边金融机构的贷款支持和其他国家的直接投资。

2010年3月，新的民选政府上台40多天之后，国际货币基金组织认可了新政府，解冻了之前的备用贷款协议中相当于1.64亿美元的特别提款权。之后美洲开发银行也恢复了对洪都拉斯的5亿美元的基础设施建设投资。与此同时，国际货币基金组织提出了限制政府支出、改革养老金系统和税收制度以及施行爬行钉住汇率制度的政策建议。洛沃总统领导的新政府积极整顿财政，9月即向国会递交了2011年的财政预算，该预算严格限制了工资支出的增长并计划增加税收。10月，洪都拉斯政府同国际货币基金组织签订了新一轮的2.02亿美元的备用贷款协议。该协议为期18个月，规定了不高于GDP 4.5%的财政赤字指标。之后，其他国际金融机构纷纷扩大贷款规模。世界银行为洪都拉斯提供8200万美元的贷款，支持其国内的财税改革计划和"救济1000"社会救助项目。美洲开发银行提供8000万美元支持其金融部门的现代化改革。

在洛沃总统执政一年之后，2010年洪都拉斯经济扭转了下行趋势，GDP增长2.8%，消费、投资和出口都呈现小幅度上涨，国际储备也迅速恢复至历史高位。财政赤字占GDP的比重从2009年的6.2%下降到4.8%，尽管比备用贷款协议规定的指标略高。

2011年以来，洪都拉斯的各项经济指标表现良好，而财政赤字仍然居高不下。洪都拉斯中央政府的收支平衡表显示，虽然税收增长幅度大于政府支出增长率，但是由于教师工资支出基数大，小幅度的增长即导致了支出总量的大量增长。这是2009年总统塞拉亚选举前大幅提高工资（增长60%左右）的结果。

洛沃总统在任内进行了一系列结构性改革，包括建立教师养老金和公私合营专门机构CoAlianza等。政府取消之前给予国有大型企业的津贴，用以支持社会救助计划，反对电力公司为每月用电量低的用户给予补贴的做法。取消自2005年以来实行的伦皮拉钉住美元的汇率制度，实行爬行钉住的浮动汇率制度。

在财政赤字居高不下的情况下，高犯罪率又迫使政府增加安保支出。洪都拉斯地处交通要道，历来是贩毒集团从南美洲将毒品转运到北美洲的重要的中转站。黑帮横行，甚至与警方勾连，暴力犯罪频发。不仅如此，洪都拉斯自政变以来，社会分裂加剧，因为政见不合爆发的流血冲突不断。经济萧条、失业率居高不下致使街头黑帮发展壮大。洪都拉斯政府为治理暴力犯罪不得不组织类似于武装警察的治安力量，这虽然增加了政府的安保支出，但是净化治安环境所必要的。

洪都拉斯政府和国际货币基金组织签订的备用贷款计划在 2012 年 3 月结束后，新一轮的协议谈判迟迟没有进展，主要原因在于财政赤字指标难以满足国际货币基金组织的要求。

2019 年，尽管经济增速继续放缓，但洪都拉斯仍实现了经济六连增。财政政策相对稳定是洪都拉斯实现经济增长的关键因素。政府坚持实行刺激经济、改善营商环境、吸引外国投资的政策。为实现经济的长期性、生产性增长，政府着力进行三项改革：确保公共支出透明、改革财政结构、加强监管。同时，积极通过国际多边组织促进对外贸易多元化发展。

2019 年第一季度洪都拉斯国内生产总值同比增长 2.3%。对供给的重点关注拉动了经济增长，社区、社会和个人服务领域表现良好（3.4%），金融中介服务增长 8%，房屋买卖、房地产和商业活动增长 3.3%。在需求方面，增长主要由消费驱动，洪都拉斯 2019 年消费增长率为 2.9%。联合国拉丁美洲和加勒比经济委员会（CEPAL）估计，2019 年洪都拉斯经济增长率略低于 2018 年。① 增速下降主要有两方面原因：一是政府公共投资减少；二是商品（尤其是咖啡）出口净值下降以及农产品出口规模收缩。

2019 年经常账户赤字有明显下降，相当于 GDP 的 3.8%（2018 年为5.3%）。这主要得益于家庭侨汇收入增长以及进口额降低。2019 年，中央政府年度财政赤字相当于 GDP 的 2.4%（2018 年为 2.1%），整体支出

---

① 除特别注明外，本部分数据均来自 CEPAL，"Balance Preliminar de las Economías de América Latina y el Caribe 2019," http：//www.cepal.org。

收缩，由于公共支出的缩减，弥补了收入的大幅下降。

2019 年前 8 个月，中央政府收入较上年同期下降了 6%，主要由于按实际价格计算的税收收入下降了 2.9%。同时，非税收收入下降了 22.5%。税收收入的下降主要由于实施了新的减税政策。2018 年，洪都拉斯宣布将取消公司净收入中的一类所得税。自 2019 财政年度起，年度纯收入超过 3 亿伦皮拉的公司，无须缴纳 1.5% 的收入附加税。此外，2019 年 4 月，洪都拉斯进行了电力价格调整，旨在减少公共融资的财政压力。2019 年 1~8 月，中央政府支出按实际价格计算同比增长 1.2%，主要由于资本支出较 2018 年同期增长了 6.5%。

洪都拉斯的债务水平小幅度提高。2019 年第二季度，中央政府债务相当于 GDP 的 47.2%，较 2018 年同期增长了 0.2%，外债约占 GDP 的 28.3%，国内债务约占 GDP 的 18.9%。内债较 2018 年 12 月增长了 3.1%，本息偿还约占中央政府总收入的 15.6%，较 2018 年（17.2%）有所下降。截至 2019 年 6 月，中央政府公共外债总额上涨至 69.56 亿美元，同期偿还了 3.55 亿美元。受疫情防控影响，洪都拉斯经济内部活跃度大幅下降。政府社会支出增加，进一步加大了公共部门实际支出。下降的收入水平进一步加大经济改革的难度。

洪都拉斯中央银行继续维持货币政策稳定，汇率波动不大。2019~2020 年并未调整，一直保持 5.75% 的利率基准。为刺激信贷、提振经济，洪都拉斯还下调了实际贷款利率，并进一步降低了储蓄存款利率。

洪都拉斯通货膨胀水平基本达到央行预期，通货膨胀率小幅度提升。至 2019 年 10 月，年度通货膨胀率为 4.4%，符合央行的预期目标范围。住房、水、电、气和其他燃料价格上涨幅度较大，增长约 6.8%，私人教育服务价格上涨了 6.4%，私人卫生服务价格上涨了 5.5%。2019 年通货膨胀率为 4.5%，相较 2018 年（4.22%）增长了 0.28 个百分点，这主要由于电力能源价格的上涨。

受美国因素影响，洪都拉斯 2019 年外国直接投资规模萎缩。上半年外国对洪都拉斯直接投资（FDI）净流入总计 2.5 亿美元，比 2018 年同期减少了 39.3%。美国调整了财政政策，导致美国对洪都拉斯直接投资规模缩水，许多公司因为政策调整选择了将其资金撤回美国。与 2018 年相比，2019 年洪都拉斯的贸易规模下降了 3.1%。

《福布斯》（Forbes）杂志发布的《2019 年最适合经商的国家和地区》，对共计 161 个国家和地区进行了分析。其中，在拉美和加勒比地区，最适合经商的国家为智利，排第 33 位，而洪都拉斯居第 120 位。此外，为遵守《财政责任法》规定，洪都拉斯非金融公共部门和中央政府的赤字占 GDP 的比重将有所下降。鉴于进口放缓、家庭汇款规模的不确定性以及出口额下降，经常账户赤字预计占 GDP 的 4% 左右。2021 年，洪都拉斯的通货膨胀率为 5.32%，失业率为 8.6%。

新冠疫情对洪都拉斯国内正常的生产和生活造成了持续的影响，也影响了对外的人员和货物交往。2020 年 11 月，在疫情稍有缓解，洪都拉斯着手恢复经济之际，艾奥塔（Iota）飓风袭击了中南美洲，洪都拉斯一半国土受到影响。"艾奥塔"破坏力极强，摧毁了洪都拉斯多处建筑和电力设施等，造成 17.5 万人被疏散，21 人死亡。被毁建筑短时间内无法修好。飓风还造成 4 座国际机场关闭和多条河流水位超过警戒线。飓风灾害过后，虽有国际和地区的援助，但是在新冠疫情的背景下进行灾后重建，难度可想而知。2020 年，旅游业收入占洪都拉斯 GDP 的 6.5%，约 16.52 亿美元。①

四 就业和经济开发区

2011 年初，洪都拉斯总统洛沃和国会议长埃尔南德斯建议仿效中国的经济特区建立"特许城市"。这一构想的理论框架是斯坦福大学的经济学家保罗·罗默提出来的，他广泛地研究了中国香港特别行政区的发展变革及其对后来的经济特区的发展模式的影响。

---

① 《2020 年洪都拉斯旅游业遭受疫情和飓风双重冲击》，中国驻哥斯达黎加共和国大使馆经济商务处，2021 年 2 月 2 日，http：//www. mofcom. gov. cn/article/i/jyjl/l/202102/2021 0203038149. shtml。

基于中国的经验，罗默认为特许城市有助于提高生产效率和竞争力，创造丰富的就业机会，并且可以长期提高人均收入和增长社会财富。特许城市拥有不同的法律框架，可以制定稳定、清晰、灵活的规则，创造公平的竞争环境，高效行使权力。他认为，中国的特别行政区和经济特区的成功发展经验可以被其他国家复制，以解决长期稳定的经济社会发展中所面临的棘手的挑战。

政府在罗默的构想的基础上完成了正式提案并递交至国会。该提案建议修改宪法中的相关条款以允许建立特别开发区（SDR），特别开发区拥有独立的法规。在该法规基础上，特别开发区将拥有独立的司法机构和行政系统，雇用专属的安保力量，在其权限之内签署关于国际贸易和合作的条款和协议，并且遵守国际仲裁和法庭判决。特别开发区尽管有广泛的行政自治权，但没有国防、外交、选举以及身份证件和护照的发放等国家权力。

尽管有批评者认为这会分裂洪都拉斯的主权，但国会在 2011 年 1 月 19 日以超过 2/3 的投票结果，通过了与特别开发区相关的宪法修订法案。

2012 年 9 月，洪都拉斯负责公私合营事务的机构 CoAlianza 和美国的私人开发商 MGK Group 签署了开发特许城市的预备合同和谅解备忘录。政府选定了将开发特许城市的三个区域：一个在苏拉山谷，一个在太平洋沿岸以南，一个在特鲁希略港附近。项目的支持者认为开发后的第一年将创造 5000 个工作岗位，五年内将增加至 20 万个。

然而 2012 年 10 月中旬，洪都拉斯最高法院判决关于建立特别开发区的计划违宪，认为特别开发区违反了国家主权和管辖权的相关宪法条款。

关于特别开发区的设立，民间也不乏反对的声音，反对者主要是一些非政府组织和与"人民抵抗全国阵线"相关的机构。反对的理由包括：该计划是将国家部分私有化并将国土交付外国公司；赋予特殊城市私营管理者过多的特权（教育、医疗、治安）会创造一块小飞地，却不会对其他城市形成滴漏效应；管理者可能会屈从于私营部门，城市可能会采用更低的劳工和环境标准。民间也有一些支持者认为，为获取专门的管辖权有必要修订相关宪法。

2014 年初，在总统埃尔南德斯的推动下，政府多次修改了设立特许城市的相关计划书，设立了主要由国外学者、政要和商业领袖组成的顾问机构，并将特许城市改名为就业和经济开发区（ZEDE）。

2014 年 4 月 20 日，总检察长办公室向洪都拉斯最高法院递交了关于就业和经济开发区的判决的法律意见书，认为该计划并未违宪。

如果在两任总统洛沃和埃尔南德斯的大力推动下，就业和经济开发区的项目能够落实，该项目将很有可能成为经济政策成功的典范。然而，如果未能落实，洪都拉斯将只能局限于零散的经济改革方案，一项崭新的经济发展战略也只能停留在理论阶段。经过多年的争论，2020 年 9 月 24 日，洪都拉斯终于通过了 ZEDE 相关法律（ZEDE Legislation No. 00 002–2020），在对 ZEDE 提出严格的限制条件的前提下，政府允许在洪都拉斯设立 ZEDE。

新冠疫情给洪都拉斯社会经济带来严重影响，2020 年 GDP 出现了 5%～5.2%的负增长。当时，洪都拉斯预计经济在疫情之后会出现反弹，有一个较快的恢复性增长期。为此，除了在疫情期间实施应急措施之外，2020 年 9 月，洪都拉斯政府计划在 2021 年采取经济重振战略，也称"洪都拉斯崛起"（Honduras se Levanta），目的是要通过支持中小微企业的发展，创造 7.4 万个就业岗位。目前，面临的问题是洪都拉斯政府的财政支持还没有完全落实到位。

五 经济结构

洪都拉斯作为拉美最贫穷的国家之一，工业不发达，经济上严重依赖香蕉和咖啡两种农产品的出口。洪都拉斯是中美洲最大的纺织品出口国、美洲第二大对虾和罗非鱼出口国，全球第五大、拉美第三大咖啡出口国，世界第三大雪茄生产国和出口国。

20 世纪 60 年代初，为促进工业化和对外贸易，洪都拉斯与其他 4 个中美洲国家共同成立了中美洲共同市场。此举促进了洪都拉斯民族工业的发展，扩大了对外贸易规模，推动了国民经济发展。据统计，1961～1968 年，洪都拉斯国内生产总值年均增长率为 4.9%。1969 年洪都拉斯因与萨尔瓦多发生边境武装冲突而退出了中美洲共同市场，经济增长受到影响，

GDP 增长率由 1968 年的 5.9%下降到 0.8%，后于 1973 年又重返该组织，经济增长率恢复到 5%。随着经济的发展，洪都拉斯的经济结构不断发生变化，农业在国民经济中的比重不断下降，工业的比重不断上升。到 20 世纪 80 年代，在洪都拉斯的经济结构中，农业虽然占比下降，但仍占有重要地位。

1974～1975 年，资本主义世界经济危机爆发后，洪都拉斯经济受到通货膨胀和国际原油价格上涨的影响，飓风菲菲使农业损失惨重，这两年经济增长率分别下降到 0.3%和 0.6%。为应对危机，洪都拉斯政府制定了"全国发展计划"，着重使产业结构多元化，发展民族产业并使之现代化，因此国民经济得到迅速增长。1977 年 GDP 增长率达到了 11.4%，该年也成为二战后该国经济增长最快的一年。1980～1982 年，由于再次受到资本主义世界经济危机的影响，洪都拉斯经历了二战后最为严重的一次经济衰退。1981 年，洪都拉斯政府制订了一项"经济复兴计划"，通过提高关税以限制进口、缩减预算、减少对公共部门的投资、刺激出口与鼓励私人和外国投资等措施来恢复国民经济，但收效甚微。

20 世纪 90 年代以来，洪都拉斯经济开始走向多元化，发展非传统的出口贸易（如虾类、瓜类、非洲棕榈油等的出口）及工业和旅游业，出台了吸引外资的鼓励措施。这些发展战略的实施在工业领域最有成效，从该领域获得的收入由 1996 年的 2.03 亿美元增至 2006 年的 11 亿美元。工业成为该国继侨汇收入之后的第二大外汇收入来源。旅游业发展平稳，收入由 1990 年的 2900 万美元增至 2006 年的 4.88 亿美元。

2006 年，洪都拉斯货物生产部门的产出仅占 GDP 的 45%，比 1996 年下降了 7 个百分点。同期，农业、制造业、商业和旅游业的总产出占全部产出的 50%，其中农业、林业和渔业仍是最重要的经济部门，2006 年这些部门的产出占 GDP 的 13.8%；制造业占 GDP 的 19.7%；零售业、餐馆和饭店（包括旅游业）占 GDP 的 11%。

按照联合国的统计，2010～2021 年，洪都拉斯的工农业占 GDP 的比重仅出现了约 1 个百分点的波动。同时，制造业和服务业比重都有所下降

（见表 4-2）。2020 年，在飓风等气候灾难和新冠疫情的打击下，世界经济增速整体放缓，不利于工业和服务业的发展，洪都拉斯的经济结构也很难一枝独秀。

表 4-2　2010 年、2019 年和 2021 年洪都拉斯 GDP 结构变化

单位：十亿美元，%

GDP		农业占 GDP 的比重			工业占 GDP 的比重			制造业占 GDP 的比重			服务业占 GDP 的比重		
2010 年	2019 年	2010 年	2019 年	2021 年	2010 年	2019 年	2021 年	2010 年	2019 年	2021 年	2010 年	2019 年	2021 年
15.8	25.1	12	11	11	26	27	26.6	17	16	16	60.6	57.6	57

资料来源："World Development Indicators：Structure of Output，"世界银行网站，http：//wdi. worldbank. org/table/4. 2＃；《农业、林业和渔业增加值（占 GDP 的比重）——洪都拉斯》，https：//data. worldbank. org/indicator/NV. AGR. TOTL. ZS？view＝chart&locations＝HN；《工业增加值（占 GDP 的比重）——洪都拉斯》，https：//data. worldbank. org. cn/indicator/NV. IND. TOTL. ZS？locations＝HN；《制造业增加值（占 GDP 的比重）——洪都拉斯》，https：//data. worldbank. org. cn/indicator/NV. IND. MANF. ZS？locations＝HN；《服务业增加值（占 GDP 的比重）——洪都拉斯》，https：//data. worldbank. org/indicator/NV. SRV. TOTL. ZS？locations＝HN。

第二节　农业

农业尽管在洪都拉斯经济中的比重不断下降，但仍是洪都拉斯国家建设中的主导产业。洪都拉斯盛产香蕉、咖啡、玉米，养殖虾、罗非鱼等。

洪都拉斯土地资源、矿物资源和森林资源较为丰富，因此农业是洪都拉斯国民经济的首要部门。20 世纪 80 年代初，农业产值占 GDP 的 27%左右。1978 年洪都拉斯的土地面积为 1120.9 万公顷，其中可耕地占15.7%，达 176 万公顷，主要分布于沿海一带；长期牧地占 17.8%，为199.5 万公顷；林地占 63.3%，为 709.5 万公顷；其他土地约占 3.2%。灌溉农田面积约有 8 万公顷。2000 年，农业产值占 GDP 的 14.8%，全国50%以上人口从事农业。可耕地面积有 179 万公顷，占全国土地面积的

16%。2016 年，洪都拉斯的土地面积中农业用地面积为 342.6 万公顷，林地面积为 644.3 万公顷。2020 年，洪都拉斯的农业用地面积为 351.1 万公顷，占全国土地面积的 31.3%；林地面积为 635.9 万公顷，占全国土地面积的 56.7%。农业用地略有增加，林地面积持续减少。

20 世纪 70 年代以来，洪都拉斯实行了优先发展农业的政策，1978 年成立了专门的农业政策委员会和农业市场委员会等机构来统一管理农业部门。洪都拉斯的农业现代化程度有所提高，农机具、化肥等使用比例较战后初期明显提高。

随着农业比重的下降和工业、服务业比重的提高，洪都拉斯的人口结构也发生了变化。1990 年，洪都拉斯城市人口仅有 200 万人，农村人口 295 万人；2008 年，洪都拉斯城市人口首次超过农村人口，人口数量分别是 398 万人和 389 万人；2018 年，洪都拉斯的城市人口达到 538 万人，而农村人口为 404 万人，分别占总人口的 57.1% 和 42.9%。[1] 然而，相对洪都拉斯的产业变化，农村人口和城市人口的变化相对缓慢，这在很大程度上与城市建设和农业就业有关。在经济发展中，农业的劳动力需求较高。此外，洪都拉斯工业中的农产品加工占很大比重。2021 年，洪都拉斯农村人口进一步下降到 41%。

一 种植业

洪都拉斯种植业一直在农业中占有重要地位。农耕土地多集中在临海的平原地区。然而，飓风、洪水、农作物疾病和变化无常的农产品价格，导致洪都拉斯的种植业非常不稳定。

洪都拉斯的传统作物有玉米、豆类、蕉类、高粱、水稻等。此外，洪都拉斯还种植一些经济作物，如咖啡、甜瓜、菠萝、烟草、棉花、棕榈、甘蔗。在发展过程中，香蕉和咖啡逐渐成为非常重要的种植作物。例如，咖啡出口额就曾占到洪都拉斯总出口额的 1/4。

---

① FAO，http://www.fao.org/faostat/zh/#country/95.

1. 香蕉种植业

香蕉是洪都拉斯农业乃至整个国家的"名牌"，一度成为国家的经济命脉。20世纪20年代香蕉生产的重要性达到了登峰造极的程度，其出口额占洪都拉斯总出口额的90%，洪都拉斯被称为"香蕉共和国"。

香蕉和咖啡是洪都拉斯主要的经济作物和出口产品，香蕉产区主要分布在大西洋沿岸的苏拉河流域。由于1974年底飓风菲菲侵袭和洪水泛滥，全国近80%的香蕉园被摧毁，香蕉产量由1974年的120万吨下降到1975年的69万吨。1975年洪都拉斯成立本国的香蕉公司，将跨国公司的部分香蕉园收归国有，并逐渐将香蕉生产的38%控制在本国手中。1978年，香蕉生产已经恢复到1974年之前的水平，1980年收获面积达133万公顷，1981年香蕉和咖啡出口额约占全国出口总额的一半。然而，1980年和1981年，由于水灾、病虫害以及香蕉公司的管理和劳工等方面的问题，香蕉连续减产，产量分别减少了3%和12%。

香蕉种植业作为洪都拉斯的传统产业，自1998年遭受飓风米奇袭击，产量一度下降70%，到2001年处于不断恢复阶段。2001年上半年出口额达到1.06亿美元，比2000年增长54%，出口量是1999年同期的5倍，出口额达到1.14亿美元。自遭受飓风米奇侵袭以来，1万公顷土地重新种上香蕉，到2001年全年出口达到2200万箱。

洪都拉斯香蕉生产主要控制在美国两家跨国公司——"奇基达"（CHIQUITA）和"都乐"（DOLE）的子公司，以及洪都拉斯的独立生产者和农民合作组织手中。美国的两家企业与独立生产者签订出口香蕉的合同，所以长期控制着香蕉贸易。欧盟作为仅次于美国的洪都拉斯第二大出口市场，其较高关税使洪都拉斯香蕉出口受损。

2020年，洪都拉斯的香蕉出口额为2.86亿美元，占世界香蕉出口总额的1.9%，列第13位。但是，洪都拉斯的香蕉产量总体发展趋势是持续下降的。20世纪60~70年代，洪都拉斯香蕉种植业进入黄金时期，同时也达到了顶峰。1972年，洪都拉斯的香蕉产量达到162万吨。之后开始下降，2019年，洪都拉斯的香蕉产量只有63.4万吨，几乎下降了一半（见表4-3）。

表 4-3 1970~2019 年部分年份洪都拉斯香蕉产量

单位：万吨

	1970 年	1980 年	1990 年	2000 年	2010 年	2015 年	2017 年	2018 年	2019 年
产量	135	140	105	47	86	73	68	67	63.4

资料来源："Honduras-Bananas Production Quantity," https://knoema.com/atlas/Honduras/topics/Agriculture/Crops-Production-Quantity-tonnes/Bananas-production。

2. 咖啡种植业

19 世纪末，洪都拉斯咖啡种植业开始起步，但由于地理、生产和加工技术等，在很长一段时间里，洪都拉斯咖啡一直默默无闻，远不如危地马拉、尼加拉瓜、哥斯达黎加等邻国的咖啡产业。

1974 年香蕉生产遭遇减产之后，政府在恢复香蕉产量的同时，通过引进新品种和技术、扩大种植面积等措施，大力扶植咖啡生产。咖啡在出口额中的比重由 1970 年的 14.2% 增长到 1981 年的 22%。20 世纪 80 年代，洪都拉斯的咖啡种植分布于全国 18 个省中的 15 个省，种植面积将近 15 万曼萨纳（1 曼萨纳 = 0.7 公顷），但大多数咖啡种植农场规模较小，种植面积平均为 10~12 公顷。从就业和出口来讲，咖啡产业是最重要的农业生产部门和解决农村人口就业的部门。1994~1995 年咖啡出口达 210 万袋（1 袋重 45.36 千克）。1996~1997 年咖啡产量 260 万袋，出口创汇 2.79 亿美元。2000 年出口额达 3.41 亿美元。由于生产商和出口商之间的大量债务拖欠以及国际市场价格的低迷，洪都拉斯超过 50% 的咖啡产业经受危机的考验。2001 年 9 月 30 日，咖啡出口量减少 13.5%，出口收入减少，每袋价格下降 41.5%。部分原因归咎于巴西、安哥拉和越南的咖啡产量增长较快，国际市场供过于求，同时，咖啡生产国组织有时也会有失误的政策。目前，洪都拉斯咖啡生产分散在 10 万个个体生产者手中，种植面积达 23.7 万公顷。2004 年以来得益于国际咖啡市场的高价格，咖啡产量增加。2007 年，咖啡出口总计 450 万袋，为此前 10 年来的最高水平。2011~2012 年，洪都拉斯咖啡在中美洲地区已经小有名气，每年产量稳定在采收 300 万袋。洪都拉斯咖啡具有丰富醇厚的口感，口味独特，并且可以随着烘焙程度的不同，形成多层次的风味。洪都拉斯出产两种中上品质的优质咖啡豆。一种是生长在海拔 1000~1500 米迈克尔地的"高地咖啡"，另一种是生长在海拔 1500~2000 米、代表洪都拉斯最高级别的"特选高地咖啡"，洪都拉斯咖啡大部分出口至美国和德国。

洪都拉斯的咖啡主要分布在六大产区，即位于西部和南部的科班（Copán）、欧巴拉卡（Opalaca）、蒙德西犹斯（Montecillos）、巩玛阿瓜（Comayagua）、阿卡塔（Agalta）、帕拉索（Paraíso）。

20 世纪 60 年代到 70 年代末，洪都拉斯的咖啡产量增长缓慢。进入 80 年代，咖啡产量的增长逐渐加快。进入 21 世纪，洪都拉斯的咖啡业一直保持较快的发展速度。洪都拉斯的咖啡产量从 1970 年的不到 4 万吨，增加到 2018 年的将近 50 万吨（见表 4-4）。在 2021~2022 年世界咖啡市场中，洪都拉斯约生产 550 万袋（每袋 60 公斤装）咖啡，比上一年度下降约 12%。产量骤减的原因除了飓风和新冠疫情外，还有大规模咖啡叶锈病的影响。这样，出口只能维持在 500 万袋左右，与 2019~2020 年度持平。

表 4-4　1970~2019 年部分年份洪都拉斯咖啡产量

单位：万吨

	1970 年	1980 年	1990 年	2000 年	2010 年	2015 年	2017 年	2018 年	2019 年
产量	3.95	6.42	11.98	19.33	24.43	33.27	47.76	48.55	47.63

资料来源："Honduras-Green Coffee Production Quantity," https：//knoema. com/atlas/Honduras/topics/Agriculture/Crops-Production-Quantity-tonnes/Coffee-production。

3. 其他作物种植

洪都拉斯在促进农业出口多元化的目标上取得了一些成绩，其中西瓜、菠萝、杧果以及其他热带水果的出口大幅度增加。棉花种植始于 20 世纪 50 年代，产区主要集中在乔卢特卡、巴列和奥兰乔三省。棉花生产规模大，机械化程度较高。1976 年洪都拉斯从非洲引种非洲棕榈，至 1981 年种植面积达到了 8851 公顷。

2004～2008 年，由于国际原油市场价格陡升，洪都拉斯开始扩大生物燃料的种植面积，如非洲棕榈和甘蔗等。政府也实施了多个计划来促进这些作物的生产，力争使生物燃料在能源消费中的比例提高到 30%。

（1）甘蔗

虽然甘蔗在洪都拉斯种植业中并不是传统和重要的种类，可甘蔗的生产还是令人注目。从 1970 年的 136 万吨，到 2009 年达到峰值，产量为690 万吨，之后甘蔗年产量一直在 500 万～700 万吨徘徊（见表 4-5）。因受 2020 年 11 月飓风的影响，洪都拉斯损失了大约 2500 公顷的甘蔗，一个制糖工厂严重受损。此外，自然灾害还导致 2021 年的甘蔗收获晚了一个月，年度蔗糖生产和出口规模分别下降 13% 和 39%。

表 4-5　1970～2019 年部分年份洪都拉斯甘蔗产量

单位：万吨

	1970 年	1980 年	1990 年	2000 年	2009 年	2010 年	2015 年	2017 年	2018 年	2019 年
产量	136	291	290	397	690	649	517	538	553	541

资料来源："Honduras-Sugar Cane Production Quantity," https：//knoema.com/atlas/Honduras/topics/Agriculture/Crops-Production-Quantity-tonnes/Sugar-cane-production。

（2）油料作物

洪都拉斯的油料作物生产始自 20 世纪 60 年代，但长期在非常低的水平下缓慢增长，进入 21 世纪，呈高速发展态势。年产量从 1970 年的 1.1万吨，增加到 2019 年的 51 万多吨（见表 4-6）。

表 4-6　1970～2019 年部分年份洪都拉斯油料作物产量

单位：万吨

	1970 年	1980 年	1990 年	2000 年	2010 年	2015 年	2017 年	2018 年	2019 年
产量	1.1	1.91	7.86	13.83	38.76	42.68	52.7	54.61	51.15

资料来源："Honduras-Oilcrops Primary Production Quantity," https：//knoema.com/atlas/Honduras/topics/Agriculture/Crops-Production-Quantity-tonnes/Oilcrops-primary-production。

（3）水稻

尽管洪都拉斯的水稻生产常有波动，但总的来说呈增长趋势。1970年水稻产量只有1万多吨，2019年增至近6万吨（见表4-7）。

表4-7　1970~2019年部分年份洪都拉斯水稻产量

单位：万吨

	1970年	1980年	1990年	2000年	2010年	2015年	2017年	2018年	2019年
产量	1.46	3.57	4.40	0.73	4.22	6.94	5.96	6.04	5.72

资料来源："Honduras-Rice Paddy Production Quantity," https://knoema.com/atlas/Honduras/topics/Agriculture/Crops-Production-Quantity-tonnes/Rice-paddy-production。

（4）玉米

玉米是洪都拉斯居民主要的粮食和牲畜饲料，种植面积在全国农作物中居首位，从沿海平原到内陆高原约有14.8万个农场种植玉米。洪都拉斯玉米产量增长缓慢，在20世纪90年代出现了增长的高峰。洪都拉斯的玉米产量从1970年的34.6万吨增至2020年的50万吨（见表4-8）。

表4-8　1970~2020年部分年份洪都拉斯玉米产量

单位：万吨

	1970年	1980年	1990年	2000年	2010年	2017年	2018年	2019年	2020年
产量	34.6	39.3	55.8	54.2	54.8	52	52	52	50

资料来源："Honduras-Maize Production Quantity," https://knoema.com/atlas/Honduras/topics/Agriculture/Crops-Production-Quantity-tonnes/Maize-production。

二　渔业

在洪都拉斯的渔业部门中，最有特色的是水产养殖业。水产养殖业下面又分为养虾业和养鱼业，都是引进型的项目，现在成为洪都拉斯渔业中的重点发展产业。

洪都拉斯水产养殖业分为淡水养殖业和海水养殖业。淡水养殖业始于1936年，最早从危地马拉引进淡水鱼。在联合国粮农组织和洪都拉斯政府的共同努力下，1954年，洪都拉斯开展了第一个水产养殖发展项目，项目的主要目标是提高农民的营养水平。在发展淡水养殖业的过程中，洪都拉斯还从非洲的莫桑比克引进了罗非鱼和鲤鱼品种，在特古西加巴尔附近的艾尔皮卡乔建造了第一个养鱼场，在水产养殖行业中引入鱼类的池塘养殖方法，并获得了相应的技术和鱼苗。洪都拉斯水产养殖促进项目始于1977年，由洪都拉斯当时的自然资源部可再生自然资源总局［现为农牧业部的渔业和水产养殖总局（DIGEPESCA）］负责。洪都拉斯的水产养殖业得到了美国国际开发署（USAID）的资助，产品也有相当部分出口到美国。

海水养殖业始于1973年，产业发展由私人企业与外国资本主导。首个海水养殖公司建于乔卢特卡省马科维奇市埃尔希卡雷特。该养殖场有成虾养殖土池、研究实验室和孵化场，养殖的种类主要为南美白对虾和细角对虾。[1]

2020年，海洋养殖集团公司（Grupo Granjas Marinas）能生产4560万磅虾，是最大的生产商，占总产量的45%。洪都拉斯虾养殖产业有大约420个养殖场，占地约24500公顷。该行业提供了大约15万个直接和间接就业岗位，就业人员中一半以上是女性。[2]

经过多年的发展，洪都拉斯的水产养殖业已经成为有规模、有影响力的综合生产部门，是洪都拉斯国内外贸易中重要的产业之一。1980年，洪都拉斯的水产养殖产量不到100吨，1990年，达到3401吨，2000年超过1万吨，2010年接近3万吨，2019年接近7万吨，2020年达到7.1万吨（见表4-9）。另外，根据国际权威渔业媒体机构Interafish 2019年2月

---

① 联合国粮农组织渔业及水产养殖部，http：//www.fao.org/fishery/countrysector/naso_honduras/zh。

② "Honduras Shrimp," ANDAH, 2020, https：//andah.hn/en/honduras-shrimp/.

公布的信息，2020 年洪都拉斯虾产量比 2019 年增加了近 12%。① 在新冠疫情和飓风的双重打击下，洪都拉斯的水产养殖业的确表现不凡。

表 4-9　1980~2020 年部分年份洪都拉斯水产养殖产量

单位：吨

年份	产量	年份	产量
1980	86	2010	27509
1990	3401	2011	50295
2000	10053	2012	52436
2001	13386	2013	53100
2002	16957	2014	61750
2003	23547	2015	55100
2004	27036	2016	54000
2005	49249	2017	64500
2006	55356	2018	65000
2007	54689	2019	68100
2008	47080	2020	71150
2009	28858		

资料来源：联合国粮农组织渔业及水产养殖部，http：//www.fao.org/fishery/countrysector/naso_honduras/zh。

水产养殖业的稳定增长，促进了洪都拉斯农牧渔业的发展；同时，还为社会和经济发展做出重要贡献。

第一，相关领域科研和教育得到发展。在科马亚瓜省科马亚瓜市附近，洪都拉斯设立了第一个渔业养殖中心"埃尔卡奥水产站"。近年来，洪都拉斯的多所大学中，如洪都拉斯国立自治大学等开设了水产养殖的专业课程。国家开展了培训相关技术人员和农户的专项教育培训计划。国家鼓励相关产业及上下游产业的发展。国家围绕渔业与养殖业开展了双边和多边国际合作。

---

① 《2020 年洪都拉斯养殖虾产量同比增加 12%》，中国国际贸易促进委员会农业行业分会，2021 年 2 月 16 日，http：//www.seafare.com.cn/seafoodnews/6352-2021-2-15-9。

第二，促进了就业，间接有助于国家的减贫工作。

根据洪都拉斯政府提供的信息，洪都拉斯水产养殖业全职雇员约15000人，临时雇员约 1 万人，直接受益者达 2 万多人。

第三，活跃了国内外市场贸易，丰富了出口贸易产品种类，提升了出口产品附加值。洪都拉斯主要出口的水产品有罗非鱼、南美白对虾和细角对虾。另外出口以罗非鱼为原料的新鲜鱼片，以及以 5 磅为一个独立产品包装和以 50 磅为产品包装的对虾。

洪都拉斯水产养殖业的主要管理机构为农牧业部渔业和水产养殖总局，主要职能是履行国家在海洋和内陆渔业方面的监管责任，包括与水产养殖活动不同阶段有关的捕捞、养殖、工业化、存储、运输以及对外贸易。根据资源的潜力以及国家的经济和社会条件，通过评估资源真实可得性的多领域研究来促进可持续开发，并获得最佳经济和社会效益。渔业和水产养殖总局根据农牧业部的准则执行国家渔业政策，与有关政府部门和私人组织协调行动。

1959 年颁布的《渔业法》涉及水生资源开发的规定。这些规定包括对河流、湖泊和海洋动物的保护；确定季节性、长期、临时的全面性或区域性休渔政策；建立保护区；保证在生物学、卫生、商业或渔业方面合理和系统地进行开发和利用；确定可以使用的捕捞方式和方法；规范渔业所需的卫生规则和其他要求。该法律颁布时，洪都拉斯还未发展水产养殖业，因而该法律没有水产养殖的相关规定。2001 年，洪都拉斯通过了《2001 年综合渔业法规》（The General Fishery Regulation of 2001），涉及国家渔业和水产养殖的方方面面，包括法规、规划、国际协调、管理体系、土地和水面使用、环境影响、污水处理、疾病控制、饲养、用药、鱼群活动等。[①]

三 畜牧业

洪都拉斯的畜牧业以养牛为主。20 世纪 80 年代初，洪都拉斯畜牧业

---

① "Honduras National Aquaculture Legislation Overview," 2023, https://www.fao.org/fishery/en/legalframework/hn/en? lang=en.

开始发展，并逐渐成为洪都拉斯经济的重要组成部分。1980~1981年，畜牧业保持稳定增长，之后开始出现下滑。主要原因是生产成本高，利润下降。与此同时，洪都拉斯规模相对较小的畜牧加工工业也开始萎缩，一些加工厂倒闭。1987年，尽管畜牧业占洪都拉斯农业增加值的16%，但仍未摆脱逆增长。20世纪90年代初期，牛肉出口额只占出口总额的2.9%。而在80年代，冷冻牛肉制品的出口额占洪都拉斯出口额的3/4。后因牛肉价格下降、干旱等，饲养成本提高。然而，政府并未对畜牧业采取刺激性或补偿性措施，洪都拉斯的畜牧业一蹶不振。畜牧业的上述问题，直接影响了洪都拉斯的畜牧业发展。目前，洪都拉斯不仅是中美洲畜牧业和乳业水平最低的国家，而且因为贫困地区的道路不佳，乳业的发展更为落后。

畜牧业在20世纪长期不景气，从21世纪起，才逐渐呈起伏式发展。2013年，洪都拉斯出口了1489吨牲畜。但是好景不长，2014年就降至315吨，2017年进一步降至76吨，2018年仅为1吨。2019年，洪都拉斯牲畜出口量为3吨。2017~2019年，洪都拉斯的牲畜出口下降了96.05%。2019年，洪都拉斯进口了2547吨活牲畜。目前，洪都拉斯的畜牧业在经济中的作用十分有限，主要依靠进口满足国内需求。

21世纪初，洪都拉斯的畜牧业在国际上曾经"扬名"，但不是因为畜牧业本身的发展，而是畜牧业对土壤的保护。由于土地的相对缺乏，农业国家的农民常常开垦热带地区的坡地，满足种植需求。然而，这加速了洪都拉斯的土壤退化，反而逆向损害了农业发展。农民希望获得土地以维持生产或改善生活，这与保护土壤、促进农业可持续发展之间的矛盾是世界性问题。洪都拉斯尝试在坡地进行牲畜养殖，在保证农业生产效率的同时，也保护土壤。这种被称为"恰当的土地畜牧业"（Better Land Husbandry）战略在当时被认为是解决该问题的最好出路。

四 林业

森林在洪都拉斯具有比较重要的地位。洪都拉斯盛产桃花心木、松木、杉木等优质树木，素有"森林之国"的美称。1996年木材产量达到

500 万立方米。当时，洪都拉斯的森林资源中针叶林占 48%，阔叶林占 52%。按照用途划分：生产林为 322.8 万公顷，保护林为 287.2 万公顷。生产林中有天然松林 128.2 万公顷，人工松林 2.6 万公顷，阔叶林 192 万公顷。在保护林中，松林为 151.5 万公顷，阔叶林为 135.7 万公顷。松林主要分布在内陆山区，而 75%的阔叶林分布在东北部地区。

洪都拉斯生产的木材中，90%为松树，其余为阔叶树。针叶树锯材，尤其是加勒比松锯材是洪都拉斯重要的出口创汇产品。桃花心木是另外主要的出口产品。但绝大部分木材被用作国内燃料。由于初级产品加工能力明显超过当前的木材采伐量，所以森林工业的原材料消耗有可能增加。政府鼓励开发利用非常用树种和深加工产品的出口。

洪都拉斯有相当数量的红树林，面积约 12 万公顷，主要分布在西南海岸、大河出口处和北部海岸。但由于近年来海岸生态环境的迅速变化以及渔场的建设，红树林资源遭到严重破坏。据估计，洪都拉斯全国每年大约有 11 万公顷的森林资源被砍伐，其主要原因有毁林造田、发展牧场、粗放采伐以及森林火灾等。

洪都拉斯《1996~2015 年林业行动计划》的目标之一是通过实施计划加强林业管理，并且增加阔叶林面积。目前，大约有 130 万公顷天然松林和 86 万公顷天然阔叶林已经被封山经营，2000 年实现木材产量（包括燃材和工业原木）950 万立方米的目标。1990 年，洪都拉斯的森林覆盖率为 62.5%。伴随着洪都拉斯经济的发展和产业结构的升级，国家的森林覆盖率直线下降。1991 年以来，洪都拉斯林业公司（COHDEFOR）负责制定和实施林业自然保护和野生动物保护政策。全国设有一所国家林业学校，该校开设林业学士课程，并进行森林经营、造林、林产品等方面的研究。洪都拉斯自然保护协会是非政府组织，主要开展森林保护特别是红树林生态系统保护方面的工作。2018 年，洪都拉斯的森林覆盖率已经降到了 57.2%，减少至 640 万公顷。特别是 1990~2005 年，森林流失严重，面积年均减少约 3%，成为加勒比地区森林流失较快的国家。2020 年，洪都拉斯的森林覆盖率进一步降至 57%以下。1990~2020 年部分年份洪都拉斯森林面积及森林覆盖率见表 4-10。

表 4-10　1990~2020 年部分年份洪都拉斯森林面积及森林覆盖率

单位：万平方公里，%

	1990 年	1995 年	2000 年	2005 年	2010 年	2015 年	2018 年	2020 年
面积	7.0	6.9	6.8	6.7	6.6	6.5	6.4	6.36
森林覆盖率	62.5	61.5	60.6	59.7	58.8	57.8	57.2	56.38

资料来源：世界银行网站，https：//data.worldbank.org.cn/indicator/AG.LND.FRST.K2? view = chart&locations = HN。

洪都拉斯森林覆盖率下降的原因如下。第一，农业的发展，用地需求不断增加。第二，咖啡种植面积的扩大。第三，非法砍伐，洪都拉斯虽然有为了可持续发展禁止随意砍伐森林的法律，但政府没有足够的经费执行法律，导致盗伐猖獗。第四，传统的土地权利。一些土著人还过着传统的生活，并根据他们拥有的土地权利，使用他们所属土地上的森林，包括用林木烧火。这些因素长期作用的结果，一方面是森林的破坏加剧了贫困、增加了贫民社区、鼓励了腐败。当时估计洪都拉斯 80% 的木材出口来自非法砍伐。另一方面，森林覆盖率的下降，破坏了生物多样性，增加了水土流失，造成土地支离破碎，不便于连片使用，降低了土地使用效率。为此，洪都拉斯政府从强化法制入手，力求加大可持续发展的治理力度，立法全面禁止砍伐森林。同时，洪都拉斯还与地区和国际的专业组织合作，开展改善环境、保护森林的项目。2021 年，洪都拉斯议会批准了《与欧盟自愿伙伴协议》（Voluntary Partnership Agreement with the European Union），该项目的目标之一是保护环境和加强森林合作，洪都拉斯是首个与欧盟签署该协议的拉美国家。

洪都拉斯 62% 的森林归国有，其中包括 40% 的国有森林和 22% 的保护林。其余 38% 的森林为私有，如社区和原住民部落所有的森林。为了统一管理，洪都拉斯逐步扩大森林管理的范围。2018 年底，洪都拉斯管理的森林面积已经从 2016 年的 27.9 万公顷扩大到了 42.2 万公顷。森林砍伐较严重的区域多靠近中心城市。政府在对这些区域加强管理的基础上，还开展了植树造林活动。此外，洪都拉斯政府还严格控制木材市场和出口。2017 年，洪都拉斯原木总计生产 77 万立方米，其中出口仅占约 1%。2018 年，洪都拉斯的林业为 GDP 做出的贡献为 0.8%。当地木材主要出口到美国（25.4%）、萨尔瓦多（24.8%）、尼加拉瓜（9.6%）、危地马拉（8.3%）。

第三节　工业

　　洪都拉斯工业基础比较薄弱，以传统的木材加工和制糖业为主，还有食品加工、纺织、服装加工、化工和运输机械制造等。工业企业大多集中在北部沿海地区，那里拥有良好的水力发电设施和交通运输条件。

　　二战后至 20 世纪 70 年代，洪都拉斯的工业发展经历了三个阶段。40 年代末以前，工业规模较小，限于国内消费的食品和农产品加工业。40 年代末至 50 年代末，政府加强了干预并于 1958 年通过《国家工业发展法》，利用税收和投资等优惠措施鼓励工业的发展。制造业得到发展，但仍受制于外国垄断集团和垄断资本的控制。60 年代至 70 年代末，政府制定了促进工业发展的一系列政策，其间加入中美洲共同市场，推动国家工业化进程。洪都拉斯 60 年代工业生产年均增长率达到 8.9%。70 年代以后，进一步重视民族工业的发展，建立了一批造纸厂、制糖厂、水泥厂、棕榈油厂和小型钢铁厂等国营企业。1974 年，洪都拉斯成立了"全国投资公司"以促进农工联合企业和手工业的发展，并于 1978 年制定了《中小型工业发展法》，1979 年成立了"工业发展中心"专门向中小型企业提供资金和技术支持。在此期间，先后建立了年产达 36 万吨的全国最大水泥厂，成立了非洲棕榈油农工商联合公司，并建立了 3 座榨油厂。与此同时，手工业得到发展，全国手工业企业达到 140 余家，所生产的地毯、皮包、帽子和装饰品等 60% 卖给国内外游客，1981 年收入达 78.5 万美元，比 1978 年增加了 3.2 倍。80 年代，洪都拉斯工业继续得到发展，产值连年增长。1978~1980 年，产值分别为 3.5 亿美元、3.8 亿美元和 4 亿美元。制造业在国民经济中的比重得到提高，但是工业发展受制于其较低的生产率水平和狭小的市场以及有限的资金技术，洪都拉斯仍为中美洲发展较为落后的国家。洪都拉斯的工业发展十分曲折，尽管发展速度不算慢，但是极不稳定，平均在4~6年的周期里会出现一次起伏。例如，1967年洪都拉斯的工业增长速度最快，达到18.48%，然而1969年就跌至0.6%，1973年又反冲到13.7%；1975年又跌到0.5%，1977年再次回到13.2%。这说明，洪都拉斯的工业体系不成熟，受国际影响大，工业产品不可替代性弱。进入20世纪90年代，洪都拉斯的工业增长很少再出现两位数的增长率了，多数年份增长率都在5%以下，而且在全球金融危机和新冠疫情的影响下，2009年和2020年的工业增长率出现负增长，分别为-7.7%和-14.3%。

20世纪60年代之后，洪都拉斯的工业在国家经济中一直保持增长，工业占GDP的比重从1960年的17.1%到1994年升至31.5%，但随后比重一路下降，2014年降至低谷，为24.5%，仅相当于1983年的比重水平。之后回升，2019年达到27.1%，但2020年又降至26%（见表4-11），相当于洪都拉斯1986年工业占GDP的比重水平。

表4-11　1970~2020年部分年份洪都拉斯工业增长率及工业占GDP的比重

单位：%

	1970年	1980年	1990年	2000年	2010年	2015年	2019年	2020年
工业增长率	4.2	-3.6	4.3	0.3	3.0	4.2	1.8	-14.3
工业占GDP的比重	20.1	23.7	31.3	29.4	25.6	25.7	27.1	26.0

资料来源：世界银行网站，https://data.worldbank.org.cn/indicator/NV.IND.TOTL.KD.ZG?locations=HN&view=chart。

一　制造业

洪都拉斯的制造业分为三个具体的部门：食品、酒和饮料与服装加工等传统部门，出口农产品加工业（如肉类包装、食糖加工、海产品加工以及造纸和木材加工等）以及始于20世纪90年代的客户工业。客户工业的主要发展动力来自2000年美国国会批准的《北美自由贸易协定》（NAFTA）适用于洪都拉斯服装出口。尽管《北美自由贸易协定》的优惠也给予了其他中美洲和加勒比国家，但是洪都拉斯和多米尼加因为较好的基础设施以及低工资成本而具有优势。

纺织业是洪都拉斯工业中发展最快的行业之一。洪都拉斯有潜力成为南美地区纺织品的主要生产商。其产品现在主要出口到国际市场，出口对象国以美国和危地马拉为主。为了刺激纺织业的发展，洪都拉斯政府和私人企业共同投入，不断改善生产环境和生产条件，以提高生产率。洪都拉斯纺织业的发展主要集中于服装加工业。洪都拉斯拥有 4 家国有纺织企业。与此同时，洪都拉斯也开始进行汽车电子零件、降落伞、家具、塑料、纸箱、香烟以及渔具等产品的生产，以实现多元化发展目标。

据统计，2007 年洪都拉斯客户工业拥有 342 家企业，吸纳了 13.4 万人就业，其中女性占 53.1%，工人的工资水平远超过最低工资标准。不过，客户工业经过近年来的快速发展之后，由于对美国出口下降以及来自亚洲国家低成本产品的竞争，2007 年产量下降了 5%。之后，受到全球金融危机和新冠疫情的影响，洪都拉斯制造业的增长率在 5% 以下，并在上述两次危机中遭遇严重打击。2008 年，洪都拉斯制造业出现负增长，增长率超过 -8%，2020 年制造业增长率更是达到 -14%（见表 4-12）。

表 4-12　1970~2020 年部分年份洪都拉斯制造业增长率及制造业占 GDP 的比重

单位：%

	1970 年	1980 年	1990 年	2000 年	2010 年	2015 年	2019 年	2020 年
制造业增长率	18.0	-8.6	4.0	3.2	4.5	3.0	2.0	-14.0
制造业占 GDP 的比重	12.5	16.6	21.5	20.5	16.5	17.5	16.4	16.0

资料来源：世界银行网站，https://data.worldbank.org.cn/indicator/NV.IND.MANF.KD.ZG? locations=HN&view=chart。

洪都拉斯的制造业与工业发展同步性强，在工业中的重要作用显而易见。但是在 2010 年以后，洪都拉斯的制造业发展速度相对放缓。由于工业自身薄弱等，制造业的相关行业相对集中，升级也比较缓慢，市场单一。因此，制造业的作用没有充分发挥，活力没有充分激发，洪都拉斯制造业在国家 GDP 中占比变化不大。然而，制造业的发展对洪都拉斯工业和整体经济，特别是就业，都是不可或缺的。

二　矿业

洪都拉斯矿业的总体规模较小，但对发展矿业有较浓厚的兴趣，一是因为洪都拉斯有一定的矿产储备，二是由于矿业还没有得到充分的发展。相对来说，洪都拉斯的矿物资源比较多样，也比较丰富，但大多未开发，主要矿藏有金、银、铜、铅、锌、煤、锑、铁、铝土、硫黄和汞等，历史上银产量曾居中美洲首位。在洪都拉斯的矿产资源中，最具开发潜力的是锌、银、铅和金等资源。

据统计，2005~2007 年，银和铅的出口保持了增长势头，而锌和金的出口出现下滑。2007 年和 2008 年，由于锌和金的产量分别下降了 3.5% 和 29.5%，影响了整个采矿业的发展。

经过 10 年的发展，到 2017 年，洪都拉斯的矿业为国家 GDP 贡献了 0.2% 的增长率，相当于 1640 万美元或 4.02 亿伦皮拉。2018 年，矿业对 GDP 增长的贡献率仍为 0.2%，相当于 1810 万美元或 4.29 亿伦皮拉。同时，洪都拉斯的矿业产品出口占总出口的 4.6%，为社会增加了 4090 个就业岗位和 0.9% 的政府收入。整体看来，洪都拉斯矿业对 GDP 的贡献在 2006~2015 年不断下滑，2016 年开始出现回升（见图 4-1）。

在洪都拉斯，从事矿业需要遵守政府 2013 年发布的《一般采矿法》（General Mining Law）；洪都拉斯地质与矿业研究所（Honduran Institute of Geology and Mining）按"采掘业透明倡议"（EITI）原则负责实施；自然资源与环境部部长负责相关的行政管理。矿业投资者需要依法申请执照和纳税。

在洪都拉斯政府与"采掘业透明倡议"组织合作对矿业进行管理过程中，"采掘业透明倡议"组织专门发布了洪都拉斯矿业的评估报告，2012~2020 年连续发布了 5 份报告。该组织还与洪都拉斯政府共同建立了由非政府机构和社会组织参与的联合管理机构。目前，除"采掘业透明

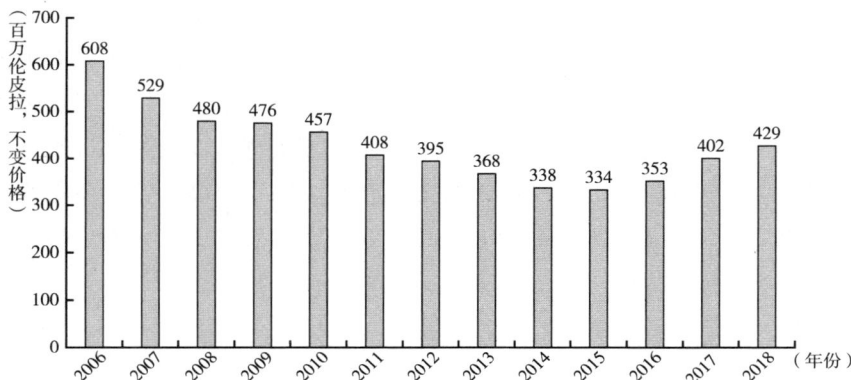

图 4-1 2006~2018 年洪都拉斯矿业对 GDP 的贡献

资料来源：EITI，https：//eiti.org/honduras。

倡议"组织外，洪都拉斯政府部门中与矿业相关的部门主要包括能源、自然资源、环境和矿产部（SERNA），以及洪都拉斯地质与矿业研究所、财政部、公共信息使用研究所、洪都拉斯城市协会等单位；非政府机构包括洪都拉斯金属矿业协会、国家工业协会、国家贸易和商业联合会、国家私人公司委员会等单位；社会组织包括国家反贪污委员会、国家发展非政府组织联合会、无国界民主基金会等单位以及一些大学。

三 建筑业

2007 年，建筑业产值占洪都拉斯 GDP 的 4%，雇用了 19 万人。2006~2007 年，建筑业是洪都拉斯增长最快的行业之一，年均增长率达 7.8%。建筑业的扩张主要受益于信贷的增加和稳定的宏观经济形势刺激了私人投资于民用、商用和工业建筑。但是，2008 年以来，由于主要投入成本的增加以及银行紧缩银根，建筑业的增幅变小。事实上建筑业的兴衰必将影响到其上下游产业的发展。2015 年以后，建筑业进入增长期，2020 年初达到高潮，产值达到 16 万亿伦皮拉。新冠疫情又把建筑业推入低谷，2020 年7 月，产值降至 8.78 亿伦皮拉。此后，洪都拉斯建筑业发展保持平稳。

洪都拉斯政府增加基础设施投入以及提倡高效率利用能源和环境友好

型建筑,对建筑业和市场都具有促进作用。同时,洪都拉斯政府鼓励建筑商使用先进技术和现代标准的建筑方式。建筑模型需求随之增长,模块化生产占比不断提高。此外,新型建筑材料的研发也为建筑业提供了发展动力。随着全球建筑市场被看好,洪都拉斯也需要大型基础设施项目作为刺激经济发展的动力。为了进一步鼓励私人消费,除了提高工资,还需鼓励人口迁移,特别是从农村移往城市,因此建筑业的发展成为必要步骤。公共部门对建筑业的投资也为该行业带来更好的商业机会。

四 电力行业

洪都拉斯电力行业的一个显著特点是垂直一体化经营管理占主导地位。20世纪90年代电力行业的改革不完善,在此后的20年里,热力发电的比重上升,国家电力公司的财务状况不佳,电力在输送和分配中存在较大的技术和商业损失,农村地区的电力覆盖程度较低。2007年6月,洪都拉斯总统塞拉亚宣布国家处于"能源紧急状态"。以国防部部长和财政部部长为首的干预委员会临时掌管洪都拉斯国家电力公司以应对危机,该委员会的托管延期到2008年10月。

2007年,洪都拉斯电力总装机容量为1568兆瓦,其中热电占2/3。由于依赖热力发电系统,因此电力行业容易受到国际原油高价格的影响,应对价格波动的能力极低。

此外,洪都拉斯水力资源丰富,因此水电成为重要的能源。目前,洪都拉斯有两个主要的水电站,分别是弗朗西斯科·莫拉桑水电站和约华湖水电站。1995年国营发电站的发电量为50.7万千瓦时,私营发电站的发电量为20.6万千瓦时,国有水电站的发电量占全国的2/3。由于洪都拉斯严重依赖水电,1997~1998年,厄尔尼诺现象引起的干旱使电力供应大幅减少。

由于季节性等因素(如水力发电受季节制约)以及设备老化等的影响,电力企业实际的发电能力明显低于装机容量。洪都拉斯在2007~2015年,将发电装机容量增加了1479兆瓦。

2010年,政府为了显示其解决能源问题的意愿,设立了能源委员会,成员包括国家电力公司总经理、自然资源与环境部部长、外交和国际合作部部长以及基础设施与公共服务部部长。该委员会负责制定能源政策的指导方针，包括电力、化石燃料和其他能源。

截至 2014 年底，洪都拉斯全国电网覆盖率为 91.68%，年发电量 77.898 亿千瓦时，然而由于输配电设备和技术落后，总输配电损失 22.369 亿千瓦时，占发电总量的 28.7%。

从电力生产方面来看，洪都拉斯最主要的发电形式为水力发电和火力发电。虽然火力发电的占比有所下降，但该比重仍然较大，易受国际能源价格波动影响；国有水力发电厂占比降低，私营水力发电厂占比连年上升。此外，洪都拉斯还有生物发电、风力发电、地热发电等形式，发电形式相对多样化。发电总量中约 40% 来自洪都拉斯国家电力公司，剩余的 60% 来自 40 余家私人发电企业。

2007 年，洪都拉斯电力消费的群体和比重分别为：居民用电占 42%、商业用电占 24%、工业用电占 13%、大客户用电占 13%、公共照明用电占 2.5%、政府用电占 2% 以及出口占 0.5%，其余占 3%。近年来，洪都拉斯的峰值电力需求年增长率超过 7%，2006 年的电力需求达到 1088 兆瓦。电力需求的年均增长率取决于电费是否提高、打击窃电的计划能否成功，以及电力的技术性损耗能否下降等因素。

根据 2007 年的统计，洪都拉斯电力覆盖全国的 69%，农村地区的覆盖率仅为 45%，远低于城市的 94%。上述情况在近年来有了很大改善。2019 年，洪都拉斯的城市用电已经达到了 100%，农村用电也提高到 83%（见表 4-13）。

表 4-13　1990~2019 年部分年份洪都拉斯通电率

单位：%

	1990 年	2000 年	2010 年	2015 年	2019 年
城市	89	95	99	99	100
农村	31	45	62	79	83
全国	55	67	81	90	93

资料来源：世界银行网站，https://data.worldbank.org.cn/indicator/EG.ELC.ACCS.UR.ZS?view=chart&locations=HN。

洪都拉斯的电网与邻国尼加拉瓜、萨尔瓦多和危地马拉的电网相连，但是这个互联电网输送能力有限，预计该电网将被扩展成中美洲电网系统（SIEPAC）的一部分，使用230千伏的电压输送电力，输电能力达到300兆瓦。

洪都拉斯的发电量自20世纪80年代后半期开始较快增长，进入21世纪，增速更为明显，基本保持在年均6%以上的增长率，2010年之后，提高到7%~10%。1980~2021年部分年份洪都拉斯发电量见表4-14。

表4-14　1980~2021年部分年份洪都拉斯发电量

单位：亿千瓦时

	1980年	1990年	2000年	2010年	2015年	2018年	2021年
发电量	9.0	22.5	35.5	68.2	88.3	93.1	119.7

资料来源："Honduras-Total Electricity Net Generation," https://knoema.com/atlas/Honduras/topics/Energy/Electricity/Electricity-net-generation。

第四节　交通和通信

一　交通运输

总体上讲，洪都拉斯西北部地区的交通运输业比较发达，而内陆山区和东北部沿海地区的交通比较闭塞，在该地区物资流通一度主要依靠牲畜。

公路整体状况较差。1998年全国公路里程为14602公里，而2000年减少到13603公里。目前，包括一级、二级和城市道路在内的公路总长为15628公里，其中只有19.2%的公路得到硬化铺设。洪都拉斯有两条最重要的公路：一条是连接首都特古西加尔巴和第二大城市圣佩德罗苏拉两地的"南北公路"；另一条是与太平洋海岸线平行、连接洪都拉斯与尼加拉瓜和萨尔瓦多的"泛美公路"。2003年中美洲经济一体化银行（CABEI）

提供给洪都拉斯政府 2240 万美元贷款，用于建设连接洪都拉斯最大港口科尔特斯港与危地马拉边界的公路。自马杜罗政府执政起，作为"普埃布拉—巴拿马计划"（Plan Puebla-Panama）的一部分，洪都拉斯的中心公路就开始拓宽且部分得到了硬化处理。实施上述计划旨在提高连接中美洲和墨西哥道路网的质量。

洪都拉斯全国有 3 条铁路，都集中于西北部沿海地区。1998 年全国可运行铁路 988 公里，2000 年减少到 228 公里，其中一部分为香蕉和甘蔗专用运输线。截至 2014 年，仅存 24 公里铁路，在用的仅为 4 公里。洪都拉斯没有铁路与中美洲其他国家相接，首都特古西加尔巴周围群山陡峭，是世界上极少没有铁路的首都之一，与外界的交通主要依靠公路和航空。

洪都拉斯的港口都集中在北部海岸地区，主要港口有科尔特斯、特拉、拉塞瓦、卡斯蒂亚、罗阿坦和埃内坎。其中，位于北部沿海的科尔特斯港是该国最大港口，也是中美洲地区设施最为现代化的综合型港口。科尔特斯港承担了一半以上的全国出口业务，拥有"滚装滚卸"设施，可同时停泊 10 艘船只、面积约 4000 平方英尺的船坞，港口 24 小时作业，每小时可为每艘船装卸 14~15 个集装箱。从 2005 年起洪都拉斯成为由美国倡导的《集装箱安全协定》（CSI）的成员，也是第一个加入该协定的中美洲国家，目的在于减少恐怖分子对集装箱货船的威胁。同时，科尔特斯城也是洪都拉斯的燃料和矿物仓储行业、化肥生产和纺织业的所在地。埃内坎港位于太平洋沿岸，主要承担来自或发往美国西部和亚洲的货物装卸。为进一步满足外贸发展需要，洪都拉斯未来计划加大对上述两港的投资扩建力度。根据洪都拉斯基础设施部的统计，国内航道主要在北部地区，内陆航道仅供小型船只航行，尤其是南部地区水道狭窄，不适合水运。

海运是洪都拉斯开展国际联系的重要通道，洪都拉斯港口的集装箱（20 尺标准箱）年吞吐量增长较快。2000 年的吞吐量不足 4 亿箱，2005 年为 5.5 亿箱，2010 年增至 6.2 亿箱，2015 年为 7.4 亿箱，2018 年达到 8.13 亿箱，2019 年近 8 亿箱。

洪都拉斯国内共有 7 家航空公司，分别为索萨航空公司（Aerolíneas Sosa）、洪都拉斯加勒比航空公司（Aerocaribe de Honduras）、中美洲航空公司（Central American Airways）、玛雅天空航空公司（CM Airlines）、易天航空公司（Easy Sky）、海岛航空公司（Isleña Airlines）和兰萨航空公司（Lanhsa Airlines）。曾经的两家航空公司——洪都拉斯航空公司和洪都拉斯大西洋公司分别于 2005 年和 2009 年停止运营。

截至 2014 年末，洪都拉斯拥有 4 个国际机场：特古西加尔巴市的特岗汀机场、圣佩德罗苏拉市的拉蒙·比列达·莫拉莱斯国际机场、拉塞瓦市的戈罗松国际机场和巴伊亚群岛的罗阿坦国际机场。此外，洪都拉斯还有 18 家小型的国内机场。2000 年，洪都拉斯政府把特岗汀机场、拉蒙·比列达·莫拉莱斯国际机场、戈罗松国际机场及罗阿坦国际机场转让给由美国旧金山机场牵头组成的"美国–洪都拉斯国际机场财团"，经营权为 20 年，但由于最初的投资承诺没有兑现，2005 年 9 月以来洪都拉斯国内的合作者数次易人。

拉蒙·比列达·莫拉莱斯国际机场（或称梅萨国际机场，Ramón Villeda Morales International Airport or La Mesa International Airport）以洪都拉斯前总统拉蒙·比列达·莫拉莱斯的名字命名，距圣佩德罗苏拉市区 11 公里，是洪都拉斯最主要和最繁忙的机场。2007 年机场旅客吞吐量约 60 万人次，拥有 150 条国际和国内航线。机场与科潘玛雅遗址、拉塞瓦以及加勒比海沿岸的罗阿坦岛等旅游胜地连接，大多数游客由此进出港。2010 年旅客吞吐量为 74.2 万人次，2018 年旅客吞吐量突破 100 万人次。该机场跑道长 2805 米，宽 45 米。国际民航组织代码 MHLM，国际航空运输协会代码 SAP。戈罗松国际机场（Golosón International Airport）又名拉塞瓦国际机场，位于洪都拉斯北部沿海城市拉塞瓦的西部。

洪都拉斯的航空客运始于 20 世纪 70 年，运输旅客的能力不断提高，从每年近 30 万人次提高到 90 年代年运输旅客 60 多万人次的水平。90 年代中期后，由于国内外各种原因，洪都拉斯航空客运受到严重影响。2010 年又恢复到年运输旅客 50 多万人次的水平，但近 10 年客运量波动较大，又回到 20 世纪 70 年代的水平，2020 年的航空客运仅有 9.2 万人次。

洪都拉斯的航空货运发展也和航空客运一样，经历了20世纪70~80年代的发展之后，受到破坏性影响，现在的情况比航空客运还糟糕。1970年，洪都拉斯的航空货运量为360万吨公里，经过70~80年代的发展，1993年航空货运量提高到1750万吨公里。之后一蹶不振，2010年仅为220万吨公里，2019年又降至100万吨公里（见表4-15）。

表4-15 1970~2020年部分年份洪都拉斯航空客运量和货运量

单位：万人次，百万吨公里

	1970年	1980年	1990年	2000年	2010年	2015年	2018年	2019年	2020年
客运量	29.6	50.8	60.97	—	50.2	27.7	41.2	32.1	9.2
货运量	3.6	3.8	4.3	—	2.2	0.5	0.45	1	—

资料来源：世界银行网站，https：//data.worldbank.org/indicator/IS.AIR.PSGR？locations＝HN&view＝chart。

二 通信

洪都拉斯通信业的发展起步于1876年第一封电报的发出，之后相继发展了电话（1891）、广播（1928）、电视（1959）、互联网（1990）和手机（1996）。

洪都拉斯的国有电信公司洪都拉斯电信公司于1976年成立。2002年，洪都拉斯的固定电话由20世纪70年代中期的1.7万部增至32万部。2003年实施"人人享有电话"计划后，洪都拉斯允许私人运营商提供固定电话业务，进而38家私人企业进入电信市场。2007年和2008年，洪都拉斯的固定电话拥有总量达到了高点，分别为82.1万部和82.6万部。之后，由于移动通信和网络通信的出现，洪都拉斯的固定电话拥有量一直在下降，2019年仅有49万部，相当于2005年的水平。2021年为46.6万部。洪都拉斯固定电话每百人拥有量在2007年超过了10部，2019~2021年每百人5部，相当于2004年洪都拉斯固定电话百人拥有量（见表4-16）。

表 4-16　1980~2021 年部分年份洪都拉斯固定电话数量和每百人拥有量

	1980 年	1990 年	2000 年	2005 年	2010 年	2015 年	2019 年	2020 年	2021 年
总量(万部)	2.9	8.8	29.9	49.4	67.3	49.7	49.0	53.2	46.6
每百人拥有量(部)	0.8	1.8	4.5	6.6	8.1	5.5	5.0	5.0	5.0

资料来源：世界银行网站，https：//data. worldbank. org. cn/indicator/IT. MLT. MAIN？ end = 2019&locations = HN&view = chart。

洪都拉斯有 4 家移动电话业务运营商，1996 年第一家运营商 Celtel 成立，后改名为 Tigo。其他三家运营商分别为 Claro、Hondutel 和 Honducel。据统计，2006 年洪都拉斯拥有 224 万部移动电话，年增长率达 75%，是固定电话数量的 5 倍左右。2007 年 7 月，洪都拉斯的 Honducel 进军移动电话业务领域，2008 年其业务已覆盖全国。2014 年，洪都拉斯国内的移动电话已达 700 多万部。自 20 世纪末才开始有移动电话通信业务的洪都拉斯，在 21 世纪的第一个 10 年中出现了移动电话通信业务的爆发式发展，由 2000 年全国总量仅有 15.5 万部，猛增到 2010 年的 950.5 万部，人均超过 1 部。2021 年移动电话拥有量约为 756 万部。移动电话的百人拥有量也呈同步跳跃式发展。2000 年，每百人仅有移动电话 2.4 部，2010 年洪都拉斯每百人拥有移动电话 114.3 部。2021 年，每百人拥有移动电话数量为 74 部（见表 4-17）。

表 4-17　1980~2021 年部分年份洪都拉斯移动电话数量和每百人拥有量

	1980 年	1990 年	2000 年	2005 年	2010 年	2015 年	2019 年	2020 年	2021 年
总量(万部)	0	0	15.5	128.1	950.5	804.8	756	696	756
每百人拥有量(部)	0	0	2.4	17.2	114.3	88.3	76	69	74

资料来源：世界银行网站，https：//data. worldbank. org. cn/indicator/IT. CEL. SETS. P2？ end = 2019&locations = HN&view = chart。

洪都拉斯无线广播的发展始于 20 世纪初。1928 年，泰拉（Tela）铁路公司成立了第一家广播电台"热带电台"（Tropical Radio）；1933 年，第一家商业无线电台"HRN 电台"正式开始广播。洪都拉斯现有各种广播电台 246 家，遍布全国各地。

洪都拉斯第一家电视台"第五频道"于 1959 年成立。目前，洪都拉斯主要的国际国内电视台通过有线电缆传播信号。2007 年 1 月，国家电信委员会采用了数字电视地面广播的 ATSC（高级电视业务顾问委员会）标准。圣佩德罗苏拉大学成立了第一家数字高清电视台"校园电视"（Campus TV）。目前，洪都拉斯共有 20 多家电视台，其中 Canal 36 是洪都拉斯电视台中较为著名的一家，曾经因支持 2009 年被迫下台的总统而被关闭。此外，Mega TV、TVC 也比较有影响。

洪都拉斯网络发展始于 20 世纪 90 年代初，目前互联网应用普遍，主要中心城市均有网络覆盖，宽带设施也比较普遍。洪都拉斯固定宽带用户数量从 2010 年开始持续增长，从当时的 1000 户，发展到 2021 年的 41.7 万户，每百人户数也由 2010 年的 0.012 户，发展到 2021 年的 4.06 户（见表 4-18）。

表 4-18 2010~2021 年部分年份洪都拉斯固定宽带用户数量和每百人户数

	2010 年	2012 年	2014 年	2016 年	2018 年	2019 年	2020 年	2021 年
户数（万户）	0.1	6.1	15.8	22.0	35.5	39.0	39.7	41.7
每百人户数（户）	0.012	0.71	1.76	2.38	3.7	4.0	3.92	4.06

资料来源：世界银行网站，https：//data. worldbank. org. cn/indicator/IT. NET. BBND？end = 2019&locations = HN&view = chart。

第五节 金融

1985 年以前，与其他中美洲国家相比，洪都拉斯金融部门的规模较小，其后发展非常迅速。20 世纪 80 年代，洪都拉斯金融部门对经济增长的贡献率以年均 4%的速度发展，在中美洲国家中排名第二。1985 年，洪都拉斯拥有 25 家金融机构及其 300 余个分支机构，其中商业银行占金融行业资产的 60%以及全部存款的 75%。除了属于军队系统的社保机构外，所有的商业银行均为私有，且绝大多数为洪都拉斯的家族所有。洪都拉斯有两家国有银行：一家为专门从事农业信贷的银行，另一家为专门针对城市政府融资的银行。

1990 年，在国际货币基金组织和世界银行的要求下，洪都拉斯按《华盛顿共识》对金融行业进行自由化改革。改革从放开农业贷款利率开始，并逐渐扩展到其他部门的贷款。从 1991 年后期开始，洪都拉斯的银行使用自有资金，可对所放农业贷款收取市场利率。但是根据法律规定，这些银行必须向货币主管当局报告，并且其利率可以固定在规定利率的两个百分点之内。1991 年，商业银行向政府施压要求将最低准备金率降低 35%，但政府一直将最低准备金率水平维持到 1993 年 6 月，其间临时将标准提高到 42%，而 3 个月后又调整为 36%。在实施自由化政策之前，中央银行保持对利率的控制并设定了 19% 的利率上限，但 1991 年后期贷款的市场利率已经飙升到 26%。1990 年通货膨胀率高达 33%，当时实际利率为负值。1993 年利率水平维持在 35%~43%，高于通货膨胀率 13%~14% 的水平，通胀形势得到改观。银行家继续要求自由化，其中包括减少对非出口农业部门的控制。

1995 年之后，洪都拉斯的通货膨胀率持续下降，进入 21 世纪只有个别年份，通货膨胀率在 10% 以上（2008 年为 11%），多数年份的通货膨胀率都较低，2020 年的通货膨胀率为 3.5%。

洪都拉斯国内除央行和国家农业发展银行（BANADESA）外，其余银行和金融机构均为私有。到 2014 年底，洪都拉斯有 17 家商业银行。随着美国花旗集团接管第一金融集团（Grupe Financiero Uno），英国汇丰银行（HSBC）接管地峡银行（Banistmo），表明国际大的银行机构增加了在洪都拉斯的业务。此外，美国通用电气公司（GE）接管了洪都拉斯的商业银行（Banco Mercantil），而专门从事小额信贷业务的德国信贷促进银行（Banco Procredit）和墨西哥阿兹特克银行（Banco Azteca）也开始在洪都拉斯开展业务。商业银行服务的客户有限，大多数资产集中于那些由大银行、保险公司和金融公司组成的跨国公司的股东手中。这个制度使得银行在面临监管和市场变化的情况下很容易转移资产。

　　洪都拉斯政府对外国企业在当地融资不设限制，企业可以采取向银行贷款或发债的形式融资，但是当地金融机构对信用条件要求很高，并且贷款额度有限。2014 年 12 月，洪都拉斯的本国货币贷款利率为 20.65%；储蓄存款、定期存款和普通存款的利率分别为 3.79%、10.51% 和 7.02%。1997 年之后，洪都拉斯国内利率一路走低。2019～2020 年，金融体系开始趋稳。2020 年，洪都拉斯中央银行继续维持货币政策稳定，汇率波动不大。存款利率是 8.13%，为 1985 年以来较低的利率水平。2008 年洪都拉斯商业银行的分支机构数量达到最多，平均 10 万成年人有 22.7 个。在商业银行私有化之后，银行的分支机构数量逐渐下降，2014 年，平均每10 万成年人有 21.3 个，2016 年为 19.5 个，2018 年为 18.9 个，2019 年为 18.4 个。同时，自动取款机的数量增长较快，2012 年，平均每 10 万成年人有 21.8 个，2014 年为 22.6 个，2016 年为 23.8 个，2018 年为24.3 个，2019 年达到 25.4 个，而 2004 年只有 4.4 个。①

　　洪都拉斯的证券交易市场开始于 20 世纪 90 年代初期。洪都拉斯证券交易所（Bolsa de Valores de Honduras，BVH）成立于 1990 年 8 月，2004 年受经济衰退的影响被迫关闭。中美洲证券交易所（Bolsa Centroamericana de Valores，BCV）1993 年成立，目前仍在营业。1991 年洪都拉斯共有 9 家公司进行交易；1993 年增加到 18 家。2011 年股市交易额达到 66 亿美元。

　　洪都拉斯的证券交易所为私有，受 1988 年颁布的《证券交易法》以及洪都拉斯国家银行和保险委员会的制约及监督。

　　目前，洪都拉斯有相对稳定的金融体系，洪都拉斯中央银行、国家银行和保险委员会作为政府实体，对金融机构进行监管，主要监管对象包括商业银行、保险机构、养老机构和金融公司等。洪都拉斯具体的金融体系构成如下。

　　1. 商业银行

　　洪都拉斯的商业银行主要包括：洪都拉斯银行、阿特兰蒂达银行

---

　　① https：//knoema. com/atlas/Honduras/topics/Economy/Financial-Sector-Access/Commercial-bank-branches.

（Banco Atlántida SA，洪都拉斯第一银行）、西方银行（Banco de Occidente SA，洪都拉斯第二银行）、工人银行、中美洲金融银行（FICENSA）、洪都拉斯咖啡银行（Banco Hondureño del Café SA，BANHCAFE）、国家银行（Banco del País SA）、洪都拉斯金融和商业银行（Banco Financiera Comercial Hondureña SA，FICOHSA）、洪都拉斯拉菲斯银行（Banco Lafise Honduras SA）、洪都拉斯达维文达银行（Banco Davivienda Honduras SA）、普罗梅丽卡银行（Banco Promérica SA）、洪都拉斯农村发展银行（Banco de Desarrollo Rural Honduras SA）、洪都拉斯阿兹特克银行、大众银行、中美洲洪都拉斯银行（Banco de América Central Honduras SA-Bac）、国家农业发展银行、洪都拉斯生产和住房银行（BANHPROVI，二级银行）。

2. 保险机构

洪都拉斯的保险机构主要包括：洪都拉斯玻利瓦尔保险公司（Bolívar Honduras SA-Seguros）、泛美人寿保险公司、曼弗雷洪都拉斯保险公司、美洲保险公司（Interamericana de Seguros-Ficohsa）、大陆保险公司（Seguros Continental SA）、阿特兰蒂达保险公司（Seguros Atlántida SA）、克雷菲斯公司（Crefisa SA）、公平保险公司（Seguros Equidad SA）、国家保险公司（Seguros del País SA）、洪都拉斯拉菲斯保险公司（Seguros Lafise Honduras SA）、ASSA 保险公司、帕尼亚德保险公司（Pañía de Seguros SA）、洪都拉斯农村银行保险公司（Seguros Banrural Honduras SA）。

3. 养老机构（公共和私营）

洪都拉斯的养老机构主要包括：洪都拉斯社会保障协会（IHSS）、军事福利协会（IPM）、雇员和行政部门官员的退休和养恤金协会（INJUPEMP）、国家教学预测学会（INPREMA）、洪都拉斯国立大学员工福利学会（INPREUNAH）、国家教师福利学会（国际）、洪都拉斯国立大学雇员福利学会、私人贷款协会（私人）、AFP 阿特兰蒂达公司（AFP Atlántida SA）（私人）、BAC 养老金协会（私人）、FICOHSA 养老金和遣散费协会（私人）。

4. 金融公司

洪都拉斯的金融公司主要包括：科迪梅萨金融公司（Financiera Codimersa

SA）、阿特兰蒂达租赁和信用公司（Atlántida SA-ACRESA）、金融信贷公司（Financiera Credi SA）、金融稳定公司（Financiera Solidaria SA，FINSOL）、国际金融合作公司（Corporación Financiera Internacional SA，COFINTER）、大众塞比尼亚金融公司（Financiera Popular Ceibeña SA，FPC）、金融公司（Compañía Financiera SA，COFISA）、岛国金融公司（Financiera Insular SA，FINISA）、洪都拉斯不动产金融公司（Financiera Finca Honduras SA，FINCA）、信任公司（Confianza SA-FGR）。

5. 相关金融管理机构

洪都拉斯相关金融管理机构主要有洪都拉斯中央银行、国家银行和保险委员会以及洪都拉斯银行机构协会（AHIBA）等。

第六节　旅游业

旅游业是洪都拉斯重要的经济部门，不仅发展快，对国家的贡献也很大。洪都拉斯地处中美洲热带地区，有丰富的旅游资源，例如，迷人的岛屿、热带雨林、如画般的崇山峻岭、世界第二大珊瑚礁，以及理想的潜水和跳水的海域、玛雅古迹等。这些不仅是度假的理想目的地，也是人文休闲旅游的最佳选择之一。2019 年洪都拉斯旅游业发展基本情况详见表 4-19。2020 年受新冠疫情影响，洪都拉斯旅游业严重受创，游客只有 66.9 万人次，旅游业出口额占出口总额的比重为 3%，旅游收入仅为 1.89 亿美元。

表 4-19　2019 年洪都拉斯旅游业概况

游客总数（人次）	2315000
出境游客（人次）	703000
旅游支出（美元）	655000000
旅游支出占进口总额的比重（%）	5.69
旅客交通项目支出（美元）	156000000

旅游项目开支(美元)	499000000
旅游业出口额占出口总额的比重(%)	7.8
旅客交通项目收入(美元)	9000000
旅游项目收入(美元)	547000000

资料来源：https://cn.knoema.com/atlas/%E6%B4%AA%E9%83%BD%E6%8B%89%E6%96%AF/%E6%97%85%E6%B8%B8%E6%94%B6%E5%85%A5。

旅游业对洪都拉斯社会的影响利弊皆有。积极影响包括以下几方面。第一，可吸收农业多余劳动力。2000 年以来，洪都拉斯有 1/3 的传统农业收入流失，旅游业恰在此时为 GDP 贡献了 14.6%，及时弥补了农业的不足。第二，增加就业。过去 5 年，1/5 的新增就业来自旅游业，旅游业提供了 12.9% 的就业率。第三，增加人文交流。可以互相学习，启发智慧。[1] 一些新理念可以帮助洪都拉斯发展，如负责任的旅游、重复使用的水瓶、保护环境等。同时，旅游业也有一定的消极影响。一方面，近年游客增加太快，扩大了贫富差距。洪都拉斯有约 60.9% 的人口生活贫困，而旅游业多在条件相对好和相对发达的地区，欠发达的落后地区受益少，或没有受益。另一方面，破坏环境。虽然旅游业促进了经济发展，但过多的旅游设施建设破坏红树林和植被，游客破坏珊瑚礁，恶化了环境。如何平衡旅游业的发展与社会的"绿色"要求，确实是洪都拉斯政府需要考虑的问题。

一 游客与旅游业收入

1. 游客数量

20 世纪 80 年代末以来，洪都拉斯的到访游客持续增加，游客数量由 1987 年不足 20 万人次增加到 1989 年的 50 万人次。之后，1996 年接待外国游客 26.33 万人次，1998 年达 32.11 万人次。进入 21 世纪，游

---

[1]　"Inside the Borgen Project, the Effects of Tourism in Honduras," March 25, 2019, https://borgenproject.org/the-effects-of-tourism-in-honduras/.

客增加势头不减，由 2003 年的 88.66 万人次增加到 2014 年的 206.86 万人次，其中留在洪都拉斯过夜的游客数量由 61.05 万人次增加到 86.81 万人次。据统计，10 多年的时间里游轮游客的数量出现较大幅度增长。

2014 年之后，尽管赴洪都拉斯旅游的人数仍然保持增长势头，2018 年达到了 232.3 万人次，2019 年略少，为 231.5 万人次，但是洪都拉斯的旅游收入不升反降。

2. 游客来源

洪都拉斯的游客主要来自北美洲、中美洲和欧洲地区，2008 年来自上述 3 个地区的游客分别为 33.80 万人次、45.31 万人次和 8.05 万人次，其中来自中美洲的游客最多；2014 年分别为 32.55 万人次、43.68 万人次和 6.78 万人次，中美洲地区的游客仍然最多。整体而言，2008~2014 年，游客数量比较平稳，起伏不大。洪都拉斯国内犯罪率居高不下成为阻碍过夜游客增长的重要原因。来自美洲和欧洲之外地区的游客在持续增长数年之后出现大幅回落。

据统计，2009~2013 年入境游客平均在洪都拉斯境内停留约 10 天半，平均在酒店消费 652.5 美元，平均带来外汇收入 6.37 亿美元。2013 年，入境游客停留的夜晚天数及占比分别为：1~3 夜，占 33.3%；4~7 夜，占 33.5%；8~10 夜，占 9.5%；11~14 夜，占 9.6%；15~28 夜，占 6.9%；29 夜及以上的占 7.2%。

2015~2019 年，洪都拉斯的游客数量进一步增长，各客源地游客数量见表 4-20。主要游客来源国依然是欧美各国，其中美国占据了洪都拉斯游客总量的 94%，比 2015 年的 89% 提高了 5 个百分点。美国作为洪都拉斯旅游业的主要支柱，地位越来越重要。到洪都拉斯的外国人多数是出于个人原因，少数为公务。2015 年出于个人原因和公务到洪都拉斯的外国人数分别为 69.7 万人次和 18.3 万人次，到 2019 年分别为 62.2 万人次和 10.3 万人次。入境游客的交通方式主要是陆路和航空。2015 年陆路入境游客略多于航空入境游客，分别是 45.3 万人次和 42.7 万人次，2019 年陆路入境人数远超航空入境人数，分别为 46 万人次和 26.4 万人次。

表 4-20 2015～2019 年洪都拉斯游客来源地及游客数量

单位：千人次

	2015 年	2016 年	2017 年	2018 年	2019 年
非洲	0.3	0.7	0.9	0.3	0.5
美洲	782	745	772	782	678
东亚和太平洋地区	16	11	7	5	6
欧洲	81	81	66	57	38
中东	0.2	—	0.1	0.3	0.2
南亚	0.8	0.4	0.3	0.3	0.6

资料来源：UNWTO，https：//www.e-unwto.org/doi/epdf/10.5555/unwtotfb0340010020152019202012。

　　游客平均在洪都拉斯旅游的时间，2015 年为 11.6 天，2019 年为 9.4 天。其中背包客 2015 年为 6.8 万人次，2019 年为 4 万人次。

　　3. 旅游业收入

　　20 世纪 90 年代以来，洪都拉斯旅游业收入逐年增加。1990 年创汇 2900 万美元，1996 年全国旅游业创汇 1.56 亿美元。1998 年有 486 家饭店，11855 间客房，创汇 1.64 亿美元。1999 年有 559 家饭店，12910 间客房；接待游客 368679 人次，同比增加 14.8%，创汇 1.65 亿美元。2000 年创汇 2.45 亿美元。

　　进入 21 世纪，洪都拉斯旅游业收入增长更为迅速，2000～2007 年，旅游业的收入由 2.6 亿美元增长到 5.57 亿美元。2013 年更是达到了 6.18 亿美元的外汇收入，贡献了 6% 的国内生产总值。2007 年有 1099 家饭店、35500 个床位，在旅游行业就业的劳动力约为 14.8 万人。2007 年和 2008 年，洪都拉斯的饭店入住率均在 50% 以上。

　　然而，2014 年之后，尽管洪都拉斯旅游业规模还在扩大，游客数量还在增长，可游客在洪都拉斯旅游期间的消费规模却开始下降，并形成持续下降态势。2014 年，游客在洪都拉斯的消费规模达到顶峰，为 7.06 亿美元，之后逐渐跌至 2019 年的 5.56 亿美元，还不及 10 年前的消费水平。同期，游客的旅游消费占洪都拉斯出口的比重也相应下降，从 2014 年的 10.44% 降至 2019 年的 7.76%（见表 4-21）。

表 4-21 2011~2019 年洪都拉斯游客消费和占出口比重

单位：美元，%

年份	游客消费	占出口比重
2011	641500000.00	10.29
2012	683700012.21	10.26
2013	618000000.00	9.87
2014	706000000.00	10.44
2015	671000000.00	9.68
2016	585000000.00	8.69
2017	610000000.00	8.33
2018	601000000.00	8.42
2019	556000000.00	7.76

资料来源："Macrotrends, Honduras Tourism Statistics 1995-2021," https://www.macrotrends.net/countries/HND/honduras/tourism-statistics。

目前，洪都拉斯的旅游业创造了约 20 万个直接就业机会，2015 年增加 4621 个就业机会。可是 2020 年受新冠疫情和飓风影响，洪都拉斯的旅游业遭受了巨大打击，损失 13 亿美元的收入和 10 万个就业岗位。此外，飓风对洪都拉斯旅游基础设施造成的损害约 1 亿美元。洪都拉斯旅游部估计，旅游业恢复至 2019 年水平需 3~4 年时间。新冠疫情的发生，使恢复的时间更长。

二 相关法律政策

为促进旅游业的发展，洪都拉斯制定了《旅游业促进法》，不仅长期免除旅游业发展项目的收入所得税，而且免除符合规定的一些商品的进口关税，其中包括：项目建设所需的货物和装备；为推广和宣传本国旅游业所需的印刷材料；以前已得到批转，现需要更新已经损坏的物品和装备；汽车租赁公司所需的新的公共汽车、载货卡车等；飞机以及用于运输的新旧船只等。

洪都拉斯的《旅游业促进法》适用于以下领域：饭店、旅社以及"分时"意义上的房间等，航空旅客运输，水运旅客运输，娱乐中心（但是赌场、夜总会、电脑游戏、自动售货机、电影院、剧场等规定的行业除外），洪都拉斯工艺品的专营店，内地的旅行机构，会议中心以及专门的机动车租赁公司，等等。

洪都拉斯政府在 2020 年 8 月 17 日宣布重新开放机场，允许国际游客到访，这是在洪都拉斯 2020 年 3 月 15 日因新冠疫情关闭国门之后 5 个月来的首次开放。为了避免疫情复燃，洪都拉斯采取了渐进的方式，先按最低的接待量开放机场和宾馆，并附有生物安全管理程序，旅客需提供 72 小时内的核酸检测阴性证明，不需要隔离。虽是对所有国家开放，但当时疫情较为严重的南非和英国游客暂时受到限制。

第七节　对外经济关系

洪都拉斯地处南北美洲中心，西临太平洋，东临大西洋，除了具有自然资源丰富、劳动力成本低等优势之外，其市场开放程度也相当高。迄今为止，洪都拉斯加入了很多国际经贸组织，包括世贸组织、中美洲一体化体系、太平洋联盟等，现已申请加入跨太平洋伙伴关系协定（TPP）。已经和洪都拉斯签订了自贸协定的国家和地区以及国际组织包括：美国、中美洲各国、多米尼加、加拿大、欧盟、中国台湾、日本、哥伦比亚、智利、秘鲁、厄瓜多尔等。

一　对外贸易

香蕉和咖啡是洪都拉斯的两大传统出口创汇产品，但其出口额占商品出口总额的比重由 1981 年的 50% 降至 2006 年的 33.9%。近年来，政府致力于非传统出口的多元化战略，尤其是发展虾类养殖以及从事非洲棕榈油、木材、香皂、豆类、蔬菜、甜瓜、西瓜、罗非鱼等产品和金、锌等矿产品的出口。商品贸易仍呈现出口多元化水平不高现象的原因就在于客户工业未被列入统计。1999 年以来，由于国际市场商品价格走高，洪都拉斯的出口收入不断增长，2006 年同比增长 11.3%，达 20 亿美元，占当年 GDP 的 21.3%。

　　20世纪90年代洪都拉斯实行贸易自由化。1990～2000年，由于关税降低，主要进口资本货物和中间产品，进口额增加了3倍，贸易赤字扩大。1998年遭受飓风米奇侵袭后，贸易赤字进一步扩大，从1998年的8.37亿美元增至1999年的13亿美元，此后赤字每年都在扩大。2006年，由于出口收入下降、进口持续增加，贸易赤字高达35亿美元，相当于GDP的37.5%。进口增长主要是由消费品（包括食品、药品和汽车）、工业投入品及燃料等拉动的。2006年进口总额达到55亿美元，占GDP的58.3%。在对外贸易额不断增长的同时赤字不断扩大。

　　2010年以来，洪都拉斯出口产品呈多元化趋势，出口的主要商品有咖啡、香蕉、海产品和棕榈油。其中咖啡的出口额仅次于客户工业的出口额。2010年咖啡出口取代旅游业，成为工人侨汇和客户工业出口之后的第三大创汇来源。特别是在2012年，在国际价格下跌的情况下，咖啡产量猛增使得出口额只增不减。2012年之后罗亚真菌影响中美洲农业，咖啡产量下跌，加之国际价格降低，咖啡出口遭受重创。香蕉是洪都拉斯第二大出口农产品，该国香蕉种植园在遭受1998年飓风米奇冲击之后，香蕉产量恢复缓慢。经过中美洲地区和欧盟之间旷日持久的香蕉战争之后，欧盟逐渐放松了对洪都拉斯等国的香蕉进口配额限制，这也促进了该国香蕉出口的增长。

　　进口的主要商品为燃料和润滑油、机械和电气设备、化工和相关产品以及食品，其中燃料和润滑油的进口额度最大。洪都拉斯的石油非常依赖进口，2009～2010年在国际经济危机和国内政治不稳定的情况下，燃料和润滑油的进口额大幅下降，2011年之后迅速恢复至危机前的水平。

　　2015～2021年，洪都拉斯对外贸易发展呈现两个明显特点：第一，速度较快，但不稳定；第二，赤字逐渐加大。2017～2019年，洪都拉斯的贸易进出口总额稳定在200亿美元以上（见表4-22），同时贸易赤字有所增加。

表 4-22　2015~2021 年洪都拉斯对外贸易额

单位：亿美元

	2015 年	2016 年	2017 年	2018 年	2019 年	2020 年	2021 年
出口总额	82.3	79.6	86.6	86.4	87.9	76.8	102.2
进口总额	111.8	105.6	114.1	124.6	121.5	102.4	150.4

资料来源：《商品出口（现价美元）——洪都拉斯》，https：//data.worldbank.org.cn/indicator/TX.VAL.MRCH.CD.WT？locations=HN&view=chart；《商品进口（现价美元）——洪都拉斯》，https：//data.worldbank.org.cn/indicator/TM.VAL.MRCH.CD.WT？locations=HN&view=chart。

2020 年，洪都拉斯商品进出口额双双回落。原因主要有两个：国际价格下跌和本地产量下降。包括咖啡和香蕉等在内的农业经济作物的发货量都下降了。全年的干旱天气对农业生产产生了负面影响。洪都拉斯出现了多领域的进口规模缩减。2019 年，消费品、资本货物、原材料和中间产品等进口额均出现下降。洪都拉斯的贸易结构也在不断调整，最突出的变化就是进出口贸易的相对集中度提高。洪都拉斯主要出口食品，比例从2010 年占全部出口的 54.1% 提升为 2019 年的 71.1%，除了农产品基本持平之外，在近 10 年里，洪都拉斯的燃料、矿产和金属、制成品出口均在萎缩（见表 4-23）。

表 4-23　2010 年和 2019 年洪都拉斯主要出口商品类别占比

单位：%

食品		农产品		燃料		矿产和金属		制成品	
2010 年	2019 年	2010 年	2019 年	2010 年	2019 年	2010 年	2019 年	2010 年	2019 年
54.1	71.1	1.3	1.4	8.1	0	6.0	2.7	23.9	20.8

资料来源：World Development Indicators：Structure of Merchandise Exports，世界银行网站，http：//wdi.worldbank.org/table/4.4#。

洪都拉斯的进口贸易也出现过类似情况，详见表 4-24。制成品进口从 2010 年的 59.4% 提高到 2019 年的 62%，同时期，矿产和金属、燃料进口比例都出现下降，食品和农产品进口比例略有提高。贸易进出口产品相对集中，会导致产品依赖进口，进而会影响贸易结构的稳定。尤其在自然灾害和客观条件恶劣的情况下，风险性明显提升。

表4-24 2010年和2019年洪都拉斯主要进口商品类别占比

单位：%

食品		农产品		燃料		矿产和金属		制成品	
2010年	2019年	2010年	2019年	2010年	2019年	2010年	2019年	2010年	2019年
16.4	18.5	1.1	1.3	22.4	17.8	0.7	0.4	59.4	62.0

资料来源：World Development Indicators：Structure of Merchandise Imports，世界银行网站，http：//wdi. worldbank. org/table/4.5#。

2019年，洪都拉斯出口额最多的是针织毛衣（12.5亿美元）、针织T恤（9.48亿美元）、咖啡（9.24亿美元）、绝缘电线（3.45亿美元）和香蕉（2.62亿美元）。洪都拉斯进口额最大的是精炼石油（13.4亿美元）、非零售纯棉纱（6.91亿美元）、非零售合成短纤维纱（4.35亿美元）、包装药品（2.75亿美元）和轻橡胶针织物（2.24亿美元）。

2020年，洪都拉斯主要的出口产品为：纺织品（22亿美元），咖啡、茶和香料（11亿美元），机电设备（5.7亿美元），水果和坚果（5.5亿美元），畜产品和植物油等（4.3亿美元）。洪都拉斯主要的10种出口商品的出口额，占本国出口总额的74.1%。其中，纺织品是洪都拉斯出口产品中增长最快的。

洪都拉斯的贸易伙伴比较集中，主要是与其邻近的美国和中美洲国家，美国是其最主要的出口目的国和进口来源国。20世纪70年代以来，洪都拉斯同美国的贸易额增长迅速，1981年对美国的出口额和自美国的进口额，分别由1970年的0.4亿美元和0.9亿美元增加到4.2亿美元和3.9亿美元。自1979年起，洪都拉斯同美国的贸易一直保持着顺差。但近年来美国在洪都拉斯对外贸易中的重要性有所下降，2006年洪都拉斯对美国的出口额和从美国的进口额，分别占其出口总额和进口总额的35.9%和35.8%，而2002年的这一比重分别为46.5%和37.1%。不过，这些统计并不包括在客户工业领域与美国的贸易。

近年来，洪都拉斯与墨西哥的贸易增长强劲，2003~2006 年，洪都拉斯对墨西哥的出口额增长了 2 倍，而从墨西哥的进口额增长了 62%。洪都拉斯与尼加拉瓜的双边贸易额也在增长。2007 年，洪都拉斯主要的出口市场依次是美国、萨尔瓦多、危地马拉和德国，对它们的出口额占洪都拉斯出口额的比重分别为 35.7%、9.1%、8.6% 和 8.5%；主要的进口来源国依次为美国、危地马拉、萨尔瓦多和哥斯达黎加，它们在洪都拉斯进口总额中的比重分别为 38.6%、9.3%、5.8% 和 4.8%。[①] 洪都拉斯进一步参与本地区的一体化进程，将有助于区域内贸易的增长。

2010 年以来，洪都拉斯对美国出口稳步增长，对中美洲和亚洲的出口都比较稳定。虽然 2010~2012 年该国对欧洲出口出现大幅增长，但由于欧债危机，2013 年之后出现了大幅回落。洪都拉斯自各地区的进口均呈现不同程度的增长。2019 年，洪都拉斯的主要贸易伙伴有美国、中国等贸易强国，但美洲国家（包括美国、加拿大）一直是洪都拉斯对外贸易的重地。

洪都拉斯 2019 年主要出口国为美国（41.5 亿美元）、萨尔瓦多（6.27 亿美元）、危地马拉（4.15 亿美元）、尼加拉瓜（3.73 亿美元）和加拿大（2.81 亿美元），主要进口国有美国（49.9 亿美元）、中国（11.9 亿美元）、危地马拉（9.87 亿美元）、萨尔瓦多（9.44 亿美元）和墨西哥（7.69 亿美元）。2019 年，洪都拉斯是世界上最大的非零售合成短纤维纱线进口国（4.35 亿美元）。

二　经常项目账户收支

贸易赤字是当前洪都拉斯经常账户赤字中最大的一项来源。1974~2005 年，洪都拉斯的经常账户一直是赤字状态，但是基本保持相对稳定。1972 年，赤字为 1.04 亿美元，到 2005 年，赤字增加到 3.04 亿美元。2007 年贸易赤字为 30 亿美元，相当于 GDP 的 24%。2008 年由于调整了国际收支的统计方法，所以原本计算在服务贸易账户下的客户工业转为记

① EIU, Country Risk Service—Honduras, April 2008.

在货物贸易账户下。自 2000 年以来，来自旅游业的收入无法弥补进口运输服务支出，服务贸易账户也一直处于赤字状态。与此同时，收入账户也显示为赤字。虽然利息支出是主要的提款项目，但是自 2005 年"重债穷国"计划实施后，洪都拉斯的利息负担大大减轻。不过，2000 年以来，外商直接投资的收入支付、利息汇出以及侨汇收入均呈现上升之势。2002~2007 年，洪都拉斯的侨汇收入增长了 3 倍，达到 25 亿美元，占洪都拉斯 GDP 的 20% 以上，成为洪都拉斯外汇最大的来源。尽管受到美国经济衰退的影响，但洪都拉斯 2008 年第一季度侨汇收入仍同比增长 10%。由于贸易赤字的扩大，2007~2008 年，经常项目赤字也随之加大。另外，2008 年爆发了全球金融危机，在上述因素共同影响下，2008 年洪都拉斯的经常项目赤字达 21.3 万美元，这也是 1974 年之后洪都拉斯经常账户赤字最严重的一年。

2009 年，经常账户赤字迅速减少，减少到 5.6 亿美元，主要是受到了全球经济下行和国内政治危机的影响。由于国内需求下降，商品进口降低了 28%，尤其是燃料和润滑油以及资本货物进口的减少，几乎占了进口商品的一多半。之前的改善是由于国际价格降低，之后的收缩是由于信贷收缩和政治经济不稳定带来的固定资本的下降。同时，这受到了极低的国际利率对洪都拉斯外汇储备的毁灭性的影响。经常转移的大部分由工人侨汇组成。由于很多洪都拉斯人在美国从事建筑业和服务行业，在美国失业率上升和经济衰退的影响下，侨汇较 2008 年降低了 12.5%。

2009 年之后，经常账户赤字并未有所改善，而是呈现逐年上升的趋势。根据洪都拉斯央行的统计，2013 年洪都拉斯的经常账户赤字扩大至 17.625 亿美元。之后，洪都拉斯的经常项目赤字经过 4 年的改善，到 2017 年减少至 2.88 亿美元。2018 年增加到 13.5 亿美元，2019 年减少到 3.47 亿美元。2019 年经常账户赤字有明显下降，相当于 GDP 的 3.8%（2018 年为 5.3%）。这主要得益于家庭侨汇收入增长以及进口额降低。中央政府年度财政赤字相当于 GDP 的 2.4%（2018 年为 2.1%），整体支出收缩，由于公共支出缩减，弥补了收入的大幅下降。新冠疫情之后，洪都拉斯的经常项目余额出现了戏剧性变化。2020 年为 6.77 亿美元，是 1974

年以来首次正增长，紧接着在 2021 年急降至 -12.2 亿美元，也是 1974 年以来第二位的低点（见表 4-25）。

总之，2006 年之后的 10 多年时间里，洪都拉斯的经常项目账户的稳定性减弱，经历了 3 次较大的 V 字形起落。

表 4-25 1974~2021 年部分年份洪都拉斯经常项目赤字

单位：亿美元

	1974 年	1980 年	1990 年	2000 年	2010 年	2015 年
经常项目赤字	-1.04	-3.17	-0.51	-5.08	-8.04	-9.80
	2016 年	2017 年	2018 年	2019 年	2020 年	2021 年
经常项目赤字	-6.83	-2.88	-13.50	-3.47	6.77	-12.2

资料来源：世界银行网站，https：//data. worldbank. org/indicator/BN. CAB. XOKA. CD？end = 2019&locations = HN&view = chart；《经常账户余额（BoP，现价美元）——洪都拉斯》，世界银行网站，https：//data. worldbank. org. cn/indicator/BN. CAB. XOKA. CD？view = chart&locations = HN。

三　资本流动和外债

据世界银行的统计，20 世纪 70 年代以来，洪都拉斯的外国投资一直处于较低水平，直到 1997 年，外国投资总额才超过 1 亿美元。2003 年以来，实施自由化政策、旅游业的巨大投资机会、客户工业和非传统出口及地区一体化等成为促进洪都拉斯吸引外国直接投资（FDI）的主要因素。近年来，洪都拉斯吸引 FDI 持续增加，2005 年和 2006 年分别累计达 5.99 亿美元和 6.74 亿美元。2007 年吸引 FDI 累计达 8.16 亿美元，相当于 GDP 的 6.6%。洪都拉斯的客户工业、交通、通信（以移动电话为龙头）、金融行业和旅游业成为吸引外资的主要领域。[1]

美国是洪都拉斯客户工业吸引 FDI 的最大来源国，2004~2006 年，来自美国的 FDI 占该行业吸引全部 FDI 的 52.5%；其次是加拿大，同期所占比重为 19.5%。除客户工业以外，美国也是其他经济部门吸引投资的最

---

① EIU，Country Report—Honduras，April 2008.

大来源国，2004~2006 年的美国投资占其他部门吸引全部 FDI 的 41.8%；同期来自中美洲国家的 FDI 占 16.8%。据统计，2006 年流入洪都拉斯的 34.6% 的 FDI 投向交通运输业和通信业（主要是移动通信业）、24.2% 投向商业（主要是进口企业）、13.7% 投向金融部门。[①]

洪都拉斯欢迎外国投资，外资享有国民待遇。政府希望外资投向本国的基本医疗卫生服务、通信、电力、机场、渔业和狩猎、矿藏的勘探和开发、林业、农业、保险和金融服务及私有教育等行业。一般禁止外资拥有沿海地区和边境地区的土地所有权，但政府允许的外资除外。洪都拉斯是《华盛顿公约》和《纽约公约》的签字国，这在一定程度上保障了投资纠纷的解决和仲裁结果的执行。

《洪都拉斯投资法》规定，政府对经济的干预降到最低程度，鼓励外国投资活动，所有私人企业不论是内资还是外资享有同等待遇。《自由贸易区法》规定，自由贸易区内的企业进出口原料、装备、办公设备及其他所需的物资，实行免税；利润或收入免税；免征城市税；有权撤出其全部资本和利润。根据 1987 年通过的《出口加工区法》，出口加工区的企业享有与自由贸易区内的企业同等的权利，其中包括免征所有税收。《临时进口管制法》主要是管理设在出口加工区以外的企业，规定优质企业可以免税进口用于出口生产所需的机器设备等。《公共服务促进与国家基础设施法》鼓励外资参与基础设施建设。

自 2007 年以来，洪都拉斯吸引外国直接投资平稳增长，主要集中在通信、运输、旅游、加工制造、零售、金融服务等行业。联合国贸发会议发布的 2014 年《世界投资报告》显示，2013 年洪都拉斯吸收外资流量为 10.6 亿美元；截至 2013 年底，洪都拉斯吸收外资存量为 100.84 亿美元。

据洪都拉斯央行统计，2014 年洪都拉斯吸引外国直接投资 17.05 亿美元，主要流向电信、纺织品加工制造、零售等行业，其中过半为红利再投资，大型投资项目有 Claro、Tigo 公司的电信项目和沃尔玛超市项目。外资主要来自美国、墨西哥、加拿大、卢森堡、英国、巴拿马、哥斯达黎

---

① EIU, Country Profile—Honduras, April 2007.

加等国，其中美国为洪都拉斯最大外资来源国，在洪美资企业 70 余家，占外资总额约七成。之后，外国投资总体呈下降趋势，2019 年还不足 10 亿美元。1970 年以来洪都拉斯吸引外资情况见表 4-26。

表 4-26　1970~2019 年部分年份洪都拉斯吸引外国直接投资额

单位：亿美元

	1970 年	1980 年	1990 年	2000 年	2010 年	2015 年	2016 年	2017 年	2018 年	2019 年
外国直接投资额	0.08	0.06	0.44	3.50	6.07	13.17	11.47	9.50	14.43	9.55

资料来源：世界银行，https://data.worldbank.org.cn/indicator/BX.KLT.DINV.CD.WD? view = chart&locations = HN。

2004 年洪都拉斯名义外债超过 60 亿美元，创造了当时洪都拉斯负债纪录，相当于 GDP 的 80%，2008 年 8 月底下降到约 32 亿美元（相当于 GDP 的 25%）。其中，私人部门的外债超过 10 亿美元，主要是金融部门从国外借款以满足国内对美元贷款的需求；公共部门的外债超过 20 亿美元，占全部外债的 2/3。截至 2006 年底，外债中的 69.2% 借自国际多边金融机构，其中包括世界银行、美洲开发银行及中美洲经济一体化银行等；18.6% 是双边的官方借贷，其余为私人债务。该国所欠外债的 90% 是以美元计算的。① 偿债主要是靠国际债权人的债务减免。2004 年联合国宣布洪都拉斯为"重债穷国"，2005 年 5 月"巴黎俱乐部"同意减免洪都拉斯所欠 11 亿美元的债务（洪都拉斯所欠债务的 72% 是巴黎俱乐部成员的）；2005 年年中，"八国集团"（G8）部长会议宣布免除 HIPC 的债务后，意味着洪都拉斯又被免除了 12.5 亿美元的外债；2007 年 3 月，美洲开发银行宣布，免除该国所欠的 14 亿美元债务。这样，2007 年，洪都拉斯的外债锐减至 30.11 亿美元，相当于 20 年前 1986 年的水平。

2007 年 2 月，洪都拉斯与国际货币基金组织达成的减贫与增长便利贷款（PRGF）协议到期。之后经过数轮谈判，至 2014 年底，洪都拉斯

---

①　EIU, Country Profile—Honduras, 2007.

与国际货币基金组织达成过 3 轮备用贷款协议，额度均在 2 亿美元左右。

经过 2008 年全球金融危机，洪都拉斯的外债又直线回升，2013 年，洪都拉斯的外债达到 68.9 亿美元，不仅回到了国际免债之前的水平，还大大超过了 2004 年的债务水平。2019 年继续上升至 97.67 亿美元（见表 4-27）。

表 4-27 1970~2019 年部分年份洪都拉斯外债总额

单位：亿美元

	1970 年	1980 年	1990 年	2000 年	2010 年	2015 年	2016 年	2017 年	2018 年	2019 年
外债总额	1.58	15.73	38.17	56.17	40.08	76.27	76.14	87.42	91.67	97.67

资料来源：世界银行网站，https://data.worldbank.org.cn/indicator/DT.DOD.DECT.CD? view = chart&locations = HN。

四 汇率和国际储备

殖民统治时期，洪都拉斯使用的货币是西班牙比索。独立后，曾使用英镑和美元。1926 年 4 月 3 日，洪都拉斯法律规定以抗击西班牙殖民者的印第安民族英雄伦皮拉（Lempira）的名字命名本国货币。伦皮拉可与美元、欧元自由兑换，不能与人民币直接结算。洪都拉斯货币分为铜币、镍币、银币和纸币 4 种。

自 2005 年下半年开始，洪都拉斯实行钉住美元汇率制度，将汇率固定为 18.9 伦皮拉兑 1 美元。该汇率制度在全球金融危机和国内政变时期起到了正面作用，控制住了通货膨胀，稳定了投资者的信心。2011 年 7 月，在国际货币基金组织的建议下，洪都拉斯开始实行爬行钉住的浮动汇率制度，涨跌区间为正负 7%。实行浮动汇率制度之后，伦皮拉开始缓慢贬值。截至 2015 年 4 月 10 日，伦皮拉兑美元汇率为 21.28：1。

2020 年，洪都拉斯伦皮拉兑美元相对坚挺，兑美元汇率为 24.75：1，升值 2.1%，有些出乎意料。据英国 EIU 估计，2021~2025 年，洪都拉斯伦皮拉兑美元的汇率分别为 24.40：1、25.02：1、25.28：1、25.59：1、25.90：1，年平均贬值 1.5%，低于洪都拉斯央行 3%~4% 的正常贬值预期。洪都拉斯经济长期存在贸易不平衡，导致结构性的贸易赤字，造成洪都拉斯货币伦皮拉的贬值。由于洪都拉斯的外汇储备近年来相对充足，2020 年底达到空前的 80 亿美元。因此，政府将会加大干预外汇市场的力度。

洪都拉斯由中央银行执行外汇管制，政府一般会将企业的购汇需求按优先顺序分类，依次向央行提出申请，央行会以拍卖形式进行售汇。以进口为例，无论企业进口目的为何，均须经央行批准。此外，希望从海外获得贷款的企业也均须获得央行许可，以便在未来偿贷时获得购汇权。外资企业可以在洪都拉斯开设账户，但须事先在当地进行注册，办理税务登记，然后凭借公司注册证明、税务登记证明、公司法人信息到银行提交开户申请。

外资企业在洪都拉斯的利润汇出基本自由，但因洪外汇储备较少，政府对企业购汇行为进行了一定限制，即外资企业需通过竞拍形式向商业银行购汇，并缴纳 10% 左右的税费。

洪都拉斯法律规定外国人出入境时，如携带 10000 美元及以上的现金，须向海关申报。

2000～2006 年，客户工业收入和侨汇收入的快速增长，使外汇储备翻了一番。截至 2008 年 8 月，外汇储备达 23 亿美元，可满足 3.5 个月进口的需要。2011 年以后，外汇储备达到 30 多亿美元，始终保持高于 3 个月的进口额度。

2016 年，洪都拉斯的外汇储备达到 38.14 亿美元，到 2019 年增长至 57.44 亿美元。2020 年，洪都拉斯的外汇储备增到 77.48 亿美元（见表 4-28），2021 年 11 月达到了 83.3 亿美元，远超 EIU 的预测。2022 年 3 月又增至 83.7 亿美元，之后下滑，2022 年 9 月，仍保持在 81 亿美元的水平，① 相当于 5.1 个月进口额度，占洪都拉斯全部外债的 58.8%。

---

① 《洪都拉斯——外汇储备》，https://zh.tradingeconomics.com/honduras/foreign-exchange-reserves。

表 4-28　2016~2021 年洪都拉斯外汇储备

单位：百万美元

	2016 年	2017 年	2018 年	2019 年	2020 年 b	2021 年 c
外汇储备	3814	4708	4769	5744	7748	7947

注：b 为 EIU 估计数字，c 为 EIU 预测数字。

资料来源：EIU。

第五章

军　事

第一节　军队发展概况

洪都拉斯军队于 1954 年 10 月 21 日建立。宪法规定总统为武装力量最高统帅。武器装备均由美国提供，军官大多由美国培训。20 世纪80 年代，受到邻国萨尔瓦多和尼加拉瓜内战的影响，在美国的帮助下，洪都拉斯的军队显著扩张，空军的发展尤其受到重视，其中的一个空军中队装备了从美国引进的 F-5 战斗机。然而，80 年代末，随着中美洲和平进程的深入，洪都拉斯边境预算大幅削减，军队经费陷入拮据状态。由于客观条件，洪都拉斯除了有限的维护设施外，本土没有国防工业。美国中央情报局 2020 年评价洪都拉斯军队的现有装备落后，多数为从以色列、英国和美国进口的老旧武器。从 2010 年开始，洪都拉斯军队分别从哥伦比亚、以色列、荷兰、中国台湾和美国进口有限的武器装备。

自 1995 年 4 月，总统卡洛斯·罗伯托·雷纳的政府决定取消义务兵役制，实行志愿兵役制（详情见表 5-1），之后军队规模开始显著缩编。1997 年 10 月，原由军人控制的警察领导权正式转交给文人。1998 年 9月，国会修改宪法，决定废除武装力量总司令一职，由国防部部长负责管理军队事务。自 2002 年以来，士兵开始参与打击犯罪和开展执法活动，并同警察一道在主要城市街道担负巡逻任务。目前，军队的主要职能是维护国家安全，打击毒品走私、非法武器贸易以及非法采伐活动等。

表 5-1　洪都拉斯军队志愿兵役制条件和兵源统计

项目	统计
人伍年龄和条件	18 岁以上,自愿服役,期限为 2~3 年
可获男性兵源(16~49 岁)	2045914 人
适宜服兵役的男性(16~49 岁)	1525578 人
每年达到服兵役年龄的男性	95895 人
武装部队人员总数	23000 人(2019)
军费开支	4.03 亿美元(2020)
军费支出占政府支出的比重	5.8%(2020)
军费开支占 GDP 的比重	1.7%(2020)

资料来源:美国中央情报局网站;世界银行网站。

洪都拉斯政府对核武器持反对态度。2020 年 10 月 25 日,洪都拉斯政府批准了联合国 2017 年通过的《禁止核武器条约》(TPNW)。2021 年 1 月 22 日,该条约在洪都拉斯开始实施。洪都拉斯成为世界上第 50 个批准该条约的成员。

洪都拉斯参与了联合国的海外部署行动,有 12 名军人在西撒哈拉。另外,美国南方司令部驻扎在洪都拉斯,共有驻军 380 人,一个航空兵营配有 CH-47F 和 UH-60 直升机,洪都拉斯境内的 Soto Cano 机场有美国基地。

第二节　军种和兵种

洪都拉斯的武装力量由陆军、海军(包括海军陆战队)(FNH)、空军(FAH)、洪都拉斯公共秩序武装警察(PMOP)、公共安全部队(包括准军事部队)组成。洪都拉斯军人服役的年龄要求是年满 18 岁,征兵采取志愿兵役制,服役期为 2~3 年。20 世纪 80 年代,洪都拉斯陆军的规模、力量都得到发展,并于 1989 年达 15400 人的峰值。从 1990 年开始,由于政府军费急剧减少,陆军士兵减少到 1991 年的 14500 人,1993 年进一步减少到 14000 人。21 世纪初,洪都拉斯有军人 1.2 万人,警察 6000 人。2020 年,洪都拉斯武装部队(FFAA)共有 16000 人(包括:陆军士兵 7500 人；海军士兵 1500 人，其中 1000 人属于海军陆战队；空军士兵 2000 人；公共秩序武装警察 5000 人），警察 18000 人。[①]

一 陆军

20 世纪 40~50 年代，洪都拉斯的民兵体制发生了重要的转变，陆军进入了现代化阶段。1947 年，在美国帮助下创建的第一个步兵营是传统步兵组织；50 年代创建的第二个步兵营，是为抵抗游击战而组建的。直到 90 年代初，这两个步兵营仍然是重要的军事部队，其总部设在首都特古西加尔巴附近。

20 世纪 60~70 年代，陆军作战单位显著扩展，主要变化发生于地面部队的组织形式上。其中的一些变化是由政治目的而非军事目的所导致的，例如，1972 年阿雷利亚诺（Arellano）将军建立的第一步兵旅，就是他个人的警卫部队。1970 年，洪都拉斯军队发展到拥有 3 个步兵营、1 个工程营和 1 个炮兵营的规模，其中后两个营是在 1969 年洪都拉斯与萨尔瓦多爆发冲突后立即组建的。70 年代末，军队发展到 10 个步兵营的规模，同时还组建了 1 个通信营。

1983 年，陆军有 13500 人，设有 3 个旅，每个旅由两个步兵营和 1 个炮兵营组成。此外，军队拥有 6 个独立步兵营，每个营由 400~1000 名士兵组成，其中的两个步兵营组成了总统府仪仗队，驻扎在首都并由总统直接领导。同时，军队还有 1 个工程营、1 个装甲汽车团和一个营级规模的特别部队。

20 世纪 90 年代，洪都拉斯陆军包括 3 个步兵旅，其中有 10 个步兵营、1 个特种丛林部队、1 个炮兵营、1 个工程营和 1 个信号营，以及由 4 个装甲汽车中队、1 个侦察中队、1 个坦克中队和一个炮兵营组成的装甲团。陆军司令部直接控制的单位包括 1 个特种营、1 个步兵营、1 个空降营（Airborne Battalio），以及军事训练学院、弗朗西斯科·莫拉桑军事学

---

① 美国中央情报局网站，https：//www.cia.gov/the-world-factbook/countries/honduras/#military-and-security。

院、指挥学校（Commando School）和后备军官学校等。步兵配备的主要武器是比利时造"FAL 自动步枪"和美国造 M-16 步枪。坦克中队装备的是英国产"蝎型坦克"，该坦克射程 400 公里、每小时行进速度为 72 公里。步兵还装备了牵引炮，其中包括 24 门 105 毫米口径的豪威泽（Howitzers）式战地榴弹炮和 4 门 155 毫米口径大炮。防空力量包括 30 门 M167 火神式防空炮。当前，陆军的主要武器装备还有 FV101 轻战车、RBY MK 1 装甲车、FV601 轮式装甲侦察车、M35 军用卡车等。

2018 年，洪都拉斯陆军编制安排如下。

特种部队：特种战术群 1 个（2 个特种营、1 个步兵营、1 个空降营、1 个炮兵营）。

机动部队：机械化步兵旅 1 个（1 个机械化骑兵团、1 个步兵营、1 个炮兵营）；步兵旅 1 个（3 个步兵营、1 个炮兵营）；步兵旅 3 个（各 2 个步兵营）；独立步兵营 1 个；总统卫队连 1 个。

战斗支援部队：工兵营 1 个；通信营 1 个。

防空部队：高炮营 1 个。

2020 年，洪都拉斯陆军共有 7500 人，但装备相对落后。

二　空军

与中美洲其他国家不同，洪都拉斯现代空军的架构是围绕着航空兵组建的。传统上空军是洪都拉斯最强的军事力量。空军在 20 世纪 60 年代和 70 年代的政治生活中发挥过重要作用。空军的名声和威望在 1969 年洪都拉斯与萨尔瓦多的冲突中得到提升。虽然当时萨尔瓦多空军对洪都拉斯的机场进行了出其不意的打击，但是洪都拉斯飞行员不仅予以反击，还袭击了萨尔瓦多一些港口的储油罐。在这场战争中，费尔南多·索托（Fernando Soto）少校一人曾击落了萨尔瓦多 3 架战斗机。

1993 年，空军部队拥有 1800 人，这个数字未包括民用维护人员。空军包括 3 个作战中队：拥有 10 架 F-5E 战斗机和两架 F-5F 战斗机的地面攻击部队，拥有 13 架 A-37B 战斗机和 F-86Fsl 旧飞机的"反起义部队"，拥有 3 架 RT-33As 战斗机的侦察飞行中队。其他装备还有美国制造的 A-37B "蜻蜓" 地面轰炸机，满负荷最大航程达 740 公里，可在较短的未经铺设的跑道上执行野战任务。美国造的 F-5 Tiger II 型战斗机，属超音速飞机，可在简陋的机场起降。F-5 战斗机配备了 20 毫米口径加农炮、2 枚响尾蛇空对空导弹以及可在 3000 公里范围内执行轰炸任务的空对地导弹，这种战斗机既可以用于地面攻击也可以执行空中拦截任务。洪都拉斯较小规模的战斗机群在中美洲地区是最为尖端的，每年需要 300 万美元用于机群维护。洪都拉斯空军还装备了 17 架运输机、42 架教练机和 42 架直升机。

空军总部设在位于首都附近的国际机场，以及位于圣佩德罗苏拉、拉塞瓦和圣·洛伦索等地的基地。1983 年，在美国的帮助下洪都拉斯空军力量得到显著的增强。其中，位于恩里克·索托·卡诺空军基地（Enrique Soto Cano Air Base）的机场跑道、储油设施等得到改善。这些改进是根据 1983 年签订的《1954 年洪都拉斯与美国军事援助协定》的补充协定完成的，使洪都拉斯的空军设施适合美国空军。由于得到美国的技术援助，洪都拉斯空军还为陆军的后勤、训练和技术提供支持。因为地形崎岖而且国内公路通达有限，空军在这个国家的通联方面发挥了重要作用。国内位于偏远地区的许多小型机场提供运输服务，其也是军队从事民用活动的场地。由于洪都拉斯时任总统阿雷利亚诺控制着本国两家主要的航空公司——洪都拉斯空运公司和洪都拉斯国家运输公司，空军影响力延伸到民用航空领域。

空军基地分别设在特古西加尔巴、科马亚瓜、圣佩德罗苏拉和拉塞瓦 4 座城市。特岗汀机场距离首都市区 6 公里，为军民两用机场。该机场拥有一条长约 1863 米的跑道，并计划将跑道再延长 300 米，该项目原定于 2009 年 5 月完工。该跑道海拔 1004 米，波音 757 型客机为在此起降的最大飞机。机场有新旧两座航站楼，旧航站楼用于国内航班，新航站楼用于国际航班。在 1969 年洪都拉斯与萨尔瓦多爆发 "足球战争" 时期，该机场是萨尔瓦多空军打击的主要目标。由于特岗汀机场依山而建，被认为是世界上最危险的机场，多年来洪都拉斯也试图努力启用位于科马亚瓜的索托·卡诺（Soto Cano）机场代替它。恩里克·索托·卡诺空军基地（原名帕尔梅罗拉空军基地）位于科马亚瓜附近，是洪都拉斯和美国的联合军事基地，美国空军和洪都拉斯的空军学院都集中在此。该基地1981年投入洪都拉斯空军学院，随后从特岗汀机场迁到帕尔梅罗拉。如今，美国已将该基地作为打击中美洲贩毒活动和对中美洲地区进行人道主义救援的基地。除了空军学院外，美国的一支联合特遣部队（Joint Task Force Bravo，JTF-B）总部也设在该基地。这支特遣部队由军事医院、陆军、空军、联合安全部队和第228飞行团第1营组成。该营装备18架飞机，以及 UH-60 黑鹰直升机和 CH-47 切努克运输直升机等。这支特遣部队的规模约为500人。

洪都拉斯空军装备的飞机主要来自美国，还有少数飞机来自西班牙、以色列和巴西等国家。

2020年，洪都拉斯的空军总兵力为2000人。由于装备更新缓慢，空军的发展受到制约。

三 海军

在20世纪70年代之前，洪都拉斯没有独立的海军，当时仅有一艘长12米的工作艇用于陆军在沿海水域的不定期巡逻活动。1972年，海军成为一支独立部队，设有总参谋部。1993年，海军共有1200名军人，其中包括600人的海军陆战队。1983年以来，由于中美洲各国对海军重要性的认识发生变化，加之来自美国的援助的增加，海军规模扩大了一倍。洪都拉斯海军拥有4个军事基地：位于太平洋沿海丰塞卡湾的阿马帕拉（Amapala）港，位于加勒比海西部的科尔特斯港，位于加勒比海中部的卡斯蒂利亚港海军基地（Muelle Base Naval Puerto Castilla）及巴拉·德·卡拉塔斯卡（Barra de Caratasca）港。

海军是洪都拉斯军队中起步最晚的部队，主要配合洪都拉斯的空军和陆军的军事行动。2018年，洪都拉斯海军装备了17艘巡逻及近岸作战舰艇。海军陆战队共1000人，作为机动部队编为2个陆战营。

2020年，海军的兵力为1500人，其中1000人属于海军陆战队。

四　军衔制度

洪都拉斯军队除将军级的军官外，其余军官使用的徽章都是由中美洲防务委员会（Central American Defense Council）设定的。陆军和空军尉级军官徽章的差别是：少尉一道金杠；中尉两道金杠；上尉三道金杠。校官徽章：少校一颗金星；中校两颗金星；上校三颗金星。将军级军官徽章：准将四颗银星；少将五颗银星。空军军官与陆军军官徽章的区别仅在于，空军军官在夹克或者衬衣口袋处佩戴飞行章。海军军官的黑色肩章上配有金星和黄杠。

陆军的作战服与美国陆军的作战服相似，着橄榄绿色的服装和帽子以及黑色靴子。有时陆军着迷彩橄榄绿色和土黄色作战服。陆军军装还包括米色衬衣、两边配有褐色条纹裤线的米色裤子、黑腰带和黑色的鞋。军官在衣领处别徽章。应征人员在军服的上臂处别徽章。

1982 年宪法规定，军衔授予以及军官的晋升只能严格依照法律规定的政策进行。除有关法律所规定的严格程序外，军人不能被剥夺其军衔和军事荣誉。尉级军官的晋升是由总统根据军队最高长官的推荐授予的，而校级以上高级军官的晋升，需要经过总统和军队最高长官的联合推荐并由议会授予。军官晋升的依据是某级官阶的最低年限、能力和现有空缺等。晋升必须经过军队最高长官统一审定并由晋级委员会授予。

第三节　军费开支

在 20 世纪 90 年代以前，洪都拉斯议会较少透露具体国防预算开支情况，只是公布笼统数额。20 世纪 80 年代，美国通过对外军事援助计划（MAP）和国际军事教育培训计划（IMET）等项目提供援助，使洪都拉斯国防预算增加。

1983~1989 年，来自上述项目的军事援助年均达 4759 万美元。1991 年之后，来自美国的军事援助大幅减少，1991 年为 3350 万美元，1992 年降至 1630 万美元，1993 年急剧减少到 270 万美元。国外军事援助的大起大落对洪都拉斯的军费开支产生了不利的影响。

1982~1988 年，洪都拉斯的军费开支年均为 7240 万美元，1989 年高达 1.26 亿美元。1992~1993 年，国防预算平均只有 4420 万美元。此后，国防开支持续减少。军费减少后，军队的规模被削减，战斗力被削弱。

21 世纪初，洪都拉斯是中美洲地区军费开支最低的国家之一，2005 年为 5280 万美元，相当于 GDP 的 2.55%。但据英国《经济学家》信息部统计，洪都拉斯 2005 年军费开支为 1 亿美元，2006 年则降至 5500 万美元。

2006 年后，为了打击日益猖獗的国际贩毒集团和不断增加的暴力犯罪，政府逐渐增加了军费支出。最明显的增长发生在 2013 年，军费增长了 38%。根据世界银行的统计，2014 年洪都拉斯的军费支出达到 52.015 亿伦皮拉。直至 2017 年到达最高的 4.16 亿美元，2020 年洪都拉斯的军费有所降低，仍然保持在 3.92 亿美元的高水平上（见图 5-1）。虽然洪都拉斯的国防开支总数有较快的增长，但相对经济增长却相对较慢。2014 年洪都拉斯的国防开支占 GDP 的 4.62%，2015 年国防开支在 GDP 中的占比下降到 1.7%，并在之后的 2016 年和 2017 年中一直保持国防开支占 GDP 的 1.7%，2018 年和 2019 年降至 1.6%。[①]

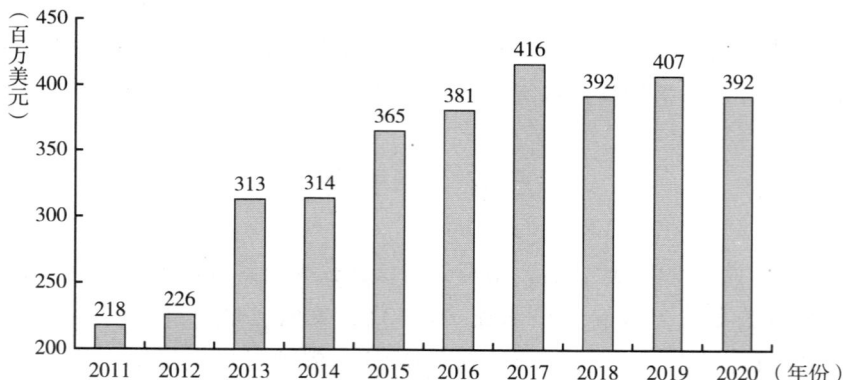

图 5-1　2011~2020 年洪都拉斯军费情况

资料来源："Honduras Military Expenditure," https：//tradingeconomics.com/honduras/military-expenditure。

---

① 美国中央情报局网站，https：//www.cia.gov/the-world-factbook/countries/honduras/#military-and-security。

第六章

社会与文化

第一节　国民生活

洪都拉斯是西半球最贫穷的国家之一，位于"重债穷国"之列。据洪都拉斯国家统计局统计，2005 年，贫困人口占总人口的比重为 65.3%；2007 年中期，这一比例下降为 60.2%。由于大部分人口处于贫困状态，其社会指标令人担忧：43% 的人口处于赤贫状态；11% 的家庭住房拥挤；将近 15% 的家庭缺乏足够的卫生设施；在 15 岁以上的人口中，每 6 个人当中就有 1 个人是文盲。而贫困又是洪都拉斯人口预期寿命（平均 68.6 岁）相对较低的原因。由于人们对改善生活条件的预期较差，因此向美国移民的数量始终保持较高的水平。

尽管 2006 年和 2007 年，洪都拉斯经济增长率都超过 6%，实现了连续 4 年的增长，但是 2008 年有所下降。近年来，尽管洪都拉斯的经济走上多元化发展道路，但仍存在大量的缺少就业机会的农业人口。

近 10 年来，洪都拉斯的社会发展取得了一些进展，但还没有根本改变国家的面貌。根据联合国开发计划署（UNDP）2020 年的《人类发展报告》（见表 6-1），2019 年，UNDP 评估洪都拉斯人类发展指数（HDI）为 0.634，在全球 198 个国家和地区（包括联合国承认的地区）中列第 132 位，略高于人类发展中等群体的平均水平 0.631。1990~2019 年，洪都拉斯的 HDI 从 0.519 升至 0.634。其中预期寿命增长了 8.6 岁，平均在校时间增加了 3.1 年，预期在校时间增加了 1.5 年，人均国民收入增加

40.8%。但是，洪都拉斯的 HDI 仍低于拉美和加勒比地区的平均水平（0.766），与邻国萨尔瓦多和尼加拉瓜相比也有差距，这两个国家的世界排名分别是第 124 位和第 128 位。① 2020 年和 2021 年洪都拉斯的人类发展指数均为 0.621，2021 年的世界排名为第 137 位。②

表 6-1　1990~2019 年部分年份洪都拉斯人类发展指数等情况

年份	预期寿命（岁）	预期在校时间（年）	平均在校时间（年）	人均国民收入（按2017 年 PPP 计算，美元）	人类发展指数（HDI）
1990	66.7	8.6	3.5	3.769	0.519
2000	68.9	9.1	3.9	3.812	0.540
2010	73.3	10.7	5.4	4.611	0.610
2015	74.5	9.7	6.3	4.925	0.618
2016	74.7	9.9	6.5	5.021	0.626
2017	74.9	9.9	6.6	5.222	0.630
2018	75.1	10.1	6.6	5.241	0.633
2019	75.3	10.1	6.6	5.308	0.634

资料来源：Human Development Report 2020—Honduras，UDNP，http：//www. hdr. undp. org/sites/default/files/Country-Profiles/HND. pdf。

一　就业

自 1954 年"香蕉罢工"之后，工会成为洪都拉斯政治中的一支重要力量。1999 年，约 14%的劳动力加入了工会组织。20 世纪 90 年代，工会的力量有所削弱。尽管劳工运动反对私有化，但时任总统弗洛雷斯仍然坚持国有企业私有化的经济改革，忽视工会所提出的增加工资的要求。虽然洪都拉斯的法律给予个人组织和加入工会的权利，但是雇主还是通过骚扰

① Human Development Report 2020—Honduras，UDNP，http：//www. hdr. undp. org/sites/default/files/Country-Profiles/HND. pdf.
② 《所有综合指数和成分时间序列（1990~2021）元数据》，联合国开发计划署网站，https：//hdr. undp. org/data-center/documentation-and-downloads。

或者解雇工会支持者等手段来阻止工会的活动。1999 年洪都拉斯的劳工法庭就受理了多起工人诉讼雇主因个人参加工会活动而遭解雇的案件。

强迫劳动是洪都拉斯法律所禁止的，但客户工业部门就有强迫工人，尤其是强迫女工超时劳动的情况。使用童工也是法律禁止的，法律规定年龄低于 14 岁的儿童，即使经过其父母同意，也不容许被雇用。一旦非法雇用童工，将受到最高入狱 5 年的惩罚。尽管如此，在农村地区非法雇用童工的现象还是屡禁不止。据 1999 年有关统计，洪都拉斯约有 35 万名非法童工。

洪都拉斯的劳动力大部分是非熟练工，总体受教育程度较低且缺乏培训。在洪都拉斯，7～13 岁的儿童可接受义务教育，此后则必须缴费入学。由于大多数家庭无法负担学费，因此大多数儿童在 14 岁之后不能继续求学而是成为劳动力中的一员。据统计，1999 年，在 841236 名年龄为 15～19 岁的青少年中，只有 187561 人接受过正规教育。政府在教育方面的开支一直较低，并呈下降的趋势。1999 年降到 GDP 的 41%。[①] 据估计，2006 年洪都拉斯的劳动力受教育程度的比重分别为：高中占 10%，初中占 20%，小学占 40%，文盲占 30%。

据洪都拉斯中央银行统计，2003 年全国劳动力总计 240 万人，2007 年增加到约 280 万人，占全部人口的 38% 左右。2003 年失业率为 5.1%，此后（除 2005 年升至 5.8% 外）保持了下降的势头，2007 年降为 3.1%，失业率的下降主要得益于国内经济增长强劲。其中，自主就业的比重显著升高，2005 年自主就业占全部就业的 37%。客户工业成为吸纳就业的重要领域，在 280 万名劳动力中，约 13 万人就业于该部门。

2009 年，总统塞拉亚领导的政府设定工资上涨 60%，这虽然在短期内使得塞拉亚政府的支持率提高，但是从长期看使得该国失业率提高。洪都拉斯的失业率在 2007 年达到 2.9% 的低位之后连年增长，特别是在 2010 年涨到了 4.12% 的高位。

---

① http：//www.nationsencyclopedia.com/economies/Americas/Honduras-WORKING-CONDITIONS.html.

2011 年 11 月，洪都拉斯国会在总统洛沃的支持下，通过新的劳工法，允许兼职，以创造更灵活的劳动力市场，刺激创造新工作。这项改革遭到国内两个最大的团体工人总工会和洪都拉斯工人团结工会反对，其认为企业会雇用临时工取代全职工以削减成本。在新规定之下，允许企业雇用最多 40% 的临时工，城市的临时工最多工作 4 小时，乡村地区的临时工最多工作 3 小时。临时工的工资、年终奖和假期以全职职工的最低工资为基础按比例决定。然而，雇用临时工法案执行以来，洪都拉斯的失业率并没有明显降低。

21 世纪的前 10 年，洪都拉斯经济相对平稳，失业率变化不大，处于相对平稳状态。然而，2014 年的失业率飙升至 7% 以上，而且是在 2013~2014 年平均工作时间缩短的情况下。2015~2019 年，一直在 5%~7% 徘徊，直至在新冠疫情和飓风打击下的 2020 年，洪都拉斯的失业率又提高到 9.35%。另外一个原因是在 2010 年之后，洪都拉斯的劳动力增长出现了一个小高潮，2012~2018 年，增加了 100 多万人，对洪都拉斯的就业形成了一定压力。洪都拉斯在劳动力规模增长较快的背景下，劳动力的总参与率相对平稳，2010~2019 年保持在 60%~70%，2020 年较特殊，劳动力的参与率下降到 60% 以下（见表 6-2）。

表 6-2　2010~2020 年部分年份洪都拉斯劳动力和就业情况

单位：人，%

	2010 年	2012 年	2014 年	2016 年	2018 年	2020 年
总数	3340843	3382395	3908150	4109456	4499901	4122919
参与率	64.35	61.25	66.6	66.99	68.76	59.97
总失业率	4.12	3.75	7.08	6.73	5.65	9.35

资料来源：世界银行网站。

2010~2020 年，洪都拉斯的劳动力就业分布在反映产业结构变化的同时，也保持了相对的稳定。农业的就业率有所下降。总体在 10 年间，从 36.45% 降至了不足 30%。然而，相对农业在 GDP 中的地位来说，农业领域的就业还是为洪都拉斯的就业做出了比较重要的贡献。工业的发展，也带动了就业的增长，2010年工业就业人数不到20%，在2019年提高到21.39%。服务业是洪都拉斯就业中较为活跃的产业，10年中提高了近5个百分点。其中值得一提的是，在服务业中，女性就业率远高于男性，2010~2019年，女性服务业就业率大约保持在高于男性就业率一倍以上的水平（见表6-3）。

表6-3 2010~2019年部分年份洪都拉斯劳动力的产业分布

单位：%

占就业总人数的比重	2010年	2012年	2014年	2016年	2018年	2019年
农业	36.45	37.01	28.83	27.35	30.67	29.49
工业	19.08	19.93	22.02	21.58	20.21	21.39
服务业	44.47	42.07	49.14	51.07	49.12	49.12
男性服务业（占男性就业人数的比重）	31.48	30.72	38.68	39.28	35.9	34.93
女性服务业（占女性就业人数的比重）	69.96	68.15	68.36	72.1	71.14	72.7

资料来源：《农业就业人员（占就业总人数的比重）——洪都拉斯》，https：//data.worldbank.org.cn/indicator/SL.AGR.EMPL.ZS？locations＝HN&view＝chart；《工业就业人员（占就业总人数的比重）——洪都拉斯》，https：//data.worldbank.org.cn/indicator/SL.IND.EMPL.ZS？locations＝HN&view＝chart；《服务业就业人员（占就业总人数的比重）——洪都拉斯》，https：//data.worldbank.org.cn/indicator/SL.SRV.EMPL.ZS？locations＝HN&view＝chart；《男性服务业就业人员（占男性就业人数的比重）——洪都拉斯》，https：//data.worldbank.org.cn/indicator/SL.SRV.EMPL.MA.ZS？locations＝HN&view＝chart；《女性服务业就业人员（占女性就业人数的比重）——洪都拉斯》，https：//data.worldbank.org.cn/indicator/SL.SRV.EMPL.FE.ZS？locations＝HN&view＝chart。

二 工资

1998年1月，洪都拉斯的最低工资上调了17%，1999年和2000年，又分别上调了25%和8%。但最低工资标准因行业不同而有所不同，其中非出口农业部门最低，每天2.12美元；出口部门最高，最低每天3.47美元。不过，即使最高部门的最低工资也难以维持在贫困线之上。

洪都拉斯的工资按资方与劳工（工会）合约计算。在洪都拉斯，每天最长工作时间为 8 小时。工人每周的工作时间不能超过 44 小时，每工作 8 天必须给予至少 24 小时的休息。洪都拉斯劳工法规定，工作满一年后，应当给予工人 10 天带薪休假；工作满 4 年后，应当给予 20 天带薪休假。虽有条文保障，但个人的权利常常遭到忽视。

结束雇用时，须付工人遣散费。工作每满 1 年发 1 个月遣散费，最多以发 12 个月遣散费为限；月薪以上半年之月平均薪资为准。工人如工作满 1 年，雇主欲遣散时，须于 1 个月前通知；工作满两年以上，须于两个月前通知；否则须另发 1 个月或两个月薪资。在该期限内劳工每周可有 1 天准假寻找新的工作。解雇或辞职之理由可为不可抗力因素。

罢工要依法由全厂 2/3 以上的劳工通过，一切调解方法均无效后方可进行。劳资纠纷由劳工法庭、调解及仲裁法庭、劳工及社会福利上诉法庭审理。近二三十年来，洪都拉斯并未发生过严重的劳资纠纷，即使有纠纷，一般主要为劳资双方对合约的条件无法达成协议而僵持，或资方无故解雇工人并不按劳工法之规定付遣散费等引发的冲突。

洪都拉斯政府一半的税收都用在了工资支出上，其中教师工资占到税收的 1/4，因此工资支出的变动对于财政平衡有重要影响。2009 年总统塞拉亚任内工资大幅上调，这一方面促使了食品价格上涨，并导致全方位的通货膨胀；另一方面导致公共部门尤其是教师群体的工资支出大幅增加，进而提高了财政赤字率。不断增加的财政赤字使得洪都拉斯难以实现国际货币基金组织设定的目标，因此延误了贷款协议的签订。

目前，洪都拉斯平均月工资为 2.8 万伦皮拉（年工资收入为 33.7 万伦皮拉），高收入的月工资为 12.6 万伦皮拉，低收入为 7110 伦皮拉。在洪都拉斯，25% 的就业者月工资在 1.6 万伦皮拉以下。在就业者总工资数额方面，有 75% 的人的月工资少于 7.9 万伦皮拉。

洪都拉斯工作年限与工资收入有直接关联，一般最初工资翻一番平均需要 10 年时间。

在洪都拉斯，就业者学历也是影响工资水平和加薪速度的一个重要因素，一般同样的工作岗位、同样的经历，但学历不同，工资收入会有差别。

因此，在洪都拉斯拥有高学历是提高工资的捷径，不少年轻人在有工作之后，继续学习以取得更高学历，就业收入回报率一般超过 10%。拥有硕士学位的从业者在洪都拉斯的月工资数额为 1.41 万~4.22 万伦皮拉。

性别因素也是在洪都拉斯就业市场影响工资收入的重要因素。虽然在所有规定当中没有任何涉及性别收入差别的条款，但在现实中，男性员工的工资比女性员工的工资平均高 9%。

近年来，洪都拉斯坚持对最低工资和工资上调进行规范性管理，制定了按照公司规模和所在生产部门确定最低薪金水平的制度。2019 年洪都拉斯最低月薪标准为 6440.66~11549.39 伦皮拉。2019 年，洪都拉斯建立了根据公司规模提升薪资的制度，于 2019 年 1 月 1 日开始执行。制度规定，拥有 1~50 名员工的公司应将最低月薪提高 4.77%；在拥有 51~100 名员工的公司中，工资增幅比例应达到 6.4%；在拥有 101 名及以上员工的公司中，工资增幅比例应达到 7%。在洪都拉斯实际生活中，平均一年（12 个月）工资涨幅是 2%。但是不同行业差异很大，具体见表 6-4。其中，信息技术和建筑行业平均涨了 9% 的年工资，远远超过了 2% 的平均值，银行、健康和教育行业也有平均 6% 的涨幅。

表 6-4　2020 年洪都拉斯不同行业年收入平均增长率

单位：%

行业	银行	能源	信息技术	健康	旅游	建筑	教育
涨幅	6	3	9	6	3	9	6

资料来源："Salary Explorer, Average Salary in Honduras 2021," http://www.salaryexplorer.com/salary-survey.php? loc=96&loctype=1。

除了工资之外，在洪都拉斯，有 36% 的员工可以获得奖金，奖金的数额一般为年工资的 3%~6%。奖金包含基本奖金（个人业绩表现）、公司业绩奖金、目标奖金（完成任务的奖励）、假日奖金（一般在年底）。

在洪都拉斯，奖金和佣金是不同的。奖金是没有定额也没有事先计划的。佣金则不同，有事先约定的比例和固定额度。

洪都拉斯的公有部门和私有部门的工资是不同的。一般来说，公有部门的工资比私有部门的工资要高14%。另外，洪都拉斯的平均每小时工资是160伦皮拉。

三 物 价

2003年，洪都拉斯的消费者价格指数（CPI）为5.3%，消费者价格指数呈现下降的原因在于石油以及其他消费品价格放开，2007~2008年，受到强劲的国内消费需求和燃料及食品价格的影响，通货膨胀率又开始走高。虽然政府采取了从紧的货币政策，但至2008年8月，年通货膨胀率仍达到了13.7%，大大高于洪都拉斯中央银行设定的8%~10%的目标。石油价格上涨推动CPI上升，但它对通货膨胀的贡献率小于5%，而建筑业、饭店及其他服务业对通货膨胀的贡献率高达95%。2009年，受国际金融危机和国内指挥危机的双重影响，洪都拉斯经济出现了自1999年以来的首次衰退，但通胀率却降到了3.5%的历史低位。

相对于2000~2008年平均8.2%的通货膨胀率，2009年之后洪都拉斯的通货膨胀已趋于缓和，这主要归因于经济下行的压力和洪都拉斯政府为控制通货膨胀做出的努力。洪都拉斯政府为了控制通货膨胀实行的政策包括提高货币政策利率（TPM）、冻结物价以及2005年至2007年7月实行钉住美元的汇率制度。2010~2014年洪都拉斯的消费者价格指数增长情况趋缓。2014年之后，洪都拉斯的物价相对平稳，CPI增长率基本保持在3%~5%（见表6-5）。

表6-5 2010~2022年部分年份洪都拉斯消费者价格指数增长率（年均变化）

单位：%

	2010年	2012年	2014年	2016年	2018年	2019年 b	2020年 b	2021年 c	2022年 c
CPI 增长率	6.5	5.4	5.8	3.3	4.3	4.7	3.9	4.4	4.7

注：b为EIU估计数据；c为EIU预测数据。

资料来源：EIU，Country Report—Honduras，1st Quarter 2019。

2009 年，洪都拉斯的社会不平等问题凸显，贫困人口占总人口 60%以上；大多数城市的正规就业机会有限，儿童营养不良问题严重。

为解决社会不平等问题，洪都拉斯政府采取了一系列措施。一是实施积极的劳工政策。2009 年 1 月，政府将城乡的最低月工资标准分别提高到 290 美元和 215 美元。二是增加社会项目预算，如增加在学校午餐、免费入学、建立社区学校（农村地区）、提供基本医疗服务、植树造林以及燃料和电力补贴等方面的支出。据联合国拉美经委会的资料，政府用于社会项目、公共住房以及扶持中小企业方面的总投入达 1.59 亿美元。到 3 月为止，接受政府转移支付的城市贫困家庭数量由 15 万户增至 22 万户。[①]

埃尔南德斯政府执政以来，将高犯罪率和贫困作为政府社会治理的重点。洪都拉斯是世界上最危险的国家之一。2018 年凶杀率为 4/10000（远高于地区平均水平 23/100000）。[②] 司法体系改革和执法力度加大等工作仍在推进。未来，洪都拉斯有效降低犯罪率任重道远，需进一步提升制度能力并切实减少社会治理中的腐败问题。

洪都拉斯政府的减贫实效性仍有待加强。2017 年，极端贫困率和家庭相对贫困率均高于地区平均水平，总贫困率居高不下。自 2000 年以来，洪都拉斯在减贫、教育及医疗领域取得了一定的进步，获得了联合国的认可，但仍是拉美和加勒比地区最贫困和社会不平等现象最为严重的国家。世界银行数据显示，根据 2010 年不变价格计算，2013～2017 年洪都拉斯人均 GDP 年均增长 2.1%，高于拉美地区（不包含古巴和委内瑞拉）平均水平（1.4%）。低于洪都拉斯所属的中低收入国家平均增速（4%）。2017 年洪都拉斯极端贫困率较 2013 年下降了 1.9 个百分点，但家庭相对贫困率较 2013 年上升了 1.7 个百分点。2013～2017 年，脱离极端贫困的

---

① "The Reactions of the Governments of the Americas to the International Crisis: An Overview of Policy Measures up to 31 August 2009," ECLAC.

② 除特别注明外，本部分数据均来自 *Plan Estratégico de Gobierno 2018-2022, Avanzando con Paso Firme*，http://www.scgg.gob.hn/sites/default/files/2019 - 01/Plan% 20Estratégico% 20de% 20Gobierno%202018-2022%%28PR4%29_ 0.pdf。

人口基本进入了家庭相对贫困人口中。因此，洪都拉斯 2017 年总贫困率为 64.3%，基本与 2013 年（64.5%）持平。然而，按国际贫困线 1.9 美元（2011 年 PPP）每天的标准，洪都拉斯的贫困人口占总人口比重总体呈下降趋势，从 2003 年的 26.5% 降至 2009 年的 12.3%。受全球金融危机影响，2009~2012 年有所回升，2012 年达到 17%，之后又趋下降，2019 年降至 12.7%。[①]

当前，由于在人身安全、就业保障、性别平等、政府治理等方面存在问题，以及由于公民自由和政治自由的权利受到侵犯，洪都拉斯的生活质量指数较低，其中，人身安全问题尤为突出。暴力犯罪问题是洪都拉斯的主要社会问题。进行暴力犯罪活动的组织主要是被称作"马拉"（Mara）的组织；该组织由被剥夺选举权的青年人组成，他们主要进行贩毒、走私枪支和人口走私的活动。该组织的成员最初由一些生活在美国的非法中美洲移民组成，如今其成员在洪都拉斯有 3.6 万人，在危地马拉和萨尔瓦多分别有 1.4 万人和 1.05 万人。

四　供水和卫生设施

洪都拉斯的供水和卫生服务在城市和农村有很大的差异。在人口聚集的中心城市，通常有现代化的水处理和供给系统，但由于缺少维护和处理水质较差。在农村地区，一般拥有经过有限处理的饮用水系统。在许多城市中，具备收集污水的下水道等设施，但收集到的污水却很少得到处理，然而在农村地区，卫生设施仅限于厕所和简单的便坑等。

据有关调查，2006 年洪都拉斯 81% 的家庭可以获得经过处理的水，86% 的家庭可获得卫生服务。根据世界银行的数据，洪都拉斯提供的基本饮用水服务覆盖总人口的比例在不断提高。2000 年为 85%，2010 年达到

---

① 《贫困人口比例，按每天 1.90 美元衡量（2011 年 PPP）（占人口的比重）——洪都拉斯》，世界银行网站，https：//data.worldbank.org.cn/indicator/SI.POV.DDAY？locations = HN&view = chart。

91%，2017 年提升到 95%。① 2020 年 6 月 22 日，世界银行又批准了为期30 年的项目，以提高洪都拉斯城市供水服务的质量和效率，并支持城市相关管理部门满足供水和卫生的需要。②

与其他的中美洲国家相比，洪都拉斯在供水和卫生方面的服务质量较低。2006 年，洪都拉斯城市地区的饮用水只有 75% 得到了消毒处理，回收的污水中只有 10% 得到处理；而在农村地区，2004 年只有 1/3 的供水系统能够不间断供水，只有 14% 的饮用水得到消毒处理。据世界卫生组织报告，2000 年洪都拉斯 98% 的供水系统平均每天有 6 小时处于断续供水状态。

洪都拉斯拥有的水资源可以达到每秒 1542 立方米的供水能力，但是2006 年的统计显示，实际消费的水只有每秒 88.5 立方米，其中每秒 75立方米用于农业灌溉、每秒 13.5 立方米用于家庭和工业生产。洪都拉斯的水存在高度的污染。在农村的 4300 个供水系统中，水源主要是泉水、溪水、河水和地下水。

在城市地区，用水量较大的是家庭用户，占总用水量的 70% ~ 80%，其次是工业、商业和政府用水。

长期以来，洪都拉斯的供水和卫生服务由国家给排水自治服务公司（SANAA）负责提供。洪都拉斯的供水系统中 93% 采用的是重力系统，混合系统和水泵系统的使用只占到 4.5%。分散的农村地区拥有大约 15000口井。

2003 年，新通过的《水法》要求开放供水服务业，因此地方政府有权力拥有、经营和控制它们自己的饮用水和污水系统。2006 年，政府发布了促进水资源服务下放的现代化战略计划。2012 年，政府宣布，国家给排水自治服务公司不再负责特古西加尔巴市区的给排水服务，将其移交

---

① "People Using at Least Basic Drinking Water Services（% of Population）—Honduras，"世界银行网站，https：//data. worldbank. org. cn/indicator/SH. H2O. BASW. ZS？locations = HN& view = chart。

② 《洪都拉斯——城市供水加强项目》，世界银行网站，https：//www. worldbank. org/en/news/loans-credits/2020/06/22/honduras-urban-water-supply-strengthening-project。

给市政公司圣米古埃尔给排水公司。

目前，许多国家和国际性的非政府组织在洪都拉斯开展供水和卫生项目，其中包括红十字会、第一水务（Water 1st）、扶轮社（Rotary Club）、天主教救济服务组织（Catholic Relief Services）、水为人类组织（Water for People）、美国援外汇款合作组织（CARE）等机构，以及欧盟、美国国际援助机构和日本政府等政府性机构。

第二节　医疗卫生

2019 年，洪都拉斯的人均预期寿命为 75.3 岁，高于 2014 年的人均预期寿命 70.91 岁。2019 年，5 岁以下儿童死亡率为 16.81‰，比 2014 年的 18.72‰有了较明显降低。即使洪都拉斯国内的出生率一直在下降，但是仍然在中美洲地区仅次于危地马拉排在第二位。

洪都拉斯 0～14 岁人群在总人口中的占比在 20 世纪 60～90 年代保持了 30 年的相对稳定之后，开始下跌，随后出现了近 30 年的连续下降。1960 年洪都拉斯 0～14 岁人群占总人口的 46.3%，60 年代末接近 48%，2000 年降至 42.8%，2010 年又下降到 37.6%，2020 年跌到了 30.6%。0～14 岁人群的人口比例变化对洪都拉斯有着长远和重要的社会影响。

15～64 岁的人群是社会的重要支柱，洪都拉斯的这组人群在过去高生育率的影响下，基本处于上升的趋势，特别是从 20 世纪 90 年代开始，在总人口中的占比加速提高。1980 年至 80 年代后半期，洪都拉斯 15～64 岁人群占比始终在 50% 上下，90 年代占比开始不断提高，2000 年达到 53.5%，2010 年超过 58%，2020 年达到了 64.4%。

65 岁及以上的人群在 1960 年至 80 年代中期，基本保持稳定，始终徘徊在 3.2%～3.3%，呈非常小幅度的波动状态。从 1985 年开始上升，1988 年突破了 3.3%，到 2010 年为 4%，之后增长速度进一步加快，2020 年到达了空前的 5%（见表 6-6）。

表6-6　1960~2020年部分年份洪都拉斯不同年龄段人口占总人口的比重

单位：%

	1960年	1970年	1980年	1990年	2000年	2010年	2015年	2020年
0~14岁	46.3	47.7	47.4	45.9	42.8	37.6	33.7	30.6
15~64岁	50.5	49.1	49.3	50.8	53.5	58.4	62.0	64.4
65岁及以上	3.2	3.2	3.3	3.4	3.7	4.0	4.3	5.0

资料来源："Population Ages 0-14（% of Total Population）—Honduras，"世界银行网站，https：//data. worldbank. org/indicator/SP. POP. 0014. TO. ZS？ locations = HN&view = chart；"Population Ages 15-64（% of Total Population）—Honduras，"世界银行网站，https：//data. worldbank. org/indicator/SP. POP. 1564. TO. ZS？ locations = HN&view = chart；"Population Ages 65 and Above（% of Total Population）—Honduras，"世界银行网站，https：//data. worldbank. org/indicator/SP. POP. 65UP. TO. ZS？ locations = HN&view = chart。

2013年底全国共有110家医院（公立28家，私立82家），1598个卫生站，5661张病床，8875名医生。洪都拉斯的结核病、疟疾、艾滋病患者人数居中美洲国家之首。

1990年，洪都拉斯艾滋病病毒感染率为0.7%，1995~1998年为1.1%。2000年降到1%，到2010年又降至0.4%。2014~2019年保持在0.3%的水平。[①]洪都拉斯营养不良的发生率（营养不良人口占总人口的比重）比较高，但趋势是一直在下降。2001年营养不良的发生率为22%，2010年降至21.2%，2018年降到13.8%。[②]

一　不同人群的健康状况

1.产妇保健和婴儿出生情况

洪都拉斯的人口出生率自1960年开始逐渐走低，1960年接近50‰，到1990年不足40‰，2010年下降到30‰以下，2019年的出生率是洪都拉斯历史上最低的，仅有21.34‰（见表6-7）。

① 世界银行网站，https：//data. worldbank. org. cn/indicator/SH. DYN. AIDS. ZS？ view = chart&locations = HN。

② 世界银行网站，https：//data. worldbank. org. cn/indicator/SN. ITK. DEFC. ZS？ view = chart&locations = HN。

表 6-7　1960~2019 年部分年份洪都拉斯人口出生率

单位：‰

	1960 年	1970 年	1980 年	1990 年	2000 年	2010 年	2015 年	2018 年	2019 年
出生率	49.95	47.73	44.01	38.48	33.83	25.02	22.43	21.60	21.34

资料来源：世界银行网站，https：//data. worldbank. org. cn/indicator/SP. DYN. CBRT. IN？lo cations = HN&view = chart。

洪都拉斯女性的生育率近年来呈现下降趋势。根据全国流行病和家庭健康调查，2003~2006 年洪都拉斯平均每名妇女生 3.3 个孩子，而 1998~2001 年平均每名妇女生 4.4 个孩子。不同省份的生育率不一样，伦皮拉省、因蒂布卡省、奥兰乔省、科潘省、科马亚瓜省和拉巴斯省的生育率超过了国家的平均值。

总的来说，洪都拉斯总生育率（全国女性人均生育数）的趋势在 1960~2019 年发生了巨大变化，总的变化趋势是总生育率一直在下降。但是在 20 世纪 60~70 年代，洪都拉斯平均每名妇女生超过 7 个孩子，1980年下降至 6 个，1990 年降至 5 个，2000 年再降至 4 个，之后快速下降，2019 年已经低至 2.4 个。

2006 年，65% 的妇女可以实施节育措施，然而根据人群的不同分类，数据呈现很大的区别，居住在城市地区的为 70%，受过高等教育的为77%，富裕阶层的为 73%。从 20 世纪 80 年代起，洪都拉斯总的避孕普及率不断上升，而且上升速度较快。1981 年，洪都拉斯的总避孕率仅有27%，1984 年就上升到了 35%，1987 年又提高到 41%，1996 年为 49%，2006 年达到 65%，2012 年为 73%。[①]

2006 年有 83% 的孕妇做产前保健，到 2001 年这一比例提高到92%。2006 年产前保健主要由医生（71%）、护士（21%）提供。在城市地区有 93% 的妇女接受孕检，在乡村地区这一比例为 90%。洪都拉斯最富有的 1/5 的女性中有 98% 做孕检，而在最底层的1/5 的女性中

---

① 世界银行网站，https：//data. worldbank. org/indicator/SP. DYN. CONU. ZS？locations = HN&view = chart。

只有 88% 的女性做孕检。根据世界银行的数据，1987~2017 年，洪都拉斯接受产前护理的孕妇占孕妇总数的比例从 86.1% 提高到 96.6%。同期，洪都拉斯孕妇在熟练医护人员护理下分娩数占总数的比重从 42% 提高到74%。[①]

2000~2017 年，洪都拉斯孕妇的死亡率从 85/100000，下降到 65/100000。其间，2015 年降至 47/100000。[②]

洪都拉斯有 67% 的婴儿在公立医院出生，5% 的婴儿在私立医院出生。在城市地区，89% 的婴儿在医院里出生，而在农村地区则只有一半的婴儿在医院出生。国内最富有的 1/5 的女性生产的婴儿成活率为 96%。

2.5 岁以下的儿童

1995~2006 年，婴儿死亡率出现了明显下降趋势。2006 年婴儿死亡率估计为 23‰。在科潘省、拉巴斯省和埃尔帕拉伊索省每 1000 个婴儿中有 35 个死亡。新生儿死亡率为 14‰，占婴儿死亡的 61%。2006 年，5 岁以下婴幼儿的死亡率为 30‰，呈现下降趋势。由于腹泻和脱水死亡的婴幼儿的占比从 21% 降到 13%，由于呼吸道感染死亡的婴幼儿的占比从 24% 降到 17%。2005~2006 年，12~23 个月的婴幼儿中，有 75% 的能够接种全部所需疫苗。2009 年卫生部引入了轮状病毒疫苗，当年的覆盖率达到 82%，2010 年达到了 98%。2019 年洪都拉斯婴幼儿死亡率为 14.5‰（见表 6-8）。

表 6-8　1960~2019 年部分年份洪都拉斯婴幼儿死亡率

单位：‰

	1960 年	1970 年	1980 年	1990 年	2000 年	2010 年	2015 年	2018 年	2019 年
死亡率	139.5	100.9	68.6	45.0	30.3	19.8	16.5	14.9	14.5

资料来源：世界银行网站，https：//data. worldbank. org. cn/indicator/SP. DYN. IMRT. IN? view = chart&locations = HN。

---

① 世界银行网站，https：//data. worldbank. org. cn/indicator/SH. STA. BRTC. ZS? view = chart& locations = HN。

② 世界银行网站，https：//data. worldbank. org. cn/indicator/SH. STA. MMRT? locations = HN& view = chart。

3. 10～19 岁的青少年

10～19 岁的青少年占总人口的 38.4%。据国家统计局统计，2006 年，15～19 岁的女孩中有 21.5% 曾怀孕，其中科隆省最高（31.2%），科尔特斯省最低（16.3%）。少女怀孕的问题在洪都拉斯被视为卫生部门的问题，已成为 2010～2022 年国家计划中优先解决的问题。

4. 19 岁以上的成年人

洪都拉斯人的出生和死亡的官方登记资料并不完整，只有 69% 的新生婴儿和 28% 的死亡的人被登记在册，并且关于死亡原因的报告不全。

2010 年，粗略估计洪都拉斯的死亡率为 4.6‰，其中死亡率较高的省有科潘省（5.3‰）、奥科特佩克省（5.3‰）、巴列省（5.2‰）和乔卢特卡省（5.1‰）等。2009 年，卫生部发布了所有医院内的死亡情况，孕产期死亡是最常见的（16.3%），其次是糖尿病（6.7%）和先天性畸形（6.7%）。慢性非传染性疾病（糖尿病、高血压、中风和缺血性心脏疾病）及并发症导致的死亡人数占总死亡人数的 20.1%，外部原因导致了 8% 的人死亡。其中，产妇死亡最常见的原因是妊娠高血压综合征（26%）和产后出血（22%）。

二 传染和非传染性疾病

1. 传染病

登革热大多发生在特古西加尔巴和圣佩德罗苏拉等城市。登革热在 2005～2010 年暴发过数次，最严重的是在 2010 年，出现了 66814 个感染案例。2020 年 7 月 2 日，由于洪都拉斯登革热病例增加，全国进入紧急状态，并在 298 个城市进行防止登革热传播的行动。

感染疟疾的人数从 2005 年的 9085 人减少到 2010 年的 1007 人。虽然人数减少，但恶性疟原虫感染的人数几乎增加了一倍，从 2005 年的 6.2% 增加到 2010 年的 10.7%。其中 80% 的病例发生在格拉西亚斯·阿迪奥斯省、奥兰乔省和海湾群岛省。2022 年 5 月，洪都拉斯全国多地报告疟疾疫情，仅在第二大省格拉西亚斯·阿迪奥斯就累计报告 1000 多个病例。

洪都拉斯卫生部曾经每年报告 4000～5000 例狂犬病动物咬伤病例。

经过五年的狂犬病疫苗推广，2008 年和 2009 年分别仅出现了 18 例和 17 例狂犬病例。

根据卫生部统计数据，乔卢特卡省是每年报告麻风病例的唯一地区。2007 年最多，出现了 10 个新增病例。在 2005～2010 年出现的 17 例确诊病例中，有 11 名 15 岁以下儿童和 6 名成年妇女。

2008 年，洪都拉斯的艾滋病感染率为 0.68%，在中美洲地区排名第二。艾滋病感染者主要集中在大西洋沿岸和中部地区，患者的年龄多为 15～39 岁。2005～2010 年，有 2964 名男性和 3194 名妇女受到艾滋病感染。2010 年，有 44312 名妇女进行了首次产前检查，其中 0.2% 的人艾滋病检测呈阳性。艾滋病患者中接受抗逆转录病毒疗法的人数在增加，1985～2010 年，累计有 7326 人接受治疗，其中 1196 人死亡，1334 人放弃治疗。根据世界银行的统计，2021 年洪都拉斯 15～49 岁人口中的艾滋病感染率为 2%，是 1996 年达到高峰之后连续保持最低感染率的第 3 年。

2. 慢性非传染性疾病

关于癌症的流行病学资料分散在不同的机构中，并且有漏报的情况，因此无法获取实际的发病率、患病率、死亡率和存活率。根据卫生部的记录，2008～2009 年有 4727 名恶性肿瘤患者接受治疗。女性人口中，主要的癌症是宫颈癌（24.1%）和乳腺癌（10.3%），男性中最常见的癌症是急性淋巴细胞白血病（13.5%）和恶性胃肿瘤（13.1%）。

2009 年，泛美卫生组织发布了 2004 年对洪都拉斯全国糖尿病、高血压及其他类似疾病的研究报告。特古西加尔巴市的成年人口中 22.6% 的人患有高血压，6.2% 的人患有糖尿病，53% 的人胆固醇偏高。从全国来看，女性的心血管疾病的患病率高于男性。非传染性疾病的死亡率从 2000 年的 54% 一直上升，2010 年为 63%，2019 年又升至 69%，2020 年达到 71%。[①]

[①]　"Cause of Death, by Non-communicable Diseases（% of Total）—Honduras，"世界银行网站，https：//data. worldbank. org/indicator/SH. DTH. NCOM. ZS? view = chart&locations = HN。

三　医疗体系

洪都拉斯宪法规定，政府行政部门通过卫生部行使卫生监管权力，并通过卫生部各级机构的协调合作，制定并实施国家卫生计划，对于最贫困的群体给予优先考虑，为洪都拉斯人民提供全面的卫生服务。

洪都拉斯卫生系统由公共部门和私营部门两部分组成。公共部门包括卫生部和洪都拉斯社保局（Honduran Institute of Social Security，HISS），以及国防部的保健单位（军事医院）和满足特定人群的其他公共机构。私营部门包括营利和非营利医疗机构。

洪都拉斯卫生部以其自设的医疗机构和自有的医生和护士为所有人提供医疗服务，但只有60%的洪都拉斯人定期使用这些服务。洪都拉斯社保局覆盖了40%的正规经济部门人口和他们的家属，即总人口的18%。洪都拉斯社保局与劳动和社会保障部以其自有设施为民众提供服务。私营部门为5%的有支付能力的人提供服务。这个部门包括私人保险公司、诊所以及营利或非营利的私人医院。洪都拉斯150多万人没有定期获得医疗服务，因为在洪都拉斯，90%的人没有任何的医疗保险。

洪都拉斯主要的公立医疗机构如下。

1. 医院

卫生部下属29家医院。洪都拉斯的医院分为三个等级：（1）国家级医院7家，主要分布在首都特古西加尔巴和圣佩德罗苏拉市；（2）地区级医院6家；（3）基层医院16家。此外，HISS下属两所医院，军队也有专业医院。

2. 卫生院和诊所

洪都拉斯有医生（包括牙医）的诊所有436所，有1078个乡村卫生院，有74个母婴诊所，有4家边区紧急门诊，有14家专门处理家庭暴力的家庭咨询处；此外还有7个普通诊所，1个牙医诊所，两个医药和康复中心以及1个老年护理中心。

私营医疗系统有1131个相关的医疗和医学机构，包括医疗中心、诊所、实验室、药店和医疗办公室。

洪都拉斯的诊疗分为两大部分。

第一，初诊。主要是乡村卫生院和城市的普通诊所对病人进行初诊和回答病人的咨询，之后根据病人的病情进行诊治；无力诊治的病人会被推荐给专业诊所或者基层医院。在初诊阶段，洪都拉斯还有巡回门诊，一方面提高地方初诊能力，另一方面增加有针对性的专业医疗巡回。巡回门诊一般不收治住院病人。

第二，医治。由基层医院到地区医院，再到国家医院层层传递，医治可医治的病人，向更高级别的医院推荐不能医治或重患病人。

在实际操作过程中，在地区医院和国家级医院之间，还有一级大学医院的参与，既医治病患，同时也进行医学相关教学和科研活动。

总之，洪都拉斯的医疗机制分为两个阶段，一是在初诊阶段分为城、乡和巡诊三个层次；二是在城市，是以医院诊治为中心的四级诊疗，主要由基层医院、地区医院、医学院医院和国家级医院由低到高进行。

根据《洪都拉斯医疗卫生人力资源现状分析》，2015 年，洪都拉斯的注册医生有 10995 名。公立医疗部门长期聘用的医生占 63.2%，私营医疗机构聘用的医生占 23.9%，HISS 占 12.9%。洪都拉斯的医生在工作日一般工作 8 小时，每天最多接诊 36 个病人。

20 世纪 80 年代末 90 年代初，洪都拉斯进行了医疗改革，主要目的是提高医疗的覆盖率，目标是达到 95%。洪都拉斯的医改还包括提高初诊能力，提高医疗的效率；增加投入；提高科研能力和提升人力资源管理能力；引入高校力量；等等。洪都拉斯的医改虽然有所收获，但依然面临一些挑战，特别是如何提高医疗的覆盖率、如何建立完整的医疗科研体系、如何保持充足的医疗投入等。

经过多年发展，现在洪都拉斯医院床位（每千人）资源紧张，而且与过去相比，形势还在不断恶化。1960 年，洪都拉斯每千人有医院病床数 1.6 个，1970 年为 1.8 个，而 1980 年仅为 1.3 个，1990 年又下降到 1个，2010 年为 0.8 个，2017 年减少至 0.64 个。[①]

---

① 世界银行网站，https：//data. worldbank. org. cn/indicator/SH. MED. BEDS. ZS？ view = chart &locations = HN。

四　医疗投入

洪都拉斯政府医疗开支总体呈增长趋势，尤其是在 2001~2013 年的 10 多年里，投入力度较大，从 2001 年的 7.3 亿美元，增加到 2010 年的 15.6 亿美元，2016 年达到最高点 16.9 亿美元，2018 年也为 16.9 亿美元（见表 6-9）。

表 6-9　2000~2018 年部分年份洪都拉斯医疗开支情况（按 2018 年美元价）

	2000 年	2005 年	2010 年	2015 年	2016 年	2017 年	2018 年
医疗开支（亿美元）	7.5	11.2	15.6	15.9	16.9	16.2	16.9
占 GDP 的比重（%）	6.3	7.5	8.7	7.5	7.7	7.0	7.0
人均医疗开支（按美元当前价）（美元）	69	98	166	172	180	172	176

资料来源："Honduras-Real Current Expenditure on Health in Constant Prices of 2018," https://knoema.com/atlas/Honduras/topics/Health/Health - Expenditure/Real - expenditure - on - health; "Honduras - Total Health Expenditure as a Share of GDP," https://knoema.com/atlas/Honduras/topics/Health/Health-Expenditure/Health - expenditure - as - a - share - of - GDP; "Honduras - Current Expenditure on Health Per Capita," https://knoema.com/atlas/Honduras/topics/Health/Health - Expenditure/Health-expenditure-per-capita。

21 世纪以来，洪都拉斯对医疗的投入占 GDP 的比重大体经历了增长和下降两个阶段。2001~2009 年，洪都拉斯的医疗开支一路上升，2001 年占当年 GDP 的 5.9%，到 2009 年达到顶峰 9%。此后，洪都拉斯对医疗事业的投入连年减少。2010 年医疗开支占 GDP 的 8.7%，2015 年医疗开支占 GDP 的 7.5%，2018 年医疗开支占 GDP 的 7%，回到了 2004~2005 年的水平。2019 年，洪都拉斯的医疗卫生开支占 GDP 的比重上升到 7.28%。

洪都拉斯一般政府卫生支出在总卫生支出中占比持续保持低位，2019 年仅占 39.16%，与 2012 年水平基本相同，远低于 2000 年的 48.23%，也低于 2011 年的 44.29%。[①] 因而私人医疗支出增加，特别是受到新冠疫情

---

① 《国内一般政府卫生支出（占当前卫生支出的比重）——洪都拉斯》，世界银行网站，https://data.worldbank.org/indicator/SH.XPD.GHED.CH.ZS?locations=HN。

的影响，增速加快，2021 年全国自付医疗费用达到 13.5 亿美元，比 2020 年增长了 25%。①

2008 年，洪都拉斯的人均医疗开支为 176 美元，而 2014 年只有 84 美元。2004~2018 年，洪都拉斯人均医疗开支年均增长 5.75%。其中 2001~2012 年，洪都拉斯人均医疗开支增长较快，从 67 美元增加到 186 美元。之后，保持平稳，略有下降。

自 2000 年起，私人医疗开支在洪都拉斯总医疗开支中的比重一直起伏不定。尤其是在 2000~2009 年，形成了不规则的马鞍形，从 2000 年占比 49% 到 2001 年急升至 56.1%，又从 2008 年的 54.3%，跌至 2009 年的 47.6%。2016~2018 年，洪都拉斯私人医疗开支占总医疗开支比重保持上升趋势，逐步升至 2018 年的 56.7%（见表 6-10）。

表 6-10   2000~2018 年部分年份洪都拉斯私人医疗开支占总医疗开支比重

单位：%

	2000 年	2005 年	2010 年	2015 年	2016 年	2017 年	2018 年
私人医疗开支占总医疗开支比重	49.0	52.6	50.1	55.6	55.1	55.7	56.7

资料来源："Honduras-Private Expenditure on Health as a Share of Total Health Expenditure," https://knoema.com/atlas/Honduras/topics/Health/Health－Expenditure/Private－expenditure－on－health－as－a－share－of－total－health－expenditure。

第三节   教育

直至 20 世纪 60 年代晚期，洪都拉斯才有了全国性的教育系统。在 1957 年改革之前，教育是上流社会的专有特权，上层人士可以负担得起送孩子去私立机构的花销。拉蒙·比列达·莫拉莱斯总统在任内进行了一系列改革，建立了现代国民公共教育系统，开启了建设学校计划，使教育逐渐向普通大众开放。

---

① 《2010 年至 2021 年洪都拉斯的自付费用》，https://www.statista.com/statistics/1285832/out-of-pocket-health-expenditure-honduras/。

洪都拉斯

一　教育体制

政府教育部部长是洪都拉斯的教育行政主管，教育部除通过制定法律法规对教育进行长远规划和具体管理之外，还负责监督、编写和出版教材，并负责在全国进行教材的分发。课程设置也受到教育部的统一管理。

洪都拉斯的教育体制分为学前教育、小学教育、中学教育和高等教育四个阶段。

1. 学前教育

洪都拉斯政府规定学前教育的起始时间是 3 岁，期限为 3 年，即3~6 岁。学前教育最后一年是强制教育，由公立和私立的教育机构提供相应的教育服务。学前教育 3 年又分为幼儿园学龄前、幼儿园和学校预备 3 个教育阶段。

2. 小学教育

洪都拉斯小学为 6 年学制，主要学习基本的技能和实用性的课程。例如，植物和体育的教育。

3. 中学教育

洪都拉斯中学教育分为初级和高级两个阶段，类似很多国家的初中和高中。初级中学的学生年龄在 13~16 岁，并完成了 6 年的小学教育。在洪都拉斯，初级学校也称普通高级学校，这个阶段的教学包括两年综合课程和相关的职业技能准备，为下一阶段高级中学的学习或就业做准备。高级中学教育是两年制，课程多样。

4. 高等教育

洪都拉斯的高等教育由不同的大学和学院实施，其中最大的是成立于 1846 年的洪都拉斯国立自治大学。洪都拉斯国立自治大学下设很多大学分部，它在洪都拉斯多数重要城市中都有分校。目前，洪都拉斯共有 12 所大学。

2013 年，洪都拉斯全国共有 25861 所学校。2017 年，全国共有 34951 所学校。洪都拉斯宪法规定实行免费教育，免费教育涵盖了学前班、小学、中学和大学。同时，洪都拉斯还实行强制义务教育，覆盖了5~16 岁的学龄儿童和青少年，即从学前教育的最后一年到中学结束。从学前教育到高级中学的学期都是从每年的 1 月至 11 月，中间会放两次长假。

154

二 入学率

根据联合国教科文组织的统计，目前洪都拉斯各类学龄人口在 380 万人以上，其中学前教育学龄人口近 60 万人，小学教育学龄人口近 120 万人，中学教育和高等教育学龄人口都是 103 万人。洪都拉斯学前教育并不完全是义务教育，自 1970 年以来，洪都拉斯的学前教育入学率不断提高，从 1970 年的 3.6% 逐渐提升到 2019 年的 40% 左右。

1970~2019 年，洪都拉斯小学入学率和入学人数一直都保持相对较高的水平，一方面是因为政府的强制教育政策，另一方面是因为国家教育体系的建立，使适龄人口入学逐渐成为社会的习惯。洪都拉斯小学的入学率从 1970 年的 83% 提高到 2019 年的 91.5%，而学生入学人数从 38 万人增加到 110 多万人。

洪都拉斯中学整体的入学率有了显著的提高。虽然洪都拉斯政府有免费教育政策，但强制义务教育不包括高级中学，出于家庭、就业、成绩等方面的原因，中学生的入学率很难与小学相比。1970 年，洪都拉斯的中学入学率仅为 12.6%，1990 年为 32%，2010 年又提升至 65.8%，在 40 年中增加了 4 倍多。之后增长放缓，增长趋势相对稳定。

随着洪都拉斯高等教育的发展、高校数量的增加，大学和其他高等教育机构的入学率也有明显的提高，从 1970 年的 3.5% 提高到 2019 年的 26.2%。特别是 1990 年之后，从 8.8% 以较快的速度提高到 2010 年的 19.5%。

1970~2019 年部分年份洪都拉斯入学率情况见表 6-11。

表 6-11　1970~2019 年部分年份洪都拉斯入学率

单位：%

	1970 年	1980 年	1990 年	2000 年	2010 年	2015 年	2019 年
学前教育入学率	3.6	9.0	11.6	20.5	39.6	37.9	39.8
小学入学率	83.0	95.4	104.5	103.8	100.7	92.8	91.5
中学入学率	12.6	29.6	32.0	—	65.8	50.7	66.2

续表

	1970 年	1980 年	1990 年	2000 年	2010 年	2015 年	2019 年
大学和其他高等教育机构入学率	3.5	7.3	8.8	13.1	19.5	20.4	26.2

资料来源：世界银行网站，https：//data.worldbank.org.cn/indicator/SE.PRE.ENRR？view＝chart&locations＝HN。

三 教育支出

洪都拉斯对教育的投入应该说是相对密集的。教育公共开支在 GDP 中的占比，从 20 世纪 70~80 年代的 2% 左右，提高到 2010 年的 6.8%，2020 年保持约 6% 的水平（见表 6-12），已经超过了很多经济发达程度远高于洪都拉斯的国家的教育公共开支在其 GDP 中的比重。

表 6-12　1978~2020 年部分年份洪都拉斯教育公共开支占 GDP 的比重

单位：%

	1978 年	1980 年	1990 年	2000 年	2010 年	2015 年	2018 年	2019 年	2020 年
教育公共开支占 GDP 的比重	2.0	1.9	—	—	6.8	6.4	6.1	4.9	6.4

资料来源：世界银行网站，https：//data.worldbank.org.cn/indicator/SE.XPD.TOTL.GD.ZS？locations＝HN&view＝chart。

同时，洪都拉斯政府对教育的公共支出在政府总支出中的占比也不断提升，从 1994 年的 12.9%，提高到 1995 年的 17.9%、2015 年的 24.6%，2018 年提高到 23%。在洪都拉斯政府支出中，教育支出成为最重要的支出项目之一。

四 人口识字率

教育的发展，除了现代教育体系和学校教育的发展，洪都拉斯直接的社会效果之一就是识字率的提高。据世界银行统计，2019 年洪都拉斯 15 岁以上总人口的识字率达到 89%，而 2018 年为 87%，2007 年为 83%，2001 年为 80%。

在洪都拉斯 15~24 岁人口中这个比例更高，2018 年，识字率达到了 96.5%，而 2007 年为 93.9%，2001 年为 88.9%。[①]

洪都拉斯识字率的提高，除了教育的作用，还是政府将小学的教育与减少文盲的努力相结合的结果。政府鼓励每个小学生在学习期间，要抽出时间，帮助两个成年文盲学会识字。该政策不仅对扫除文盲有所帮助，还促进了社会的进步。同时，洪都拉斯小学教师数量也随着小学教育的发展而增加。从 1974 年占全部教师数的 16%，提高到 2018 年占 21.5%。

五　教育存在的问题

洪都拉斯的教育长期以来存在教育水平低下和缺少职业教育等弊病。不仅如此，国内教师工会不断发展壮大也在一定程度上阻碍了教育的良性发展。教师工会为了争取更高的工资，在每届新政府上任后组织罢工游行已成为惯例。而每年一次的工资谈判也成为政府必须面对的最为棘手的政治议题。教师工会的罢工活动并未得到民众的支持，因为每次罢工活动都会扰乱学校的课程安排，而教师在补课后仍会得到相应的报酬补偿。

非政府组织 PREAL 的研究表明，尽管洪都拉斯教育支出占 GDP 的比重较高，超过了该地区 4.3% 的平均水平，然而教育覆盖面和教育质量指标仍然非常糟糕。

2012 年，洪都拉斯国会在总统洛沃的支持下，通过了 1966 年以来最重要的一项已经酝酿数载的教育改革。尽管近期多次关于教育改革的提议均受到势力强大的教师工会的反对，然而总统洛沃上任以来教师工会的影响力逐渐式微，这使得该项改革迅速通过了商讨并得到了国会所有党派的一致支持。除了破除教师工会对教育部门的束缚，该项改革还提出了提高教育支出的需求。尽管洪都拉斯在教育方面花费了较多的经费，但其在中

① 世界银行网站，https：//data. worldbank. org. cn/indicator/SE. ADT. 1524. LT. ZS？ locations = HN&view = chart。

美洲地区的标准化测试分数排名中仍然垫底。

该项改革法案赋予了父母、监护人和邻居对当地学校的表现的相关控制权。该项改革还将关注现代化教育手段，比如家庭教育（附带或不附带官方批准的课程）、特许学校教育、双语和网上教育以及其他有特殊需求的教育。法案提出了包括建立学券制在内的机制，以允许学校间的竞争。此外，国家提供的义务教育年限被扩展到 9 年，并且标准化测试和学校认证计划也被允许存在。法案认可多元文化的教育，以尊重原住民和洪都拉斯黑人族群的风俗习惯。除了教学体系的变化，还取消了教育部雇用教师和支付工资的权力，并将该权力转移到了地区。教师工资的拖欠和违规支付阻碍了政府财政目标的实现，进而引起了国际多边金融和政府机构的担忧，改革将会使相关机制正常化。2009 年后因为管理问题而没有雇用终身教师，这也使得今后每年可以雇用 1500 名教师。

该项教育改革将在六年内落实，因为一些框架性的改革将在长时间内逐步实施。比如到 2018 年，所有的学校教师必须拥有大学文凭，而在现行的教育系统中，教师只需具备教师资格学校颁发的高中文凭。改革的实施过程将由副总统和总统府部长玛丽亚·安东涅塔·古林领导的特别委员会负责，而不是教育部。

为了应对上述问题，促进教育事业发展，2017 年底，洪都拉斯政府又制定了《教育发展计划（2018~2030）》（Plan Estratégico Delsector Educación 2018-2030），目的是要发展洪都拉斯的教育，建立更加开放、高质量和公正的国民教育制度。这是洪都拉斯教育战略的中长期规划。

第四节　文化、艺术和体育

洪都拉斯是一个多民族国家，拥有丰富多彩的文化。1999 年 8 月 5 日，洪都拉斯政府设立了总部位于特古西加尔巴的文化中心委员会。文化中心委员会主要负责推广和传播艺术和文化，举办一年一度的国家艺术节，以及协调文化、艺术、体育部门的相关管理职能。洪都拉斯受到历史、社会、宗教方面的影响，逐渐形成了独一无二的洪都拉斯文化。其中主要元素有土著文化、欧洲传统、天主教因素、加勒比风情等，再加上古代玛雅文化的积淀，形成了古今传承、内外结合的洪都拉斯文化。

一 音乐

洪都拉斯的音乐在西班牙人殖民之前已经有了蓬勃的发展，主要的乐器有长笛、恰朗戈、盖那笛、蛙鸣筒和手鼓等。西班牙人建立殖民统治后，他们创造出了新的乐器，包括一些打击乐器，如马林巴。

洪都拉斯的音乐受加利弗那文化影响较多。加利弗那是由加勒比土著与祖籍为非洲的族群杂居混合而形成的文化群体，他们于1797年被迫离开圣文森特岛，逃亡到中美洲的大西洋沿岸，现散居在洪都拉斯、危地马拉、尼加拉瓜和伯利兹等地。加利弗那的语言与歌舞有着非常密切的联系。音乐的旋律融合了非洲和美洲印第安的元素，歌词则成为加利弗那人的历史和传统知识的载体，如种植木薯、捕鱼、制作独木舟和用陶土建筑房屋。他们的舞蹈经常用三种不同的鼓伴奏，遇有仪式庆典，观众也参与其间，与表演者共舞。这些歌词含有大量的讽喻，专门用于讽刺某些行为表现。①

洪都拉斯比较著名的音乐家有拉斐尔·科埃略·拉莫斯、利迪娅·汉达尔、维多利亚诺·洛佩兹、吉列尔莫·安德森、梅丽娜·皮内达、弗朗西斯科·卡兰萨、卡米洛·里维拉·格瓦拉、豪尔赫·梅希亚、爱德华多·塞德尼奥等。

洪都拉斯有一支国际知名的"白色乐队"，他们的代表作有《蜗牛汤》（*Sopa de Caracol*）、《节日》（*Fiesta*）和《知道谁来》（*Saben Quien Llegó*）。该乐队表演的歌舞形式主要有梅伦格（Merengueros）、卡利普索（Calipso），也会表演其他非洲裔安的列斯的歌舞，其擅长表演蓬塔（Punta）。该乐队在20世纪90年代流行于整个拉丁美洲。

---

① 联合国教科文组织，http://www.chinaculture.org/crihap/crihap/2013-05/09/content_ 470518.htm。

洪都拉斯音乐也是国家多样文化的结晶，融合了当地音乐、加勒比地区音乐、拉丁音乐，常用萨沙、梅伦格、霹雳等节奏。有些民歌还使用当地的传统乐器，既传统又现代。当地流行音乐也受到美国音乐的影响。

总的来说，在洪都拉斯现代音乐主要集中在大城市，特别是首都。民歌如墨西哥风格的兰切拉音乐在乡村地区更流行。洪都拉斯政府鼓励音乐的发展。

音乐已经嵌入了洪都拉斯社会和人们的生活。在洪都拉斯，蓬塔形式的音乐是在跳舞时最流行的音乐。这种音乐起源于18世纪，受较多非洲音乐音素的影响。目前，仍有很多洪都拉斯的音乐人和乐队在演奏和创作这类音乐。这种音乐离不开洪都拉斯的传统乐器马林巴，当然还有吉他等其他乐器。

二 电影

洪都拉斯第一名电影工作者是萨米·卡法蒂（Sami Kafati），他于20世纪60年代在罗马学习摄影。他的第一部电影作品是《我的天使朋友》，是一部实验性质的电影。该电影于1962年制作，是洪都拉斯的第一部电影。在此之后，萨米·卡法蒂在美国辛辛那提大学获得奖学金，并在该大学继续学习。1982年国家美术学校授予其全国伊察姆纳艺术奖。

萨米·卡法蒂拍摄的洪都拉斯纪录片有《洪都拉斯的独立》（1971）、《水、生命和发展》（1976）、《关恰斯项目》（1976）、《巴赫阿关》（1976）、《洪都拉斯的森林和木材》（1976）。

伊斯帕诺·杜龙在2003年制作了科幻电影《安妮塔昆虫外套》，电影总长93分钟。该电影根据罗伯特·卡斯蒂略的小说改编，讲的是一个女孩被父母误解而离家出走的故事。该电影在2001年获得了在危地马拉举办的视听创作伊卡洛节最佳制作奖。

根据联合国教科文组织的最新统计，2016年和2017年，洪都拉斯的电影主要是故事片，基本没有动画片和纪录片。2017年，洪都拉斯故事片产量为12部。另外，据联合国教科文组织的统计，洪都拉斯的电影拍摄资金，在 2015 年有 20% 的非洪都拉斯资本，2016 年和 2017 年，洪都拉斯的电影拍摄资金全部来自本国。

洪都拉斯的商业电影发行基本被 Distrock（洪都拉斯）、Cinemark（外国）和 Cinepolis（外国）3 家公司垄断。2015 年，3 家公司占了洪都拉斯电影发行市场份额的 100%，2016 年和 2017 年占 91%。

洪都拉斯电影业的基础设施发展也很迅速。2017 年洪都拉斯共有 8 家室内影院（见表 6-13）。数字屏幕的数量在 2012 年时为 25 块，2015 年达到 39 块，之后数量下降，2016 年和 2017 年的数量都是 8 块；单屏在 2012 年为 100%，之后逐年下降，2017 年降至 50%。同时，多路复用屏（或多屏，多于 8 块）不断增加，2015 年时仅占 13.2%，2016 年升至 42.9%，2017 年占比为 37.5%。同时，2015 年多屏（2~7 块）影院占比为 31.2%，2016 年升至 14.3%，2017 年为 12.5%。多路复用屏影院在 2016 年和 2017 年占比为 89.9%，占有绝对优势。2015~2018 年，洪都拉斯的电影票房每年保持增长，从 1250 万美元增至 1450 万美元，2019 年达到 1650 万美元。后受新冠疫情影响，2020 年大跌至 250 万美元，2021 年回升到 640 万美元。[①]

表 6-13 2012~2017 年部分年份洪都拉斯电影业情况

	2012 年	2013 年	2015 年	2016 年	2017 年
故事片产量(部)	2	—	5	6	12
发行公司数量(家)	2	—	10	3	3
室内影院数量(家)	71	—	53	7	8
屏幕总数(块)	71	—	—	85	85
座位总数(个)	10650	—	—		
发行故事片中国产片占比(%)	2.5	2.2	3.5	—	—

资料来源：联合国教科文组织网站，http://uis.unesco.org/en/country/hn?theme=culture。

---

① "Box Office Revenue in Honduras from 2015 to 2021（in Million U. S. Dollars）," https://www.statista.com/statistics/1046889/honduras-box-office-revenue/.

三　戏剧

洪都拉斯的当地文化通过民俗故事、传统故事、神话故事和神灵故事等口口传承，但在殖民时代前，少有大规模的文字传播。殖民统治和教育的出现，使洪都拉斯人可以通过书写来记载和传承传统文化，在这一过程中也开始了文学创作，促进了戏剧的发展。

洪都拉斯的文艺演出可以追溯到 16 世纪的殖民时期，第一次文艺演出是 1750 年在科马亚瓜市的户外举行的，这个时期的主要作品是《跛脚魔鬼》。1915 年，曼努埃尔·博尼利亚国家大剧院正式成立。

现在洪都拉斯的特古西加尔巴市和圣佩德罗苏拉市有很多戏剧机构和组织，其中最重要的是 1965 年在圣佩德罗苏拉市成立的国家大剧院（TNH），其管理层是来自各个学校和大学的教职员工。其他机构还有洪都拉斯戏剧大学（TUH）和成立于 1982 年的洪都拉斯戏剧演员联盟（COMHTE）。这些戏剧团体推出了许多制作精良的作品。洪都拉斯还有一家国立艺术专科学校、一支国家交响乐团以及各种音乐学校。

在洪都拉斯，剧院里曾盛行洪都拉斯国立自治大学的创办者何塞·特立尼达·雷耶斯·塞维利亚的作品。现在最流行的是拉斐尔·穆里略·塞尔瓦的作品。

四　体育

洪都拉斯奥委会于 1956 年成立，并于同年得到国际奥委会的认可。1968 年，洪都拉斯首次参加奥林匹克夏季运动会。洪都拉斯参加过在美洲举办的 3 次奥运会，即 1976 年蒙特利尔奥运会、1984 年洛杉矶奥运会和 2016 年里约热内卢奥运会，洪都拉斯参加奥运会的人数详见表 6-14。1992 年，洪都拉斯少有地参加了冬季奥运会。在这一届冬季奥林匹克运动会上，洪都拉斯运动员虽然未获得奖牌，但对洪都拉斯来说，却是一次体育的新尝试。

表 6-14　洪都拉斯参加奥林匹克运动会的运动员人数

单位：人

	1968年	1976年	1984年	1988年	1992年	1996年	2000年	2004年	2008年	2012年	2016年	2021年
运动员人数	1	3	8	8	10	4	3	3	4	27	26	27

资料来源：https：//en. wikipedia. org/wiki/Honduras_ at_ the_ Olympics, https：//olympics. com/tokyo-2020/olympic-games//en/results/all-sports/noc-entries-honduras. htm。

此外，洪都拉斯还比较频繁地参加各种国际体育盛会。洪都拉斯主要的体育活动有足球、网球、棒球、橄榄球、跆拳道、柔道和游泳等项目。多数运动是大众娱乐活动，而不是为了竞技。由于地理和气候的原因，大众体育项目多为户外活动，如骑行、钓鱼、划艇、潜水等，各种水上项目很多。

洪都拉斯最流行的体育项目是英式足球，其足球管理机构是洪都拉斯国家足球协会，总部位于特古西加尔巴。19 世纪 60 年代足球运动开始在洪都拉斯出现，最早的足球俱乐部出现于 20 世纪初，1921 年，"Los Catrachos" 队代表洪都拉斯首次参加在危地马拉举办的国际足球比赛。1951 年，一些洪都拉斯足球俱乐部的成员成立了洪都拉斯国家足球协会。同年，洪都拉斯加入了国际足球联盟，10 年后加入中北美洲及加勒比英式足球联盟。1960 年，洪都拉斯组建了国家足球队。

现在洪都拉斯国内约有 60 个专业和业余足球队，组成了三大联赛分支：洪都拉斯全国足球联赛、洪都拉斯晋级足球联赛、洪都拉斯足球大型联赛。其中，洪都拉斯全国足球联赛成立于 1965 年，是国内最受欢迎的联赛组织，共有 10 名俱乐部成员。在洪都拉斯全国足球联赛中获胜的球队被公认为实力最强的球队，并可以获得参加中北美洲及加勒比英式足球联赛的资格。1981 年，洪都拉斯足球队赢得了 "美洲杯"（CONCACAF）的冠军。1993 年、1995 年和 2011 年，洪都拉斯足球队获得了 "中美洲足球联盟"（UNCAF）国家杯的冠军。1999 年，在泛美足球赛中，先后击败了美国、乌拉圭、古巴、牙买加和加拿大，获得了亚军。洪都拉斯参与了 3 届世界杯比赛：1982 年西班牙世界杯比赛、2010 年南非世界杯比赛和 2014 年巴西世界杯比赛，其中在 2014 年世界杯比赛中击败了墨西哥队。

洪都拉斯的国际象棋运动起源于殖民时代，第一届洪都拉斯国际象棋比赛于 1973 年举办，1993 年洪都拉斯成立了国际象棋联合会。

洪都拉斯还有一些与体育运动相关的专业组织：洪都拉斯田径联合会、洪都拉斯羽毛球联合会、洪都拉斯篮球联合会、洪都拉斯拳击联合会、洪都拉斯马术联合会、洪都拉斯击剑联合会、洪都拉斯足球联合会、洪都拉斯手球联合会、洪都拉斯赛艇联合会、洪都拉斯垒球联合会、洪都拉斯乒乓球联合会、洪都拉斯跆拳道联合会、洪都拉斯举重联合会。这些机构大部分集中在首都特古西加尔巴，个别在圣佩德罗苏拉市。

第七章

外　交

第一节　外交政策

洪都拉斯主张各国和平共处，相互尊重领土主权；促进民主，捍卫人权；重视发展同美国、欧盟及日本等的关系，保持与拉美国家的传统友谊；支持地区一体化进程；支持国际反恐合作。

洪都拉斯的外交政策传统上由总统主导，外交部部长基本上执行总统制定的外交政策。然而，在洪都拉斯于 1982 年恢复文官执政后，军方继续在与国家安全有关的外交政策方面行使权力。例如，古斯塔沃·阿尔瓦雷斯（Gustavo Álvarez）将军与美国的直接谈判决定了洪都拉斯接收反桑地诺·孔特拉斯游击队；美国在帕尔默罗拉设立空军基地；萨尔瓦多军队在洪都拉斯军事训练区域中心（中央军事中心）训练；等等。洪都拉斯的外交政策受到军方影响一直持续到 20 世纪 80 年代末，当时区域动荡缓解，影响了洪都拉斯在美国对该地区地缘战略中的重要性。自 20 世纪 80 年代后半期开始，在卡洛斯·洛佩斯·孔特雷拉斯（Carlos López Contreras）的领导下，外交部逐渐成为专业的决策部门。该部的关键职位是根据能力而不是政治派别选出的。然而，随着 1990 年政府更迭，政治化再次成为常态，执政党党员更容易入选外交部。卡列哈斯（Callejas）总统积极参与外交决策，使外交部部长在制定外交政策过程中所发挥的作用受到影响。

洪都拉斯注重国际多边合作，是联合国、七十七国集团、世界贸易组织、美洲国家组织、中美洲议会（PARLACEN）、中美洲一体化体系、中美洲军事会议（CFAC）以及中美洲安全委员会（CASC）等 39 个国际组织的成员。此外，洪都拉斯是《里约协定》的签署国和中美洲防务理事会（CONDECA）的成员，是联合国和美洲国家组织所有反恐协定和条约的参加者。洪都拉斯于 1993 年 9 月被接纳为不结盟运动成员，于 1994 年 4 月加入关贸总协定。作为联合国的创始会员国，洪都拉斯于 1995~1996 年度首次担任联合国安理会非常任理事国。洪都拉斯于 1995 年 3 月，向联合国驻海地维和部队派遣 120 名官兵。截至 2021 年，洪都拉斯共加入 5 个国际特派团，在 54 个国家和地区设有大使馆或代表处，共计有 26 个国家在洪都拉斯首都特古西加尔巴设立使领馆或代表处。负责外交事务的部门为洪都拉斯外交部，外交部的主要职责为制定、协调、执行和评估外交政策以及维护对外关系，包括外交和领事服务，推动国家经济、政治、文化和国际合作，维护国家主权和领土完整。该部门成立于 1839 年 1 月 11 日，现任部长为爱德华多·恩里克·雷纳。主要官员包括：外交部国际合作副部长、对外关系外交政策副部长、移民事务副部长以及秘书长。

洪都拉斯也依赖国际的多边援助。2014 年 5 月，洪都拉斯等中美洲 6 国与欧盟达成了旨在"促进食品安全、就业和法制"的"政治对话与合作协议"（Political Dialogue and Cooperation Agreement，PDCA），该发展合作项目在 2014~2020 年实施。洪都拉斯政府近年来从国际货币基金组织获得多次贷款。2018 年，国际货币基金组织对该国的经济发展进行了积极评价。2019 年 7 月签署了一项为期两年、价值 3.31 亿美元的新贷款协议，并于 2020 年 12 月获得批准。新冠疫情发生之后，国际货币基金组织承诺增加 2.22 亿美元的贷款。与此同时，世界银行也同意给洪都拉斯总额近 7 亿美元的各种援助和贷款，在 2020 年陆续批准，其中部分项目有：2000 万美元的紧急投资项目用于应对新冠疫情；1.19 亿美元的信贷，用于国内融资以应对疫情造成的危机；3000 万美元的投资项目用于改善学前教育；4500 万美元的项目用于改善城市供水；7000 万美元的项目用于改善干旱地区的供水；1.5 亿美元的项目支持飓风后的国家重建。①

第二节 同美国的关系

洪都拉斯 1821 年摆脱西班牙的殖民统治获得独立。1824 年 8 月 4 日，美国承认了包括洪都拉斯在内的中美洲联邦独立，并接受了"中美洲联邦"派出驻美的全权公使。中美洲联邦解体后，洪都拉斯与美国于 1853 年 4 月 19 日建立外交关系，美国驻洪都拉斯公使馆 1856 年 2 月 22 日启用。1943 年 3 月 23 日，美国将包括洪都拉斯在内的 7 个美洲国家的外交关系升格为大使级。约翰·D. 欧文（John D. Irwin）为首任美国驻洪都拉斯大使。

一 20 世纪 50~90 年代初的双边关系

20 世纪，美国对洪都拉斯的影响超过其他任何国家，一些分析家认为美国是洪都拉斯政治力量的一个主要来源，这一影响可以追溯到 20 世纪初期，当时，美国香蕉公司开始在洪都拉斯北部沿海地区扩张。美国政府定期派遣军舰去镇压洪都拉斯的革命活动以保护美国企业的利益。第二次世界大战后不久，美国与洪都拉斯签署了一项租借协议，在靠近加勒比海的特鲁希略设有一个小型的海军基地。1954 年，两国签署了军事援助协议，美国帮助洪都拉斯发展和训练军队。20 世纪 50 年代，美国总计提供了约 2700 万美元的援助，其中大部分以发展援助的形式，帮助洪都拉斯发展农业、教育和卫生等；60 年代，在"争取进步联盟"计划下，美国向洪都拉斯提供的援助多达 9400 万美元，其中大部分用于农村地区的发展；70 年代，美国的援助达到 1.93 亿美元，主要为发展和食品援助，其中军事援助的金额为 1900 万美元。70 年代，美国援助关注的重点还是农村发展，尤其是支持洪都拉斯政府 70

---

① 世界银行网站，/www.worldbank.org/en/country/honduras/overview#2。

年代初进行土地改革。

　　20 世纪 80 年代，美国将洪都拉斯视为其对中美洲政策的关键。80 年代初，洪都拉斯的南部地区成为制约尼加拉瓜进入本国的前沿地带。洪都拉斯保守派政府与美国政府极为关注尼加拉瓜的桑地诺军队建设，洪都拉斯政府将美国的援助看作阻止尼加拉瓜革命运动、提升洪都拉斯军队战斗力的重要手段。1983 年洪美两国签署了 1954 年双边军事援助协定的补充协定，为美在洪的临时军事存在创造了条件。1983 年，约 1100 名士兵的美国联合特遣部队驻扎在帕尔梅罗拉空军基地（该基地于 1988 年更名为恩里克·索托·卡诺空军基地），该基地距离首都特古西加尔巴 80 公里。这支部队的首要使命是支持军事演习和其他军事活动。美军国民警卫队和洪政府军共同参加了数十次军事演习，美国花费数百万美元建设或提升了一些空军设施，此外，该部队也用于支持尼加拉瓜反政府武装。美军还帮助洪都拉斯修建道路，为偏远农村地区提供医疗服务等。美军一个情报营还执行侦察任务。1987 年美国批准向洪都拉斯出售 12 架 F-5 战斗机，旨在使洪都拉斯在中美洲保持空中优势。

　　20 世纪 80 年代初，为促进加勒比盆地地区的经济发展，美国提出"加勒比盆地计划"。按照该计划，美国给予加勒比和中美洲地区国家相当数量的产品进入美国市场单方面享受优惠和免除关税的待遇。该计划 1984 年开始实施，洪都拉斯成为其中的受益者。1989 年洪对美出口增长了 16%，但与哥斯达黎加和多米尼加相比要逊色一些。

　　20 世纪 80 年代，美国向洪都拉斯提供了大量的援助，援助额将近 16 亿美元，使洪都拉斯成为继萨尔瓦多之后美国在拉美地区的最大受援国。美国的援助，37% 为经济支持基金援助（Economic Support Funds，ESF）、25% 为军事援助、24% 为发展援助、10% 为食品援助，其余 4% 是由美洲基金会提供的用于世界上规模最大的和平队项目、灾害救助和小型发展项目等。

　　80 年代末，有人质疑美国对洪都拉斯的投入如此巨大，但成效甚微。1991 年，洪都拉斯人均 GDP 只有 590 美元，是西半球最贫穷的国家之一，洪都拉斯政府也没有采取任何明显的经济改革措施解决问题。许多高层人士承认，美援被花费在不当的军事和政府开销上。美国前驻洪都拉斯大使就认为，美援存在缺陷，没有有效地限定于洪都拉斯推进宏观经济改革和加强司法的民主制度建设方面。1989 年美国会计总署的报告也认为，洪都拉斯政府在 80 年代形成了对外援的依赖，视美援为经济改革的替代物。报告还认为，洪都拉斯政府之所以能够抵制经济改革就在于它支持美国在该地区的安全计划。

20 世纪 80 年代末，洪都拉斯人对美国的不满情绪开始上升。1988 年 4 月，一伙人攻击并焚烧了美国在特古西加尔巴使馆的附属建筑，起因是美国逮捕了一名所谓的毒贩，而此人是 1985 年在墨西哥谋杀美国毒品管制委员会代表恩里克·卡马雷斯（Enrique Camarena）的首要嫌疑人。一些洪都拉斯人将美国的行为视为违反了洪都拉斯宪法禁止引渡本国居民的规定，洪国内民族主义情绪急剧上升。

20 世纪 90 年代初，随着萨尔瓦多内战的结束和一项和平协定的签署，美国对洪都拉斯的政策在许多方面发生了变化。美国对洪都拉斯年度援助显著减少。尽管 1990 年和 1991 年，洪都拉斯受援金额还分别达 2.13 亿美元和 1.5 亿美元，但在随后的 1992 年和 1993 年，分别下降到了 9800 万美元和 6000 万美元。虽然美国的援助额下降了，但美国通过免除债务的方式给予洪都拉斯大力支持。1991 年 9 月，美国免除了洪都拉斯政府所欠的 4.34 亿美元的双边债务，相当于洪都拉斯所欠美国全部双边债务的 96% 以及相当于洪都拉斯所欠 35 亿美元全部外债的 12%。此举被认为在动荡的 20 世纪 80 年代，美国对洪都拉斯作为其可靠盟友的回馈，同时象征其支持这个西半球最贫穷的国家进行经济改革。

20 世纪 90 年代，美国依然是洪都拉斯最重要的贸易伙伴和投资来源国。当时，洪都拉斯市场对美国的出口和投资相对开放。1990 年 6 月，美国总统布什提出"美洲倡议"，力图在长期实现一个覆盖整个美洲地区的自由贸易目标。1991 年洪都拉斯与美国签订了《贸易和投资框架协议》。从理论上讲，这个协议使得洪都拉斯与美国实现自由贸易迈出了第一步。1992 年卡列哈斯政府出台新的投资法，改善本国的贸易和投资环境。90 年代初，一些洪都拉斯人担忧美国与加拿大和墨西哥三方签署的《北美自由贸易协定》将损害本国利益，美国的部分贸易和投资将会转移到墨西哥，三边合作受挫。

90 年代初，洪都拉斯与美国在知识产权和人权等问题上发生争执，影响到双边关系。1992 年美国电影出口商协会（Motion Picture Exporters Association of America）提起申诉，美国贸易代表办公室决定对私人卫星电视信号的保护情况开展调查。洪都拉斯的有线电视公司通常使用美国的卫星电视信号。为此，1993 年洪都拉斯政府向议会提交《知识产权法》，保护洪都拉斯所参加的"加勒比盆地计划"和"普惠待遇"（GSP）所享受的权益免受损害。随着洪都拉斯与美国的关系出现重大的变化，美国对洪都拉斯的人权状况和军队不受惩罚表示不满，并建议洪政府削减军事开支。

尽管地区的冲突得到缓解，但美军仍在恩里克·索托·卡诺空军基地保留了 1100 名士兵。联合特遣部队也继续每年为美军训练数千名士兵，还包括道路维修、为边远农村提供医疗服务等。美国在洪驻军的首要使命是利用侦察机追踪从南美洲到美国的毒品走私活动。虽然洪都拉斯并非主要的毒品制造地，但它处于向美国和欧洲运输毒品的重要通道上。设在洪都拉斯北部沿海特鲁希略的雷达站是覆盖加勒比地区雷达网的一个组成部分，被用于打击毒品走私活动。

二　20 世纪 90 年代中期以来的双边关系

洪都拉斯作为美国的盟友，通常支持美国在国际事务上的倡议。洪都拉斯与美国在反毒品和反恐问题上有紧密的合作关系，洪都拉斯是第一个同美国签署"98 条款"协定的国家之一，洪都拉斯的科尔特斯港加入了美国倡导的《集装箱安全协定》。洪都拉斯加入了在西撒哈拉的联合国观察员使团，并派遣 370 名士兵进入伊拉克，积极参与联合国其他维和任务。洪都拉斯支持美国的同时，双边关系也存在一些问题。例如，非法移民，特别是赴美的非法移民越来越多，目前有约 100 万名洪都拉斯人居住在美国，其中约 60 万人没有证件；洪都拉斯国内的毒品，以及毒品引发的社会问题，不仅导致洪都拉斯国内动荡不安，美国也受其影响；贪污腐败和社会安全没有保障，人权状况持续恶化。美国对洪都拉斯的政策重点是阻止非法移民到美国，加强民主治理，维护人权和加强法治建设，促进经济繁荣，保持洪都拉斯长期安全形势。美国政府与洪都拉斯政府合作应对上述挑战。特朗普执政时期，美国奉行"美国优先"和"重振美国"的政策，破坏了地区治理的连续性，导致洪都拉斯的相关问题更加严重。

美国是洪都拉斯主要的贸易伙伴。2006 年洪都拉斯与美国的双边货物贸易额超过 70 亿美元，双边贸易主要集中于客户工业，其中洪都拉斯从美国进口纱线和纺织品，并向美国出口成衣制品。其他洪都拉斯主要对美出口产品，包括咖啡、香蕉、海产品（主要是虾）、矿产品（锌、铅、金和银）以及蔬菜和水果等。2007 年 10 月，洪都拉斯对美出口同比增长了 6%，同期美国对洪都拉斯出口增长了 18%。2018 年，两国双边贸易总额估计为 123 亿美元。2018 年，美国出口到洪都拉斯的商品价值为 69 亿美元，洪都拉斯向美国出口 54 亿美元的商品。[①]

来自美国的投资占洪都拉斯吸引的 FDI 的近 2/3。2005 年美国对洪都拉斯的直接投资额达 4.02 亿美元，而 2004 年为 3.30 亿美元。2005 年洪都拉斯吸引的全部 FDI 为 5.68 亿美元，其中 1.96 亿美元流向客户工业。美国一直是洪都拉斯 FDI 最大来源国，美国资金主要投向客户工业、水果（主要是香蕉、西瓜和菠萝）生产、旅游业、农业生产、水产养殖、动物饲养、通信、燃料工业、雪茄加工、保险、酿造、租赁、食品加工和家具制造业等。美国在洪都拉斯有许多特许经营业，尤其是在餐饮行业。2018 年美国对洪都拉斯的 FDI 为 5.04 亿美元，比 2017 年减少 64.1%。

2004 年，洪都拉斯同萨尔瓦多、尼加拉瓜、危地马拉、哥斯达黎加和多米尼加与美国签署了《中美洲自由贸易协定》。2005 年，除哥斯达黎

---

① 《美国与洪都拉斯的关系》，美国国务院网，2020 年 4 月 20 日，https：//www.state.gov/u-s-relations-with-honduras/。

加以外的所有中美洲国家的议会都批准了该协定，协定已于 2006 年上半年开始实施。《中美洲自由贸易协定》消除了货物、服务、农产品和投资的关税壁垒，而且该协定有利于美国推动民主、地区一体化、保护环境和劳工权利等。

2005 年 6 月，洪都拉斯成为第一个与美国签署《千年挑战账户协定》的西半球国家。根据协定，美国千年挑战公司（Millennium Challenge Corporation，MCC）在 5 年内投资 2.15 亿美元，帮助洪都拉斯改善道路等基础设施、推动农业多元化并将其产品推向市场。千年挑战公司还通过一项"补救计划"提供资金，以帮助洪都拉斯消除腐败。

美国的经济和发展援助　长期以来，美国一直是洪都拉斯最大的援助国，向洪都拉斯提供了大量的经济援助。据统计，2007 年美国国际开发署援助洪都拉斯的预算为 3700 万美元，主要用于推进洪都拉斯建立民主制度、增加私人部门的就业和收入、帮助偿还国际金融机构债务、提供人道主义援助、促进农业生产以及向小型企业提供贷款等。

1998 年，洪都拉斯是遭受米奇飓风袭击损失最严重的中美洲国家。这场灾害给整个中美洲的家庭、医院、学校和商业等造成了大约 85 亿美元的损失，其中洪都拉斯的损失高达 30 亿美元。为此，在 1998~2001 年，美国提供的紧急灾害救助和人道主义援助超过 4.61 亿美元，这些援助用于帮助洪都拉斯修复道路等基础设施、学校以及当地政府开展危机管理培训等方面，剩余部分用于打击犯罪和毒品等项目。

自 1962 年以来，美国和平队一直在洪都拉斯活动。在洪都拉斯的活动是美国和平队在全球开展的最大的项目之一。据统计，2005 年有 220 名和平队志愿者在洪都拉斯最贫穷的地区开展活动。

美国政府还支持洪都拉斯警察队伍的专业化工作，美国驻洪都拉斯大使馆还向警官们提供特别的训练，以使其成为该国法治建设的重要力量。

美国在中美洲的对外援助以美国中美洲战略为指导。该战略于 2015 年宣布，致力于促进所有七个中美洲国家（伯利兹、哥斯达黎加、萨尔瓦多、危地马拉、洪都拉斯、尼加拉瓜和巴拿马）的体制改革和发展。

该战略旨在通过解决非法移民和跨国犯罪，确保美国边境安全，保护美国公民，同时增加美国的影响力和美国企业的参与机会。该战略侧重于三条总体行动路线：促进繁荣、加强安全和改善治理。2019 年底，美国提出"美洲增长"倡议，强化美国的影响，达到对拉美地区的控制。为了配合"美洲增长"倡议，美国还在 2020 年开启了一个包括洪都拉斯、危地马拉和萨尔瓦多三个中美洲国家的次区域合作计划。

美国的安全援助 近年来，洪都拉斯的军队职能发生了重大变化，许多方面原先由军队控制，现改由文人政府负责。洪都拉斯年度的国防和警察预算中就有来自美国的安全援助资金。

因为缺少一个大规模的安全援助计划，洪都拉斯与美国的防务合作采取了加强洪都拉斯军队在两国军事接触中的参与以及在维和、反恐、灾害救助、人道主义援助和打击贩毒等方面的双边和多边的演习活动的措施。驻扎在洪都拉斯恩里克·索托·卡诺空军基地的美国联合特遣部队在联合演习中发挥了重要作用，对中美洲地区发生的自然灾害起到了救助平台的关键作用，它不仅在修复道路、满足医疗和卫生需求方面发挥作用，而且将数百万美元的私人捐赠物资转交到急需人员的手中。

洪美两国签订军事合作协定，美国在洪都拉斯驻扎军事使团，在帕尔梅罗拉设有军事基地，这是美国在中美洲的唯一军事基地。1995 年 10 月美国将其驻扎在洪都拉斯的军队人数从 800 人减至 500 人。

尽管美国与洪都拉斯关系密切，但塞拉亚执政期间实行的"左转"政策，一度使洪美两国关系疏远。2009 年 6 月洪都拉斯发生政变后，美国不仅立即澄清其与政变无关，而且奥巴马总统发表声明，谴责洪都拉斯军人政变，称"塞拉亚应仍是洪都拉斯的总统"。随后，美国一方面采取了有限度的制裁措施（如暂停与洪都拉斯的一切军事合作项目，暂时中止对洪都拉斯的军事援助）；另一方面，通过美国的斡旋，塞拉亚与临时政府举行了两次谈判。在塞拉亚流亡国外期间，美国政府力邀哥斯达黎加总统阿里亚斯充当洪都拉斯政治危机的国际调停人；塞拉亚回国后，美国政府力促塞拉亚与临时政府达成协议。特朗普上台之后，对从墨西哥入境的难民采取强硬措施，其中就涉及来自洪都拉斯的难民。2018 年 10 月，特朗普威胁洪都拉斯政府，如果不采取行动减少难民就停止援助。2021 年 5 月，洪都拉斯国内缺乏新冠疫苗，提出要在中国设立"商务办事处"。2021 年 6 月 27 日，美国向洪都拉斯捐助了150 万剂新冠疫苗。

双方旅游业随着访问海湾群岛（尤其是罗阿坦岛）游客的增加而大有发展。2019 年有超过 125 万名美国游客访问了洪都拉斯，目前约有31000 名美国公民居住在洪都拉斯。

第三节　同中美洲国家的关系

一　中美洲地区一体化进程

作为 1820～1830 年中美洲联合省的杰出领导人，洪都拉斯的民族英雄弗朗西斯科·莫拉桑所设想的统一的中美洲终究没能够实现，其原因在于原联合省的 5 个成员——哥斯达黎加、萨尔瓦多、危地马拉、洪都拉斯和尼加拉瓜之间存在分歧，并且它们于 1938 年联邦解体后各自走向独立。随后，将五国重新结成某种形式的政治联盟的目标也没有实现，直到1951 年成立了中美洲国家组织，1960 年中美洲经济一体化的努力将它们组成了中美洲共同市场。1960 年 12 月，萨尔瓦多、危地马拉、洪都拉斯和尼加拉瓜签署了《中美洲一体化总协议》，中美洲共同市场于 1961 年 6月正式实施，一年之后哥斯达黎加加入。

20 世纪 60 年代，中美洲共同市场建立的目的是消除五国间的贸易壁垒，建立统一的共同对外关税。作为地区一体化努力的结果，中美洲共同市场建立了两个主要的机构：一是中美洲经济一体化总协定秘书处（设在危地马拉城），作为共同市场的执行机构；二是中美洲经济一体化银行（总部设在洪都拉斯特古西加尔巴），作为共同市场的金融机构，主要职能是为成员国提供资金。在此期间，共同市场的一体化进程较为成功，但在 60 年代末期，随着洪都拉斯与萨尔瓦多之间爆发边境战争——"足球战争"后，共同市场陷入混乱。1970 年 12 月，洪都拉斯停止参加共同市场，与萨尔瓦多的关系在 70 年代一直处于紧张状态，1976 年边境冲突升级。1980 年洪都拉斯与萨尔瓦多最终签署了和平协定。

20 世纪 90 年代初，中美洲地区的一体化进程得到显著的恢复性发展，部分原因在于中美洲各国的总统之间建立了良好的个人关系。每半年举行一次中美洲国家首脑会议已经制度化。被称为中美洲"北部三角"的危地马拉、萨尔瓦多和洪都拉斯在推进地区一体化进程中的努力比哥斯达黎加和尼加拉瓜更为坚定和始终如一。1991 年 7 月于圣萨尔瓦多召开的第十次中美洲国家首脑会议上，与会总统们决定吸收巴拿马加入一体化进程。伯利兹作为观察员出席了会议。尽管 1986 年以来洪都拉斯积极参与中美洲国家首脑会议，但直到 1992 年 2 月，洪都拉斯与其他中美洲国家之间的过渡性多边自由贸易协定实施时，它才真正重新加入地区一体化进程。

1990 年 6 月，在危地马拉的安提瓜岛举行的第八次中美洲国家首脑会议上，与会总统宣誓要重组、加强和重新启动地区一体化进程，中美洲的经济一体化进程重获活力。与会领导人签署的《中美洲经济行动计划》，包含了对一体化进程的承诺和指导原则，如消除地区内部的关税壁垒，支持商业一体化，加强对外贸易、投资和旅游的地区协调，推进产业重组，制定和实行协调的农业、科学和技术政策，以及促进宏观经济调整等。1991 年在洪都拉斯首都特古西加尔巴举行的第十一次峰会上，各国总统签署了建立"中美洲一体化体系"① 的条约，将中美洲一体化体系作为一体化进程的管理机构。该条约经中美洲各国批准后，于 1993 年 2 月正式实施。中美洲一体化体系是协调地区一体化的机构，总部设在萨尔瓦多，其中包括中美洲经济一体化秘书处和中美洲经济一体化银行。中美洲一体化体系每年召开两次首脑会议，2019 年 6 月，第 53 次中美洲国家首脑会议通过了《危地马拉宣言》，正式吸纳加拿大为该组织第 33 个观察员；2019 年 12 月，第 54 次中

---

① "中美洲一体化体系"前身为 1951 年成立的"中美洲国家组织"。

美洲国家首脑会议围绕加强中美洲一体化体系机制建设、落实地区一体化议程有关目标等进行讨论。2020年，由于新冠疫情，首脑会议未能召开。

1993年1月，中美洲地区经济一体化进程取得了一定的进展，中美洲五国总统一致同意将针对第三方的对外关税削减20%~40%。同年4月，中美洲北部三国和尼加拉瓜组成的"中美洲自由贸易区"开始启动，将涉及5000种产品的区内贸易关税降至5%~20%。与此同时，中美洲北部三国同意在1994年4月前建成自由贸易区和关税同盟。

在区域的政治一体化方面，中美洲国家的总统于1987年签署建立"中美洲议会"的协议，以建立一个通过协商和建议来支持一体化和民主制度的审议机构。除了哥斯达黎加以外，其他4个中美洲国家都批准了该协议，中美洲议会于1988年正式获得通过。按照协议，每个成员国在议会中有20名议员，但直到1991年10月中美洲议会成立时，只有洪都拉斯、萨尔瓦多和危地马拉三个国家选出了议员，尼加拉瓜在1994年初选出了议员，哥斯达黎加则由于国内的反对始终没有选出议员。从1993年2月以来，中美洲议会已经成为中美洲一体化体系的一部分，在这个体系下其他的政治性组织也建立起来，其中包括中美洲法院和协商委员会等，其成员来自社会的不同阶层。2004年12月，在第25次中美洲国家首脑会议上，与会各国领导人就改革中美洲议会和法院等问题达成了协议。会议决定中美洲议会将建立一个特别委员会，专门处理在中美洲一体化进程中出现的问题。作为继欧洲议会之后的世界上第二个地区性议会，2018年，中美洲议会希望通过摩洛哥建立拉美与非洲地区的关系。2020年3月，在中美洲议会上，7个成员国中的5个提出改革中美洲议会，否则就解散。此次改革的直接原因是作为地区议会，中美洲议会一直被指责效率低下。此外，还因为议员涉嫌腐败、维持官僚机构的费用过高等。考虑到作为中美洲一体化体系中的重要组成部分，中美洲议会不可或缺。通过协商，各国最后达成共识：对中美洲议会进行改革。内容包括：每个成员国的议员从20名减少到10名；冻结中美洲议会的议长和副议长任期期满自动转为议员的流程。

2021 年，中美洲国家庆祝独立 200 周年。1821 年，危地马拉、萨尔瓦多、洪都拉斯、尼加拉瓜和哥斯达黎加从当时的西班牙王国独立。

二 同萨尔瓦多的关系

洪都拉斯和萨尔瓦多是邻国，两国之间曾因一场足球比赛而爆发过"足球战争"。其实这场历时 100 余小时的战争的爆发是有其深刻背景的。

1968 年，洪都拉斯洛佩斯政府陷入了困境。劳资冲突加剧、政治形势动荡，政府遭到保守势力的批评。1968 年 3 月城市选举伴随着暴力和公开贿选的指控，尽管国民党赢得了大选，却激起了公众的不满，引起了美国驻洪都拉斯使馆的高度关注，同年中期举行的对话活动收效甚微。1968 年末洪都拉斯政府采取了镇压罢工和驱逐工会领导人的行动，骚乱持续，并在 1969 年春爆发了教师和其他组织举行的新罢工。

政治形势恶化，使政府和一些私营组织将国内经济问题归咎于大约 30 万名萨尔瓦多非法移民。一些保守组织将他们视为非法的土地侵占者。1969 年 1 月，洪都拉斯政府拒绝与萨尔瓦多续签两国于 1967 年签署的双边移民协定。4 月，有消息说那些在土地改革中获得了土地而本身并不是出生于洪都拉斯的非法占有者将被驱逐。洪都拉斯媒体也宣传来自萨尔瓦多的非法移民对加勒比沿海地区人们的失业和工资带来的不利影响。5 月末，大量移民返回萨尔瓦多。

1969 年 6 月，紧张局势持续升级。当月，洪都拉斯和萨尔瓦多两国的足球队将要进行三场 1970 年世界杯外围赛，在洪都拉斯首都举行的第一场比赛中洪都拉斯以 1∶0 胜萨尔瓦多，比赛中发生骚乱。接着在萨尔瓦多首都圣萨尔瓦多举行第二场比赛，洪都拉斯以 0∶3 不敌萨尔瓦多，球场上发生骚乱，洪都拉斯的球迷遭到殴打，于是两国球迷的激动情绪被点燃。此时，在洪都拉斯国内，出现了针对萨尔瓦多人的暴力行动，其中包括几名萨尔瓦多驻洪都拉斯领事，但无法知道有多少萨尔瓦多人被杀或者受到伤害，于是成千上万的萨尔瓦多人开始逃离洪都拉斯。与此同时，两国的媒体不断营造混乱气氛，6月27日，洪都拉斯断绝了与萨尔瓦多的外交关系。双方不得不进行的最后一场球赛被迫转移到墨西哥，最终经加时赛萨尔瓦多以3:2战胜洪都拉斯。

1969年7月14日凌晨两国爆发了"足球战争"。当日，萨尔瓦多空军空袭了洪都拉斯境内目标，对连接两国的主要公路发动袭击，并攻击了位于丰塞卡湾的洪都拉斯岛屿。起初，萨尔瓦多取得了相当快速的战果，7月15日晚，装备和规模远比洪都拉斯强大的萨尔瓦多军队将洪都拉斯军队击退8公里并占领了位于丰塞卡湾的奥科特佩克省首府。之后，由于储油设施遭到洪都拉斯空军的袭击，萨尔瓦多军队出现了燃料短缺、弹药不足的情况。

当天，美洲国家组织召开紧急会议，呼吁萨尔瓦多军队立即撤出洪都拉斯。萨方顶住来自美洲国家组织的压力，要求洪都拉斯方面首先对遭受袭击的萨尔瓦多公民进行赔偿，并保证仍然滞留在洪境内的萨尔瓦多人的安全。7月18日晚，双方达成一项停火协议，然而直到7月29日萨尔瓦多还没有屈从撤军的压力。萨尔瓦多最终不得不同意于8月初撤军。当时萨方面临的压力主要有来自美洲国家组织的经济制裁和向洪都拉斯派遣观察员以监督滞留在洪境内萨尔瓦多人的安全。尽管这场战争只持续了4天，但此后双方花费了10余年的时间才最终达成和平协定。1980年10月30日，两国签署和约，将领土争端交付国际法庭审理。

战争给双方造成巨大损失，有6万~13万萨尔瓦多人被强制驱逐或者逃离洪都拉斯，这给一些地区的经济造成了严重破坏，干扰了两国之间的贸易，边境被关闭，还威胁到了中美洲共同市场的未来发展。大约有2000人，其中绝大多数是洪都拉斯平民被杀害，数以千计生活在两国边境地区的洪都拉斯人无家可归。两国之间的航线也关闭了10余年。

"足球战争"发生后，公众对军队的支持率急转直下，下级军官也经常流露出对高级军官的不满，他们之间的矛盾在加深。这场战争也激发了洪都拉斯人的民族主义和国家自豪感。战时，成千上万的工人和农民涌向政府申领武器来保卫国家；地方的国防机构组织蓬勃发展，众多普通百姓仅仅依靠佩带弯刀等武器肩负保卫地方安全的责任。

领土纠纷 洪都拉斯和萨尔瓦多有领土纠纷，两国政府决定将争议提交海牙国际法庭（ICJ）裁决。1992年海牙国际法庭将两国边境有争议地区中的311平方公里判归洪都拉斯，135平方公里判归萨尔瓦多。两国政府均表示尊重裁决。海牙国际法庭的裁决结果被认为是洪都拉斯方面取得了胜利，但是也给两国遗留了一些难题，因为这一裁决导致1万多名萨尔瓦多居民留在洪都拉斯境内，同时也有1000多名洪都拉斯居民留在萨尔瓦多境内，1.5万名滞留在洪都拉斯境内的居民认为自己是萨尔瓦多人，他们于1992年向两国政府提出了土地权利、在两国间自由活动并保留聚居区组织等要求。为此，洪都拉斯与萨尔瓦多成立了专门的委员会来解决争端。然而，两国经常因边民问题引起冲突。此外，由于在洪都拉斯境内的萨尔瓦多居民砍伐木材运回国内，与洪都拉斯警察发生对峙，两国局势一度严重紧张。

洪都拉斯与萨尔瓦多曾签署两项协议，正式宣布两国之间由边民问题引起的边境冲突已经完全解决。这两项协议是《有关设立界标协议》《边民法定权利协议》。协议规定，两国将在边界立界标，同时因海牙国际法庭裁决而滞留在对方境内的公民的土地财产等也得到了保障。这两项协议解决了两国间的历史遗留问题。

但是，洪都拉斯与萨尔瓦多对拉巴斯地区的归属仍存在争议，冲突时有发生。2006年底，当萨尔瓦多重提位于丰塞卡湾入口处的科内霍岛的所有权问题时，两国关系趋于紧张。该岛作为洪都拉斯的领土已有150年的历史，洪方认为，有关该岛的归属问题已在20世纪90年代由海牙国际法庭做出了裁定：洪都拉斯、萨尔瓦多和尼加拉瓜拥有从其各自海岸向外延伸3000平方米海域的主权。而该岛距离洪都拉斯仅半英里远，距离萨尔瓦多海岸6英里。

2019年，洪都拉斯与萨尔瓦多再次出现摩擦。萨尔瓦多新当选的总统纳伊布·布克尔（Nayib Bukele）对洪都拉斯在任总统奥兰多·埃尔南德斯及其兄弟的不当言论，导致两国政治关系一度趋紧。2021 年 5 月，两国因萨尔瓦多协助洪都拉斯购买科兴疫苗而缓和。两国共同面临的社会紧张关系、暴力犯罪等地区性问题，是长期合作应对的重点。此外，谋求互赢与建立中美洲一体化的贸易关系，是双方共同的经贸诉求。

三　同尼加拉瓜的关系

洪都拉斯与尼加拉瓜关系历来紧张，边界冲突不断，1907 年爆发战争。20 世纪 50~80 年代发生过多次武装冲突。1995 年 4 月，两国签署了丰塞卡湾海域浮标定界工作协议，但双方在主权和水资源问题上仍有争议，摩擦和冲突不断发生。1996~1997 年，两国基本解决了丰塞卡湾和大西洋米斯基托海岸的边界争端，随后完成了丰塞卡湾浮标定界工作。1999 年洪都拉斯议会批准《洛佩斯-拉米雷斯海洋界定条约》后，承认哥伦比亚拥有在尼加拉瓜的加勒比海地区数万平方公里的大陆架主权，但尼加拉瓜坚称拥有对该水域的主权。于是引发了洪都拉斯与尼加拉瓜的边界冲突，形成军事对峙的局面。为此，尼加拉瓜对来自洪都拉斯的进口产品加征 35% 的关税并一直持续到 2003 年，2000 年双方将争议告到海牙国际法庭。2007 年 10 月，海牙国际法庭做出了有利于洪都拉斯的裁决，认定其拥有 4 个岛屿的主权并重新划定了两国的海事边界。但是，两国对丰塞卡海湾地区的捕鱼权仍存在争端。

洪都拉斯与尼加拉瓜在打击有组织犯罪和贩毒领域有长期合作。2013 年，两国军队签订了共同打击有组织犯罪的两国军队间合作协议，主要内容包括：建立两国军事领域的双边合作机制，共同协调应对两国边境地区的武装威胁。2021 年 7 月，两国续签了该协议。2021 年 6 月，两国共同开展了名为"莫拉赞·桑蒂诺行动"的双边联合行动。此次联合行动的主要成果包括：拘留了 46 名犯罪嫌疑人和 72 名不同国籍的非法移民；查获 551.96 公斤可卡因、5 万株大麻、88.6 磅加工大麻以及 6 盎司大麻种子。

四 "北三角"合作

美国拜登政府上台，改变了前任特朗普政府对中美洲移民的强硬拒绝政策，强调要从根本上解决移民问题。移民最主要来自萨尔瓦多、危地马拉和洪都拉斯，也称"中美洲北三角国家"。拜登的政策将使移民问题无法得到快速解决，需要很长时间。为此，拜登政府许诺新增 40 亿美元的经济援助帮助该地区，用以探求非法移民根源；此外，还包括新冠疫苗项目、扩大出口项目、控制犯罪和计划生育的项目；对放弃移民美国的人给予现金补偿，使其免受牢狱之苦。

"中美洲北三角国家"也称"北三角"（the Northern Triangle），由萨尔瓦多、危地马拉和洪都拉斯三国组成。2014 年，为了合作应对各国的问题，三国成立了"北三角"，联手合作解决棘手的跨国问题。为此，三国制定了"北三角繁荣联盟计划"（the Plan of the Alliance for Prosperity in the Northern Triangle）。但由于三国都有自己的考虑和行动路径，缺乏有效协调去打击跨国犯罪，抑制腐败，所以，至今恢复和发展经济的目标没能顺利实现。"北三角"不能有效地解决问题，又赶上美国特朗普政府采取对移民的强硬政策并终止援助，导致移民问题更加严重，形成恶性循环。

长期存在的"移民问题"实际是三国复杂的社会经济和政治问题叠加和积累成弊。首先，经济受挫。本来三国经济比较薄弱，发展也不稳定，2019 年在拉美和加勒比地区各国 GDP 增长率列末端。其次，农业受灾。2020 年飓风灾害严重打击了农业和种植业，使得移民增加。再次，国内长期不稳定。除了国内战争和政治动荡，社会暴力犯罪长期高发，并形成跨国趋势。最后，政府腐败和社会不公现象长期存在，导致每年有20 万~30 万人外迁，其中相当一部分人去往美国。

在这种形势下，美国拜登政府的"源头治理"政策似乎更合理，但其不仅需要时间，更重要的是需要"北三角"三国的协调与合作。这对疫情背景下的异常困难的萨尔瓦多、危地马拉和洪都拉斯三国以及美国都不是一件易事。

五　同其他国家的关系

1974 年 12 月 14 日，中美洲六国同委内瑞拉签署《瓜亚纳宣言》，加强经济合作，委内瑞拉优惠售油、提供贷款以利于地区经济发展。21 世纪初在同委内瑞拉发展关系方面，洪都拉斯国内存在反对声音，担心同委内瑞拉关系的发展将损害洪都拉斯同美国的关系，并且将妨碍 2010 年 7 月到期的《临时保护身份协议》（TPS）的续约。但是洪都拉斯总统塞拉亚致力于加强与委内瑞拉的双边关系。2007 年，塞拉亚决定加入委内瑞拉倡导的"加勒比石油计划"，并于 2008 年 8 月宣布洪都拉斯将加入"美洲玻利瓦尔替代计划"（ALBA），该计划旨在拉美与加勒比国家之间建立一个自由贸易协定，以替代美国主导的美洲自由贸易区。塞拉亚坚持与委内瑞拉发展密切关系。

2009 年 6 月 28 日，洪都拉斯发生政变后，洪都拉斯临时政府与委内瑞拉的关系尤为紧张。作为塞拉亚的盟友，委内瑞拉总统查韦斯对洪都拉斯政变表示强烈谴责，并通过由他主导的美洲玻利瓦尔联盟对政变当局采取了一系列抗议措施。然而，洪都拉斯临时政府也采取了回应措施。7 月 12 日，洪都拉斯临时政府驱逐了 6 名委内瑞拉记者。7 月 22 日，洪都拉斯临时政府发表的声明称，鉴于委内瑞拉曾"用武力威胁洪都拉斯"，而这一行为"严重侵犯了洪都拉斯主权"，因此决定对委内瑞拉驻洪都拉斯外交使团及相关工作人员下达 72 小时驱逐令，同时召回洪都拉斯驻委内瑞拉的外交使团，而委内瑞拉政府则拒绝接受该驱逐令。7 月 22 日，洪都拉斯临时政府还对与塞拉亚和查韦斯关系密切的伊朗采取了措施，决定自即日起取消对伊朗公民入境洪都拉斯的免签政策。

2009 年政变发生后，洪都拉斯临时政府与拉美国家的关系全面恶化。一是与拉美大国的关系全面恶化。政变发生后，里约集团轮值主席、墨西哥总统卡尔德龙宣布，里约集团不承认洪都拉斯临时政府。阿根廷总统克里斯蒂娜不仅坚决支持塞拉亚，而且还曾计划陪同他回国复职。巴西驻洪都拉斯大使馆成为塞拉亚回国后的栖身之地。在洪都拉斯公布大选结果后，巴西和阿根廷都不承认选举结果。二是与美洲玻利瓦尔联盟成员国的关系全面恶化。为支持塞拉亚，委内瑞拉、古巴、玻利维亚、厄瓜多尔、尼加拉瓜、多米尼克、圣文森特和格林纳丁斯、安提瓜和巴布达一致同意召回各自国家驻洪都拉斯的大使。三是与中美洲邻国的关系全面恶化。危地马拉、萨尔瓦多、尼加拉瓜等国一度关闭与洪都拉斯的陆地边境，中止与洪都拉斯的各种商贸往来，并表示视其政局的变化来决定制裁的力度。

政变发生后，全球性和地区性的组织纷纷做出强烈反应：第 63 届联合国大会通过决议，不结盟运动国家首脑会议秘书处发表声明，由中美洲一体化体系、"美洲玻利瓦尔替代计划"和里约集团成员国举行的联合紧急会议通过决议，都强烈谴责这场政变并要求立即无条件恢复塞拉亚总统的职位。美洲国家组织中止了洪都拉斯的成员资格。欧盟对洪都拉斯的这场政治危机和破坏宪法秩序的行为"深表关注"，并表示欧盟向洪都拉斯派驻使节的成员国已召回其使节。然而，洪都拉斯临时政府也采取了针锋相对的措施，先是议会通过了退出美洲玻利瓦尔联盟的决议，后来临时政府还宣布退出美洲国家组织。

2007 年，塞拉亚政府向古巴派驻了大使，打破了 46 年来该国在哈瓦那没有外交官的历史。洪都拉斯此举，并非不再重视与美国的关系，而是希望与古巴加强在医疗和教育领域的合作。[①] 2009 年 5 月，双方开始进行货物贸易的谈判。由于美国对古巴政策的改变，洪都拉斯与古巴关系进展缓慢。2019 年，古巴对洪都拉斯出口仅有 9.89 万美元，双边贸易额即便在拉美国家对古贸易中也无足轻重。

近年来，以色列逐渐成为洪都拉斯重要的外交伙伴。两国签署了多项协定、备忘录，合作领域涉及防务等。洪都拉斯向以色列多次购买军事物品。洪都拉斯承认耶路撒冷是以色列首都。尽管洪都拉斯驻以色列大使馆仍位于特拉维夫，但据称洪都拉斯有计划将使馆迁至耶路撒冷。2019 年 9 月，洪都拉斯总统埃尔南德斯参加了新建于耶路撒冷的合作和贸易办公室的落成典礼。2020 年 8 月，伊朗在洪都拉斯开设合作办公室，为未来设立大使馆做准备。

---

① EIU，Country Profile—Honduras，2007.

洪都拉斯是 2017 年 8 月《利马宣言》的 12 个签约国之一，该协议旨在应对委内瑞拉政治危机，洪都拉斯签约后多次积极参与相关会议及斡旋。

洪都拉斯与欧盟的关系近年来发展良好。洪都拉斯与欧盟关系的巨大进展，始于 2010 年 5 月 19 日在马德里峰会上签署的《欧盟-中美洲联盟协定》。2013 年 1 月 5 日，洪都拉斯议会批准了该协定，使洪都拉斯成为中美洲地区第二个协定执行国，仅次于尼加拉瓜。该协议包括三方面内容：政治、商业与合作。自与欧盟的协定生效以来，洪都拉斯对欧盟的贸易额大幅增加。在政治领域，欧盟选举观察团参加了洪都拉斯 2013 年和 2017 年两次总统选举，标志着欧盟与洪都拉斯政治关系的密切，欧盟还就两次选举进程，分别提出了选举改革建议。在合作领域，欧盟在 2014~2020 年制定了总额 2.25 亿欧元的与洪都拉斯双边合作的预算。在同期欧盟与拉美国家合作预算中，居第二位。欧盟与洪都拉斯合作的重点领域包括粮食安全和营养、体面就业和法治。目前，欧盟在洪都拉斯设有常驻代表团。欧盟成员国中，西班牙、法国和德国在洪都拉斯设有常驻大使馆。

西班牙和洪都拉斯的双边关系，可以追溯至西班牙对洪都拉斯等中美洲国家的殖民时期。21 世纪，西班牙注重同洪都拉斯开展发展性合作，不断增加对洪都拉斯的援助。西班牙是《斯德哥尔摩宣言》（G16 集团）的主要捐助国之一，于 2020 年上半年担任该组织的临时主席国。西班牙与洪都拉斯的合作和对其援助的主要目标为：巩固洪都拉斯的民族和解，推动该国的政治正常化。2017 年洪都拉斯发生大选危机后，西班牙在联合国主导的框架下，积极推动洪都拉斯各方的政治对话。最终，在国际力量的帮助下，洪都拉斯就涉及政治和社会生活等各领域问题，达成了 169 项共识。2020 年 8 月，西班牙、欧盟与洪都拉斯三方签署了谅解备忘录，共建政治协商机制。2020 年 11 月，埃塔（Eta）飓风和艾奥塔（Iota）飓风过后，西班牙王后莱蒂齐亚在国际合作大臣陪同下，前往洪都拉斯进行人道主义访问并运送 120 吨援助物资，用以支持受自然灾害影响的洪都拉斯家庭。同时，西班牙与欧盟、联合国和其他参与者一起，同洪都拉斯制定了可持续国家重建计划，应对飓风造成的破坏和损失。此外，双方的合作领域也不断扩大。2020 年 11 月，西班牙－洪都拉斯混合委员会第八届会议召开，其间签署了《2020～2023 年西班牙－洪都拉斯国家协会框架》，该框架以《2019～2022 年欧盟联合规划战略框架》为基础，确定了西洪两国重点合作领域与合作模式。此外，西班牙在洪都拉斯首都特古西加尔巴设立了技术合作办公室、文化中心以及经济和商务办公室。

尽管受到新冠疫情影响，但根据洪都拉斯政府外交报告，2020 年，洪都拉斯与哥斯达黎加、韩国和日本举行了 3 次双边机制会议，实现了外交和经济关系的平衡，讨论了共同关心的问题和新冠疫情导致的卫生危机的共同应对战略。

此外，洪都拉斯与法国、西班牙、美国、韩国、尼加拉瓜、危地马拉、芬兰、挪威、多米尼加、日本等国举行了 22 次高级别（总统和外长）会议。

第四节　同中国的关系

2023 年 3 月 26 日，洪都拉斯共和国与中华人民共和国建立外交关系。此前，双方长期保持经贸、科技、文化和政党交往。

政治上，1980 年 2 月 20 日，李先念会见来访的洪都拉斯共产党（马列）总书记阿加比多·罗夫莱多。1988 年 2 月，杨尚昆和万里会见洪都拉斯副议长何塞·安东尼奥·费尔南多·古斯曼。1991 年 7 月 24 日，全国人大常委会委员长万里会见来访的洪都拉斯国民党总书记、国民议会秘书长卡洛斯·卡丹。1993 年 4 月 8 日，全国人大常委会副委员长陈慕华会见来访的洪都拉斯国民党总统候选人奥斯瓦尔多·拉莫斯。1994 年 3 月，洪都拉斯外长帕斯会见我国外交部副部长刘华秋和中国驻联合国代表李肇星。2000 年 10 月，洪都拉斯改革党总书记罗夫莱达率团访华。2001 年 11 月，应洪都拉斯国民党领导成员、国会议员卡丹邀请，中共中央对外联络部派团访洪，洪都拉斯安全部部长丰塞卡、自由党主席兼议会第一副议长雷纳设宴欢迎，国民党总书记卡兰萨、议会党团领袖博塔西、圣佩德罗苏拉市市长拉里奥斯等分别会见。2002 年 3 月，中联部副部长蔡武率团访洪。2006 年 1 月，应中联部邀请，以阿尔曼多·富内斯为团长的洪都拉斯改革党代表团访华。2007 年，在中国共产党第十七次全国代表大会召开之际，洪都拉斯改革党中央政治局致函表示热烈祝贺。2012 年 6 月，洪都拉斯多党议员团访华。2014 年 5 月洪都拉斯前总统洛沃访华。

文化上，1995 年 9 月，洪都拉斯副总统赫雷萨诺女士率团来华出席第四次世界妇女大会，同钱其琛外长举行会见。2001 年 12 月，应中国国际交流协会邀请，洪都拉斯国民党领导成员、国会议员卡丹访华。

经济上，2008 年 10 月，中国贸促会副会长于平访问洪都拉斯。2011年 9 月，中国贸促会副会长董松根访问洪都拉斯。2014 年 10 月，中国商务部部长助理张向晨访问洪都拉斯。2008 年 12 月，洪都拉斯民主统一党考察团访华。2010 年 9 月，洪都拉斯工业和贸易部部长埃斯卡兰特出席上海世博会洪都拉斯国家馆日活动。2011 年 2 月，洪都拉斯能源部部长马丁内斯和环境部部长奎亚尔赴华商务考察。2015 年 1 月，洪都拉斯代外长奥乔亚来华出席"中国-拉共体论坛首届部长级会议"。[1] 2017 年，中国贸促会副会长陈洲访问洪都拉斯，与洪都拉斯中国贸易和投资商会签署合作备忘录。中国与洪都拉斯的经贸往来也逐渐增多。2005 年 10 月，由洪都拉斯与危地马拉、哥斯达黎加、尼加拉瓜和巴拿马的 78 名进口商和商会代表组成的经贸访问团，参加了第 98 届中国出口商品交易会第一期的活动，并与中国供应商签订了大量订单。2008 年 9 月17~21 日，中华人民共和国贸易展览会在圣佩德罗苏拉科特国际展览中心举行，来自北京、上海、重庆、山东、浙江、广东、福建、黑龙江 8个省市的 28 家企业参展。这是中国国际贸易促进会第四次在洪都拉斯举办展览。

---

[1] 《中国与洪都拉斯的关系》（2022 年 9 月），中国外交部网站，https：//www.mfa.gov.cn/web/gjhdq_ 676201/gj_ 676203bmz_ 679954/1206_ 680402/sbgx.680406/。

2013 年中洪贸易额为 10.34 亿美元，其中中方出口额为 7.99 亿美元，进口额为 2.35 亿美元。[①] 2017 年中洪贸易额为 8.69 亿美元。其中，中方出口额为 8.45 亿美元，进口额为 0.24 亿美元。洪都拉斯是中国在拉美地区第十七大贸易伙伴，中国是仅次于美国的洪都拉斯第二大贸易伙伴。2013~2022 年部分年份中国与洪都拉斯贸易情况见表 7-1。2020 年中洪贸易额为 9.69 亿美元，其中中方出口额为 9.23 亿美元，进口额为 4592.7 万美元，同比分别增长 -0.4%、-1.9% 和 44.5%。[②] 2022 年，中洪贸易额为 15.89 亿美元，其中中方出口额为 15.6 亿美元，进口额为 2923.9 万美元。

表 7-1　2013~2022 年部分年份中国与洪都拉斯贸易情况

单位：亿美元

	2013 年	2014 年	2016 年	2017 年	2021 年	2022 年
进出口总额	10.34	8.49	7.48	8.69	16.2	15.89
中国出口额	7.99	6.87	7.2	8.45	15.9	15.6
中国进口额	2.35	1.62	0.28	0.24	0.3	0.29

资料来源：参见商务部国际贸易经济合作研究院等《对外投资合作国别（地区）指南——洪都拉斯》，2018，第 18 页；《中国和洪都拉斯经贸关系简况》，中国商务部网站，2022 年 2 月 14 日，http：//mds.mofcom.gov.cn/article/Nocategory/201905/20190502868659.shtml；《中国同洪都拉斯的关系》（2023 年 3 月），中国外交部网站，https：//www.mfa.gov.cn/web/gjhdq_ 676201/gj_ 676203/bmz_ 679954/1206_ 680402/sbgx_ 680406/。

中方主要出口电机、车辆、塑料和橡胶制品、化工产品、纺织原料及制品等，主要进口普通金属及制品、食品原料、木浆、塑料和橡胶制品、化工产品等。

---

① 《2013 年中国与洪都拉斯双边贸易情况》，中国驻哥斯达黎加大使馆经济商务处，2014 年 6 月 17 日，http：//cr.mofcom.gov.cn/article/honduras/201406/20140600627318.shtml。

② 《中国同洪都拉斯的关系》（2021 年 7 月），中国外交部网站，https：//www.fmprc.gov.cn/web/gjhdq_ 676201/gj_ 676203/bmz_ 679954/1206_ 680402/sbgx_ 680406/。

截至 2020 年底，中方对洪都拉斯的直接投资存量为 469 万美元。截至 2021 年底，洪都拉斯在华实际投资金额为 2969 万美元。截至 2021 年底，中资企业累计在洪都拉斯签订承包工程合同额为 6.4 亿美元，完成营业额 7 亿美元。2021 年，中资企业在洪都拉斯新签合同额 37 万美元，完成营业额 8580 万美元。[①] 在洪都拉斯开展投资合作的中资企业主要有：华为技术有限公司，主要从事电信运营、企业产品以及消费者产品的销售；中国水电建设集团国际工程有限公司，目前正在实施帕图卡三期水电站建设项目；中国港湾工程有限责任公司，主要实施科尔特斯港集装箱码头项目。

在 2009 年宪法危机之后，洪都拉斯政府官员或前政府高官都先后在不同场合表示，洪都拉斯有意愿与中国发展关系。特别是在特朗普政府的"美国至上"导致美国和美洲地区合作效率不高、飓风和新冠疫情的打击的双重压力下，发展与世界新兴大国和第二大经济体的关系已经成为洪都拉斯的现实考虑。2013 年，洪都拉斯外交部部长阿图罗·科拉莱斯访问了中国。2021 年 5 月，洪都拉斯提出在中国建立"商务办事处"不是偶然的。事实上，2012 年在洛沃总统执政时，洪都拉斯就提出过类似的建议。

2023 年 3 月中旬，洪都拉斯总统通过社交媒体表示，已指示该国外交部部长爱德华多·雷纳寻求与中国建立外交关系。3 月 25 日，洪都拉斯宣布与中国台湾断绝"邦交国"关系。3 月 26 日，洪都拉斯政府和中国政府共同宣布，两国建立外交关系。涉该国的领事保护和证件业务，暂由中国驻哥斯达黎加使馆代管。[②] 中国在国际社会的伙伴又添新成员，洪都拉斯正式成为中国的第 182 个建交国。

两国在建交前，已在多个领域有所合作。近年来，尤其在文化、经贸、基础设施、公共卫生等领域合作进展显著。中国社会科学院考古所在

---

① 《中国和洪都拉斯经贸关系简况》，中国商务部网站，2022 年 2 月 14 日，http://mds. mofcom. gov. cn/article/Nocategory/201905/20190502868659. shtml。

② 中国领事服务网，2023 年 4 月 10 日，http://cs. mfa. gov. cn/zggmcg/ljmdd/bmz_655327/hdls_ 656445/zggslg_ 656499/201108/t20110805_ 950717. shtml。

洪都拉斯的考古队，已与洪都拉斯开展了近 10 年的考古挖掘、整理和研究。2020 年，帕图卡三期水电站试发电成功。新冠疫情发生以来，通过其他国家，洪都拉斯从中国方面获得了急需的新冠疫苗，提升了国内接种率。此外，洪都拉斯也有一定规模的中国移民，在当地从事商贸和餐饮服务业，增进了洪都拉斯民众对中国文化尤其是饮食习惯的认知。随着两国贸易规模的逐步扩大，中国产品进入洪都拉斯市场后，提升了当地民众对中国的了解。

大事纪年

公元前 6~前 4 世纪	洪都拉斯西北部属著名的玛雅帝国的一部分。
11 世纪	玛雅人后裔托尔卡特人移居到洪都拉斯。
1502 年 7 月 30 日	哥伦布第四次航行美洲，率领的船队抵达巴伊亚群岛的瓜纳哈岛。
1502 年 8 月 14 日	哥伦布在特鲁希略附近登陆。
1525 年 5 月 18 日	特鲁希略城建立。
1525 年 9 月	来自墨西哥的科尔特斯的军队在科尔特斯港附近建立了纳迪维达特城。
1536 年	佩德罗·德·阿尔瓦拉多建立圣佩德罗苏拉城。
1537 年	圣玛丽亚·德·科马亚瓜城建立。
1537~1539 年	印第安酋长伦皮拉领导中部高地的 3 万名印第安人举行起义，以反抗西班牙殖民者的残暴统治，但起义以失败而告终，伦皮拉本人也被杀害。
1538 年	洪都拉斯沦为西班牙危地马拉总督府控制下的殖民地。
1543 年	西班牙殖民者设立边界审议所。最初设在格拉西亚斯和危地马拉城，之后于 1565 年迁至巴拿马。1570 年，在危地马拉城重设审议所。洪都拉斯政治上属于危地马拉所管辖的自治区。
1550 年	西班牙教会来到洪都拉斯传教。
1739 年	洪都拉斯被西班牙王室划归危地马拉总督府管辖。

1750 年	洪都拉斯第一次文艺演出在科马亚瓜市的户外举行，这个时期的主要作品是《跛脚魔鬼》。
1821 年 9 月 15 日	洪都拉斯宣布独立。
1822 年 1 月 5 日	洪都拉斯与危地马拉、萨尔瓦多和尼加拉瓜一同并入墨西哥，依附伊图尔维德王朝。
1823 年	洪都拉斯加入中美洲联邦。
1825 年	洪都拉斯产生了第一部宪法，受到西班牙的强烈影响，宪法规定在洪都拉斯建立"三权分立"制度。
	奥兰乔省建省，位于东南部，东南与尼加拉瓜接壤，是全国面积最大的省份。
	圣巴巴拉省建省，位于西北部，是最早的 7 个省之一。
	乔卢特卡省建省，位于最南部，是最早的 7 个省之一。
	弗朗西斯科·莫拉桑省建省，是最早的 7 个省之一。1943 年前称特古西加尔巴省，后以民族英雄弗朗西斯科·莫拉桑命名。下分 28 个自治市。
	科马亚瓜省建省，位于中西部，是洪都拉斯最早的 7 个省之一。
	约罗省建省，是洪都拉斯最早的 7 个省之一。
1838 年	洪都拉斯退出中美洲联邦，成立独立的共和国。
1840 年	保守派弗朗西斯科·费雷拉建立了独裁政府。
1842 年 9 月 15 日	政治家、律师、演说家和将军何塞·弗朗西斯科·莫拉桑在哥斯达黎加的圣何塞去世。他 1792 年生于洪都拉斯的特古西加尔巴。
19 世纪 40 年代	美国侵占了洪都拉斯的东部地区和位于加勒比海的巴伊亚群岛，并攫取了丰塞卡湾蒂格雷岛煤矿

开采权。

1849 年	洪都拉斯定都特古西加尔巴。
1851 年	洪都拉斯建立了第一个天主教教区。
1853 年 4 月 19 日	洪都拉斯与美国建立外交关系。
1856 年	洪都拉斯与尼加拉瓜共同抗击美国海盗沃克入侵，并于 1860 年将其处决于特鲁希略的海滩。
19 世纪 60 年代	梅迪纳政府向英国借债修建由科尔特斯港至圣佩德罗苏拉的窄轨铁路，并背负了沉重的债务包袱。
1872 年	海湾群岛省建省，包括位于加勒比海上的三个群岛：巴伊亚群岛（由乌蒂拉岛、罗阿坦岛、瓜纳哈岛组成）、天鹅群岛和科奇诺斯群岛。
1876 年	开始出现电报业务。
1878 年	埃尔帕拉伊索省（意即"天堂"）自特古西加尔巴省分出建省。
1880 年	洪都拉斯实行政教分离。
1881 年	科隆省建省，位于东部，加勒比海南岸。
1883 年	因蒂布卡省由拉巴斯省和伦皮拉省分出的部分地区组合建省，位于西部。
1885 年	洪都拉斯与哥斯达黎加、尼加拉瓜和萨尔瓦多签署和平条约。
1891 年	基督复临安息日会传入洪都拉斯。
1893 年	2 月 15 日，为洪都拉斯独立和建设做出贡献的著名革命家弗洛伦西奥·萨斯特鲁切在尼加拉瓜的马那瓜逝世，终年 82 岁。
	科尔特斯省建省（由圣巴巴拉省和约罗省分出部分土地），位于西北部。
	巴列省自乔卢特卡省分出部分土地，独立成省，位于南部。
1894 年	波利卡诺·博尼利亚总统在其执政期间（1894～

	1899），与萨尔瓦多和尼加拉瓜签署了《阿马帕拉条约》，成立"中美洲大共和国"。
1896 年	基督教新教开始在洪都拉斯传教。
1900～1903 年	特伦西奥·谢拉总统任内，洪都拉斯与尼加拉瓜确定边界，并通过签署《科林托条约》解决洪都拉斯、萨尔瓦多、尼加拉瓜之间的纠纷。
1902 年	阿特兰蒂达省建省，由科隆省、约罗省、科尔特斯省划出部分土地组成。
1903～1950 年	洪都拉斯的"香蕉共和国"时期。第一次世界大战后，美国加紧对洪都拉斯的政治控制和经济掠夺，多次出兵干涉洪都拉斯内政，极力扶持傀儡政权。
1906 年	奥科特佩克省自科潘省分出部分土地建省，位于西部。
1907 年	洪都拉斯和尼加拉瓜因边界冲突爆发战争。
1910 年	天主教徒人数达到洪都拉斯总人口的 60%。
1915 年	洪都拉斯曼努埃尔·博尼利亚国家大剧院正式建成。
1921 年	"Los Catrachos"队代表洪都拉斯首次参加在危地马拉举办的国际足球比赛。
1926 年 4 月 3 日	洪都拉斯宪法规定以伦皮拉的名字命名本国货币。
1928 年	泰拉铁路公司成立了第一家广播电台"热带电台"。
1933 年	第一家商业无线电台"HRN 电台"正式开始广播。
	独裁者蒂武西奥·卡里亚斯·安迪诺将军在美国的支持和策动下攫取了政权，建立了长达 16 年的统治。
1936 年	洪都拉斯从危地马拉首先引进淡水养殖技术。
1951 年	洪都拉斯成立了洪都拉斯国家足球协会。

1954 年	美国联合果品公司和标准果品公司 7.5 万名工人为提高工资、改善劳动条件和争取参加工会的权利举行大罢工，这是洪都拉斯历史上第一次工人大罢工。
	洪都拉斯建立军队。按宪法规定，总统为武装力量最高统帅。
1956 年	洪都拉斯奥委会成立。
1957 年	自由党获胜，拉蒙·比列达·莫拉莱斯当选为总统，致力于实行"争取进步联盟"计划。
	洪都拉斯实行教育改革。
	格拉西亚斯·阿迪奥斯省由科隆省和奥兰乔省划出的土地组成，直至 1975 年，该省首府设在布鲁斯拉古纳。现首府为伦皮拉港。
1959 年	洪都拉斯第一家电视台"第五频道"成立。
	洪都拉斯制定了《渔业法》。
1960 年	洪都拉斯组建了国家足球队。
	洪都拉斯与萨尔瓦多、危地马拉和尼加拉瓜签署了"中美洲一体化总协议"，于 1961 年 6 月正式实施。
1962 年	洪都拉斯萨米·卡法蒂（Sami Kafati）制作了第一部电影作品《我的天使朋友》，这是洪都拉斯的第一部电影。
1963 年	武装部队总司令奥斯瓦尔多·洛佩斯·阿雷利亚诺在美国策动下发动政变，推翻比列达·莫拉莱斯政权，并于 1963 年当选为总统。
1964 年	洪都拉斯最早的工会"洪都拉斯工人联合会"成立。
1965 年	洪都拉斯全国足球联赛成立。
	洪都拉斯国家大剧院（TNH）在圣佩德罗苏拉市

建成。

1966 年	洪都拉斯著名作家拉蒙·阿马亚·阿马多尔在捷克斯洛伐克的一次飞机失事中遇难。他的作品有《绿色的监狱》《黎明》《建设者》等十余部。
1968 年	基督教民主党（PDC）成立。
	洪都拉斯首次参加奥林匹克夏季运动会。
	洪都拉斯洛佩斯政府因劳资冲突加剧、政治形势动荡等陷入了困境。1968 年末洪都拉斯政府采取了镇压罢工和驱逐工会领导人的行动，骚乱升级，并在 1969 年春爆发了教师和其他组织举行的罢工。
1969 年	洪都拉斯工人总工会（CGT）成立。
	洪都拉斯与萨尔瓦多之间爆发"足球战争"。
	洪都拉斯国会将兰花确定为洪都拉斯的国花。
1970 年	革新团结社会民主党（PINU-SD）成立。
	洪都拉斯召开全国首届教区牧师会议。
1971 年	国民党人拉蒙·埃内斯托·克鲁斯竞选获胜，但其执政后不久，阿雷利亚诺又一次发动政变上台，并进行了土地改革。
1974 年	洪都拉斯成立了"全国投资公司"。
	中美洲六国同委内瑞拉签署《瓜亚纳宣言》，加强经济合作。
1975 年	武装部队司令梅尔加·卡斯特罗发动政变取代阿雷利亚诺。任内接管了美国资本控制的香蕉公司经营的港口和铁路，并将其占有的荒地收归国有。
1976 年	洪都拉斯从非洲引种非洲棕榈。
	洪都拉斯的国有电信公司洪都拉斯电信公司成立。
1978 年	洪都拉斯成立了专门的农业政策委员会和农业市场委员会。

洪都拉斯制定了《中小型工业发展法》。

1978~1982 年	帕斯·加西亚执政。
1979 年	洪都拉斯成立了"工业发展中心"。
1980 年	洪都拉斯与萨尔瓦多最终签署了和平协定。
	洪都拉斯选举产生议会,并在 4 月 20 日成立制宪大会。
1981 年	洪都拉斯足球队赢得了"美洲杯"冠军。
	自由党人罗伯托·苏亚索·科尔多瓦当选总统,洪都拉斯结束了连续多年的军人统治。
	洪都拉斯政府制定了"经济复兴计划"。
1982 年	洪都拉斯通过新宪法。
	洪都拉斯戏剧演员联盟成立。
	洪都拉斯恢复文官执政后,军方继续在与国家安全有关的外交政策方面行使权力。
1983 年	洪美两国签署了 1954 年双边军事援助协定的补充协定,为美在洪的临时军事存在创造了条件。
	美国联合特遣部队驻扎洪都拉斯帕尔梅罗拉空军基地。
1986 年	何塞·西蒙·阿斯科纳·德尔·奥约当选总统,成为洪都拉斯 30 年当中第一位实现政权和平交接的民选总统。
1987 年	洪都拉斯通过《出口加工区法》。
	中美洲国家领导人签署建立"中美洲议会"的协议。
1988 年	洪都拉斯颁布《证券交易法》。
1990 年	6 月,在第八次中美洲国家首脑会议上,与会领导人决定要重组、加强和重新启动地区一体化进程,中美洲的经济一体化进程重获活力。与会领导人签署了《中美洲经济行动计划》。

洪都拉斯证券交易所成立。

洪都拉斯开始出现互联网。

国民党人拉斐尔·莱昂纳多·卡列哈斯赢得大选后宣誓就任新总统。在 1985 年的选举中，他败给了何塞·西蒙·阿斯科纳·德尔·奥约。

涵盖省和自治市新的地区发展法出台，取代了 1927 年制定的旧法律。

1991 年	洪都拉斯与美国签订了《贸易和投资框架协议》。
	第十次中美洲国家首脑会议决定吸收巴拿马加入一体化进程。伯利兹作为观察员出席了会议。
	在洪都拉斯举行的第十一次中美洲国家首脑会议上，与会各国领导人签署了建立"中美洲一体化体系"的条约。
1992 年 2 月	洪都拉斯与其他中美洲国家之间的过渡性多边自由贸易协定实施时，洪都拉斯重新加入地区一体化进程。
1992 年 9 月 11 日	海牙国际法庭对洪都拉斯和萨尔瓦多有争议的领土做出正式裁决，洪都拉斯领土面积增加了 404 平方公里。
1993 年	自由党人卡洛斯·罗伯托·雷纳赢得总统选举。
	罗德里格斯·马拉迪亚加被罗马教廷任命为洪都拉斯首都特古西加尔巴大主教区的红衣主教。
	中美洲一体化体系正式实施，总部设在萨尔瓦多，其中包括中美洲经济一体化秘书处和中美洲经济一体化银行。
	洪都拉斯国会发布第 36-93 号法令，将"白尾鹿"确定为国家动物。
1994 年	民主统一党（PUD）成立。
1995 年 3 月	洪都拉斯向联合国驻海地维和部队派出 120 名

官兵。

1995 年 4 月	洪都拉斯和尼加拉瓜两国签署了丰塞卡海域浮标定界工作协议,但双方在主权和水资源问题上仍有争议,摩擦和冲突不断发生。
	总统雷纳决定取消义务兵役制,开始实行志愿兵役制。
1995 年 10 月	美将其驻洪都拉斯的军队人数从 800 人减至 500 人。
1996 年	洪都拉斯开始出现手机。第一家运营商 Celtel 成立,后改名为 Tigo。
1997 年	世界银行批准了一项无偿援助金额达 70 亿美元的"优先地段生物多样性计划",目的是保护中美洲生物走廊洪都拉斯地段的生物多样性。
	原由军人控制的警察领导权被正式转交给文人政府。
1998 年	卡洛斯·罗伯托·弗洛雷斯宣誓就任新总统。
	洪都拉斯国会修改宪法,决定废除武装力量总司令一职。
	由于遭受米奇飓风的袭击,洪都拉斯有约 5000 人死亡,150 万人受到影响,经济损失近 30 亿美元。
1999 年	洪都拉斯在泛美足球赛中取得了亚军。
	洪都拉斯政府设立了文化中心委员会。
	尼加拉瓜就其与洪都拉斯的领土争议诉至海牙国际法庭。2007 年 10 月,海牙国际法庭对两国的争端做出了有利于洪都拉斯的裁决,认定其拥有 4 个岛屿的主权并重新划定了两国的海事边界。
2000 年	洪都拉斯改革党总书记罗夫莱达率团访华。
2001 年	国民党人里卡多·马杜罗赢得大选,并于 2002 年就任总统。

199

| 2002 年 | 洪都拉斯军队开始参与打击犯罪和执法活动，并与警察共同担负巡逻任务。 |

2003 年   洪都拉斯实施"人人享有电话"计划。

洪都拉斯通过新的《水法》。

2004 年   洪都拉斯同萨尔瓦多、尼加拉瓜、危地马拉、哥斯达黎加和多米尼加与美国签署了《中美洲自由贸易协定》（CAFTA）。2006 年开始实施。

2005 年   洪都拉斯成为由美国倡导的《集装箱安全协定》（CSI）的成员，也是第一个加入该协定的中美洲国家。

自由党候选人曼努埃尔·塞拉亚以微弱多数赢得总统选举。

洪都拉斯与美国签署《千年挑战账户协定》。根据该协定，美国将在 5 年内投资 2.15 亿美元，帮助洪都拉斯改善道路等基础设施、推动农业多元化并将其产品推向市场。

洪都拉斯实行汇率钉住美元制度，汇率固定为 18.9 伦皮拉兑 1 美元。

2006 年   洪都拉斯在里卡多·马杜罗政府时期批准并参与的《中美洲自由贸易协定》（CAFTA）正式生效，成员包括美国与中美洲 5 国尼加拉瓜、洪都拉斯、萨尔瓦多、危地马拉、哥斯达黎加，以及加勒比地区的多米尼加。

当萨尔瓦多重提科内霍岛所有权问题时，洪萨两国关系趋于紧张。该岛作为洪都拉斯的领土已有 150 年的历史，有关该岛的归属问题已在 20 世纪 90 年代由海牙国际法庭做出了裁定。

2007 年   洪都拉斯国家电信委员会采用了数字电视地面广播的 ATSC（高级电视业务顾问委员会）标准。

	洪都拉斯塞拉亚政府向古巴派驻了大使，这是其46年来首次向古巴派驻大使。
	洪都拉斯决定加入委内瑞拉倡导的"加勒比石油计划"。
2008 年 8 月	洪都拉斯宣布加入"美洲玻利瓦尔替代计划"（ALBA）。
2009 年 5 月	洪都拉斯与古巴开始进行货物贸易的谈判。
2009 年 6 月	总统塞拉亚因军事政变而遭罢免。同日，议会宣布由议长米切莱蒂任临时总统，直到选举产生的新总统上任。
	洪都拉斯发生政变后，美国不仅立即澄清其与政变无关，而且发表声明，谴责洪都拉斯军人政变。
2009 年 7 月 22 日	洪都拉斯发生政变后，洪都拉斯与委内瑞拉的关系紧张。洪都拉斯决定驱逐委内瑞拉外交使团，并召回驻委的外交使团。
2009 年 11 月 29 日	在历经近半年的政局动荡后，洪都拉斯举行了总统大选。反对党国民党总统候选人波尔菲里奥·洛沃·索萨当选总统。
2010 年	1 月 27 日，洛沃正式宣誓就职。在就任前一天 1 月 26 日，经国会批准，特赦了参与政变的 6 名军方成员和前总统塞拉亚。
	洪都拉斯政府创立了能源委员会，成员包括国家电力公司（ENEE）总经理、自然资源部部长、外交和国际合作部部长以及基础设施与公共服务部部长。
2011 年	自由与重建党建立，前身是洪都拉斯的一个左翼政党"人民抵抗全国阵线"。
	联合国教科文组织将洪都拉斯北部的普拉塔诺生物圈保护区列入濒危世界遗产名录。

塞拉亚返回洪都拉斯。同时，几乎所有美洲国家组织成员国都表示支持洪都拉斯重返"美洲国家组织"。

洪都拉斯开始实行浮动汇率制度。

洪都拉斯国会在总统洛沃的支持下，通过新的劳工法，允许兼职，以创造更灵活的劳动力市场，刺激创造新工作。

2012 年	反腐败党（PAC）成立。
2013 年	洪都拉斯颁布《矿业法》。
2014 年	"中美洲北三角国家"（"北三角"）成立，由萨尔瓦多、危地马拉和洪都拉斯三国组成。
	国民党人胡安·奥兰多·埃尔南德斯就任新总统。
	洪都拉斯等中美洲 6 国与欧盟达成了旨在"促进食品安全、就业和法制"的"政治对话与合作协议"，该发展合作项目在 2014~2020 年实施。
2017 年	洪都拉斯政府制定了《教育发展计划（2018~2030)》。
2018 年 1 月	国民党人胡安·奥兰多·埃尔南德斯连任总统。
2018 年 10 月	特朗普威胁洪都拉斯政府，如果不采取行动减少难民就停止援助。
2019 年 6 月	第 53 次中美洲国家首脑会议通过了《危地马拉宣言》，正式吸纳加拿大为该组织第 33 个观察员。
2019 年 7 月	洪都拉斯与 IMF 签署了一项为期两年、价值 3.31 亿美元的新贷款协议，并于 2020 年 12 月获得批准。
2019 年 12 月	第 54 次中美洲国家首脑会议围绕加强中美洲一体化体系机制建设、落实地区一体化议程有关目标等进行讨论。
2020 年 3 月	中美洲议会就进行改革达成共识。内容包括：成

	员国议员减少一半；冻结中美洲议会的议长和副议长任期期满自动转为议员的流程等。
2020 年 8 月 17 日	洪都拉斯政府宣布重新开放机场，允许国际游客到访。
2020 年 9 月 24 日	洪都拉斯通过法案，允许在洪都拉斯设立就业和经济开发区。
2020 年 10 月 25 日	洪都拉斯政府批准了联合国 2017 年通过的《禁止核武器条约》。
2020 年 11 月	艾奥塔飓风袭击了中南美洲，洪都拉斯一半国土受到影响。
2021 年	洪都拉斯议会批准了《与欧盟自愿伙伴协议》。美国向洪都拉斯捐助了 150 万剂新冠疫苗。
2022 年 1 月 27 日	希奥玛拉·卡斯特罗当选洪都拉斯总统。
2023 年 3 月 26 日	洪都拉斯共和国与中华人民共和国正式建交。

参考文献

一 中文文献

李春辉、杨生茂主编《美洲华人华侨史》，东方出版社，1990。

李明德主编《简明拉丁美洲百科全书（含加勒比地区）》，中国社会科学出版社，2001。

李明德主编《拉丁美洲和中拉关系——现在与未来》，时事出版社，2001。

毛相麟等编著《中美洲加勒比国家经济》，社会科学文献出版社，1987。

孟淑贤主编《各国概况：中美》，世界知识出版社，1997。

苏振兴主编《拉丁美洲的经济发展》，经济管理出版社，2002。

汤小棣、张凡编著《尼加拉瓜　巴拿马》，社会科学文献出版社，2009。

袁东振主编《拉美黄皮书·拉丁美洲和加勒比发展报告（2017～2018）》，社会科学文献出版社，2018。

袁东振主编《拉美黄皮书·拉丁美洲和加勒比发展报告（2018～2019）》，社会科学文献出版社，2019。

袁东振主编《拉美黄皮书·拉丁美洲和加勒比发展报告（2019～2020）》，社会科学文献出版社，2020。

〔苏〕叶菲莫夫、托卡列夫主编《拉丁美洲各族人民》（上），李毅夫等译，生活·读书·新知三联书店，1978。

〔美〕尼·斯洛尼姆斯基：《拉丁美洲的音乐》，吴佩华、顾连理译，人民音乐出版社，1983。

《贸易统计指南》，国际货币基金组织。

《拉美经济研究：洪都拉斯，1981 年》，联合国拉美经委会，1982。

《洪都拉斯投资环境简介》，中国国际贸易促进委员会，2006。

二　外文文献

EIU, Country Report—Honduras, 2007.

EIU, Country Profile—Honduras, 2008.

EIU, Country Profile—Honduras, 2020.

EIU, Country Risk Service—Honduras, 2021.

三　主要网站

洪都拉斯总统府网站，https：//presidencia. gob. hn。

洪都拉斯能源部网站，https：//sen. hn。

洪都拉斯央行网站，https：//www. bch. hn。

洪都拉斯国防部网站，https：//sedena. gob. hn。

洪都拉斯外交部网站，https：//sreci. hn。

洪都拉斯财政部网站，https：//www. sefin. gob. hn。

洪都拉斯教育部网站，https：//se. gob. hn。

洪都拉斯农牧部网站，https：//sag. gob. hn。

洪都拉斯企业家服务网，https：//senprende. com。

洪都拉斯国家统计局网站，http：//www. ine. gob. hn。

洪都拉斯现行宪法网站，https：//pdba. georgetown. edu/Constitutions/Hon duras/vigente. html。

洪都拉斯武装部队，http：//ffaa. mil. hn/index. php。

中国网，http：//www. china. com. cn。

世界银行网站，http：//databank. shihang. org/data/home. aspx。

联合国拉丁美洲和加勒比经济委员会网站，http：//www. cepal. org。

维基百科，http：//en. wikipedia. org/wiki/Military_ of_ Honduras。

中美洲健康倡议，http：//www. sm2015. com/。

索　引

新版《列国志》总书目

亚洲

阿富汗

阿拉伯联合酋长国

阿曼

阿塞拜疆

巴基斯坦

巴勒斯坦

巴林

不丹

朝鲜

东帝汶

菲律宾

格鲁吉亚

哈萨克斯坦

韩国

吉尔吉斯斯坦

柬埔寨

卡塔尔

科威特

老挝

黎巴嫩

马尔代夫

马来西亚

蒙古国

孟加拉国

缅甸

尼泊尔

日本

沙特阿拉伯

斯里兰卡

塔吉克斯坦

泰国

土耳其

土库曼斯坦

文莱

乌兹别克斯坦

新加坡

叙利亚

亚美尼亚

也门

伊拉克

伊朗

以色列

印度

印度尼西亚

约旦

越南

非洲

阿尔及利亚
埃及
埃塞俄比亚
安哥拉
贝宁
博茨瓦纳
布基纳法索
布隆迪
赤道几内亚
多哥
厄立特里亚
佛得角
冈比亚
刚果共和国
刚果民主共和国
吉布提
几内亚
几内亚比绍
加纳
加蓬
津巴布韦
喀麦隆
科摩罗
科特迪瓦
肯尼亚
莱索托
利比里亚
利比亚
卢旺达

马达加斯加
马拉维
马里
毛里求斯
毛里塔尼亚
摩洛哥
莫桑比克
纳米比亚
南非
南苏丹
尼日尔
尼日利亚
塞拉利昂
塞内加尔
塞舌尔
圣多美和普林西比
斯威士兰
苏丹
索马里
坦桑尼亚
突尼斯
乌干达
赞比亚
乍得
中非

欧洲

阿尔巴尼亚
爱尔兰
爱沙尼亚
安道尔

奥地利

白俄罗斯

保加利亚

北马其顿

比利时

冰岛

波兰

波斯尼亚和黑塞哥维那

丹麦

德国

俄罗斯

法国

梵蒂冈

芬兰

荷兰

黑山

捷克

克罗地亚

拉脱维亚

立陶宛

列支敦士登

卢森堡

罗马尼亚

马耳他

摩尔多瓦

摩纳哥

挪威

葡萄牙

瑞典

瑞士

塞尔维亚

塞浦路斯

圣马力诺

斯洛伐克

斯洛文尼亚

乌克兰

西班牙

希腊

匈牙利

意大利

英国

美洲

阿根廷

安提瓜和巴布达

巴巴多斯

巴哈马

巴拉圭

巴拿马

巴西

秘鲁

玻利维亚

伯利兹

多米尼加

多米尼克

厄瓜多尔

哥伦比亚

哥斯达黎加

格林纳达

古巴

圭亚那

海地

洪都拉斯

加拿大

美国

墨西哥

尼加拉瓜

萨尔瓦多

圣基茨和尼维斯

圣卢西亚

圣文森特和格林纳丁斯

苏里南

特立尼达和多巴哥

危地马拉

委内瑞拉

乌拉圭

牙买加

智利

大洋洲

澳大利亚

巴布亚新几内亚

斐济

基里巴斯

库克群岛

马绍尔群岛

密克罗尼西亚

瑙鲁

纽埃

帕劳

萨摩亚

所罗门群岛

汤加

图瓦卢

瓦努阿图

新西兰

国别区域与全球治理数据平台

www.crggcn.com

"国别区域与全球治理数据平台"（Countries，Regions and Global Governance Data Platform，CRGG）是社会科学文献出版社重点打造的学术型数字产品，对接新一级交叉学科区域国别学，围绕国别研究、区域研究、国际组织研究、全球智库研究等领域，全方位整合一手数据、基础信息、科研成果，文献量达 30 余万篇。该产品已建设成为国别区域与全球治理数据资源与研究成果整合发布平台，可提供包括资源获取、科研技术服务、成果发布与传播等在内的多层次、全方位的学术服务。

从国别区域和全球治理研究角度出发，"国别区域与全球治理数据平台"下设国别研究数据库、区域研究数据库、国际组织数据库、全球智库数据库、学术专题数据库、学术资讯数据库和辅助资料数据库 7 个数据库。在资源类型方面，除专题图书、智库报告和学术论文外，平台还包括数据图表、档案文献和学术资讯。在文献检索方面，平台支持全文检索、高级检索，并可按照相关度和出版时间进行排序。

"国别区域与全球治理数据平台"应用广泛。针对高校及区域国别科研机构，平台可提供专业的知识服务，通过丰富的研究参考资料和学术服务推动区域国别研究的学科建设与发展，提升智库学术科研及政策建言能力；针对政府及外事机构，平台可提供咨政参考，为相关国际事务决策提供理论依据与资讯支持，切实服务国家对外战略。

数据库体验卡服务指南

※100 元数据库体验卡，可在"国别区域与全球治理数据平台"充值和使用

充值卡使用说明：
第 1 步 刮开附赠充值卡的涂层；
第 2 步 登录国别区域与全球治理数据平台（www.crggcn.com），注册账号；
第 3 步 登录并进入"会员中心"→"在线充值"→"充值卡充值"，充值成功后即可使用。

声明

最终解释权归社会科学文献出版社所有

客服电话：010–59367072
客服邮箱：crgg@ssap.cn

欢迎登录社会科学文献出版社官网（www.ssap.com.cn）和国别区域与全球治理数据平台（www.crggcn.com）了解更多信息

社会科学文献出版社
SOCIAL SCIENCES ACADEMIC PRESS (CHINA)

卡号：1964947345515321
密码：

图书在版编目（CIP）数据

洪都拉斯 / 韩晗，杨志敏编著 . --北京：社会科
学文献出版社，2023.5
　（列国志：新版）
　ISBN 978-7-5228-1866-5

　Ⅰ. ①洪…　Ⅱ. ①韩…　②杨…　Ⅲ. ①洪都拉斯-概
况　Ⅳ. ①K974.2

　中国国家版本馆 CIP 数据核字（2023）第 094475 号

· 列国志（新版）·

洪都拉斯（Honduras）

编　　著／韩　晗　杨志敏

出 版 人／王利民
组稿编辑／张晓莉
责任编辑／叶　娟
文稿编辑／顾　萌
责任印制／王京美

出　　　版／社会科学文献出版社 · 国别区域分社（010）59367078
　　　　　　地址：北京市北三环中路甲 29 号院华龙大厦　邮编：100029
　　　　　　网址：www. ssap. com. cn
发　　　行／社会科学文献出版社（010）59367028
印　　装／三河市尚艺印装有限公司

规　　格／开本：787mm×1092mm　1/16
　　　　　　印张：15.5　插页：1　字数：223 千字
版　　次／2023 年 5 月第 1 版　2023 年 5 月第 1 次印刷
书　　号／ISBN 978-7-5228-1866-5
定　　价／89.00 元

读者服务电话：4008918866